關公

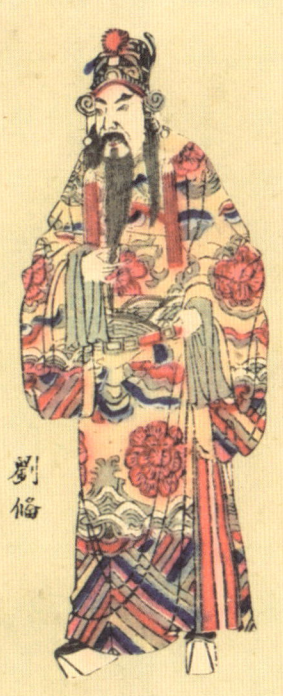

劉備

建安二十四年

南门太守 著

中国出版集团有限公司
华文出版社

图书在版编目（CIP）数据

建安二十四年/南门太守著.——北京：华文出版社，2023.6
ISBN 978-7-5075-5805-0

Ⅰ.①建… Ⅱ.①南… Ⅲ.①中国历史－东汉时代－通俗读物 Ⅳ.①K234.209

中国国家版本馆CIP数据核字(2023)第064870号

建安二十四年

JIAN AN ER SHI SI NIAN

作　　者：	南门太守
责任编辑：	景洋子
插　　图：	李琳琳
出版发行：	华文出版社
地　　址：	北京市西城区广外大街305号8区2号楼
邮政编码：	100055
网　　址：	http://www.hwcbs.cn
电　　话：	总编室 010-58336239　发行部 010-58336202
	编辑部 010-58336252
经　　销：	新华书店
印　　刷：	三河市航远印刷有限公司
制　　版：	北京禾风雅艺文化发展有限公司
开　　本：	850mm×1168mm　1/32
印　　张：	12
字　　数：	210千字
版　　次：	2023年6月第1版
印　　次：	2023年6月第1次印刷
标准书号：	ISBN 978-7-5075-5805-0
定　　价：	68.00元

版权所有，侵权必究

主要人物表

(人物年龄依据上海辞书出版社2020年第七版《辞海》,以219年时实际年龄计算;官职及爵位为当年最高者。)

曹　操:64岁,魏王、东汉丞相
曹　丕:32岁,魏太子、五官中郎将
夏侯渊:年龄不详,博昌亭侯、征西将军
曹　仁:51岁,安平亭侯、征南将军
曹　洪:年龄不详,国明亭侯、厉锋将军
于　禁:年龄不详,益寿亭侯、左将军
徐　晃:年龄不详,都亭侯、平寇将军
张　郃:年龄不详,都亭侯、荡寇将军
庞　德:年龄不详,关门亭侯、立义将军
曹　植:27岁,临淄侯
杨　修:44岁,丞相主簿
司马懿:40岁,丞相主簿

刘　备：58岁，汉中王、大司马

关　羽：约59岁，汉寿亭侯、汉中国前将军

诸葛亮：38岁，军师将军

法　正：43岁，汉中国尚书令

张　飞：年龄不详，汉中国右将军

黄　忠：年龄不详，汉中国后将军

赵　云：年龄不详，翊军将军

魏　延：年龄不详，镇远将军、汉中郡太守

孟　达：年龄不详，宜都郡太守

刘　封：年龄不详，副军将军

孙　权：37岁，南昌侯、骠骑将军

吕　蒙：41岁，孱陵侯、虎威将军、南郡太守

陆　逊：36岁，娄侯、镇西将军、右护军

潘　璋：年龄不详，溧阳侯、振威将军

虞　翻：55岁，骑都尉

序言

东汉王朝的最后时刻

历史总是充满着"意外"。所谓"意外",是那些看似不合理又难以预测的事件,不仅制造了历史的悬念,还能扭转历史的轨迹,改变无数人的命运,无论是引领潮流的强者,还是大时代下的普通众生,在它面前都显得束手无策。比如东汉建安二十四年(219),就是一个充满太多"意外"的一年。

这一年,曹操与刘备围绕汉中展开激烈争夺,如果不出意外的话,应该曹胜刘败;但刘备胜了,胜得很彻底、很漂亮。这一年,荆州再起风云,关羽突然北伐,以弱势之力向强敌发起挑战,不出意外的话,结局一定是败北;关羽却一路高歌猛进,威震华夏。这一年,曹操在刘备与孙权的双重夹击下一败再败,甚至打算迁都,不出意外的话,曹操的势力将被压缩到黄河以北；但孙权突然背叛与刘备的联盟，袭荆州、杀关羽，让曹操得以喘息。这一年，有很多人死于意外，夏侯渊、杨修、庞德、关羽先后死去；几个月后，曹操、夏侯惇、吕蒙、程昱、黄忠、法正、刘封也死了。

在汉末三国历史上还没有哪一年如此跌宕起伏、充满悬念，即使放在更广阔的历史视野中，这一年也足以让人不断提起。这是形势不断反转的一年，是战事未曾间断的一年，是名将纷纷凋零的一年。对曹操来说，这一年不仅是多事之秋，更是生命中最痛苦与煎熬的时刻，多年后，陆机在《吊魏武帝文》中说"当建安之三八，实大命之所艰"，曹操这位"非常之人，超世之杰"也无力改变宿命与归途。对刘备来说，这一年如同坐上了"过山车"，上半年的大喜与下半年的大悲形成反差，连番的打击几乎让这个最有韧性与耐力的人倒下来。对孙权来说，这一年也充满挑战，同时也有机遇，孙权迎住了挑战、抓住了机遇，做成了一件让所有人都吃惊的事情。

如果从黄巾起义开始算起，到建安二十四年（219），天下已经乱了三十五年，这个时间比大一统的秦朝存续的时间还要长，接近隋朝存在的年限。大规模的动荡与战争从三十多年前开始，之后就再也没有停歇过。到了这一年，战事遍地开花，规模越来越大，死的人越来越多。东汉王朝走向了最后的时刻,尽管它的灭亡已变得不可阻挡,但它也并不愿意就此退出历史舞台,于是将一连串待解之谜留在了这一年:征战三十多年的曹操为什么越来越没有自信,以至于在老对手面前主动示弱?关羽为什么突然北伐?孙权为什么背弃长期的盟友而与敌人联手?关羽为什么会"走麦城"?刘备、诸葛亮为什么"坐视"关羽被杀?曹操为什么至死也不称帝……上述每一个问题其实都是一个"意外"。对于这些问题,史书只陈述了事实而没有给出答案,需要穷尽所有第一手史料,用抽丝剥茧的方法进行推理与分析,才能揭示出每一个"意外"背后的"不意外"。

历史的发展进程既存在着必然性,也存在着偶然性,必然性是社会发展过程中确定不移、不可避免的趋势,偶然性是社会发展过程中多种可能、难以确定的趋势。特定的偶然性可能发生,也可能不发生,但历史发展的总体趋势无法改变。也就是说,其实历史并没有那么多的"意外",所有看似不可能发生的事情,当它真的发生时都有必然的理由,找出线索与理由就是本书写作的初衷。

本书以汉献帝建安二十四年(219)发生的大大小小的事件为对象,在还原历史真实的同时,更在意探究历史事件背后的逻辑关系,解开那些谜题。本书力求在观照历史宏观和宏大一面的同时不遗漏历史的细节,透过治乱兴衰的表象探

|建|安|二|十|四|年|

求历史演进的规律，呈现一部既有态度又有温度、既熟悉又不一样的作品。但限于水平有限，书中难免有错漏之处，还请读者朋友们提出批评意见。

  本书所提到的月份，如无特别注明均以史书中的月份，也就是传统农历为准。为便于转述，本书中引用了史书中的一些计量单位，比如"里"，如无特别说明均指汉代的"里"。为更方便读者阅读，书中配了若干幅插图，以战役和重大事件相关的地理示意图为主。需要说明的是，有个别地名现在的具体位置在哪里仍有争议，本书在分析史料记载的基础上提出了自己的看法，如有不妥之处，欢迎方家指正。

南门太守

2023年2月

目 录
Contents

第一章　定军山（一月）　/1
　　一、秦岭深处　/2
　　二、益州总动员　/10
　　三、关羽接连出击　/13
　　四、黄忠的赤刀　/20
　　五、下辩之战　/31

第二章　阳平关（二至五月）　/37
　　一、曹丞相老了　/38
　　二、夏日赏"雪"　/42
　　三、赵云的"空营计"　/48
　　四、"鸡肋"　/54
　　五、卞王后　/64

第三章 南郑（六至七月） /75

一、"上庸三郡" /76

二、汉中称王 /81

三、四方将军 /93

四、魏延的崛起 /101

第四章 公安（七至八月） /109

一、关羽眼中的"老兵" /110

二、刮骨疗毒 /117

三、战机突降 /122

四、松动的联盟 /127

第五章 洛阳、邺县和樊城（八至闰十月） /137

一、"威震华夏" /138

二、不被原谅的于禁 /145

三、魏讽谋反事件 /154

四、重游故地 /160

五、沉醉不醒的曹植 /169

六、徐晃的"破汤罐" /172

第六章　建业（九至闰十月）　/179

　　一、孙权的两难选择　/180

　　二、关羽的傲慢　/184

　　三、示好与示弱　/186

　　四、陆逊走上前台　/190

第七章　南郡（十一月）　/195

　　一、"湘关取米"风波　/196

　　二、"白衣渡江"　/203

　　三、降将何其多　/208

　　四、吕蒙的心理战　/215

第八章　临沮（十二月）　/225

　　一、败走麦城　/226

　　二、命丧临沮　/230

　　三、马超该不该负责　/239

　　四、关羽北伐再思考　/244

　　五、失荆州并非"大意"　/248

　　六、马与刀的传说　/252

第九章　成都（十二月）　/257

一、廖化"千里走单骑"　/258

二、刘备的怒火　/262

三、刘封该不该杀　/267

四、有没有"借刀杀人"　/274

第十章　公安（十二月）　/283

一、吕蒙之死　/284

二、给曹操送去"火炉"　/290

三、本志不移　/296

四、魏王曹操病逝　/304

五、东汉王朝结束　/312

汉献帝建安二十四年大事记　/318

主要参考书目　/372

第一章 定军山（一月）

一、秦岭深处

抬头望向远处，刘备的目光中充满疲倦与忧郁。

视野可及之处，有大山、大河及雄关。大山是秦岭，大河是沔水，雄关是阳平关。此时是东汉建安二十三年（218）年底，正值深冬，山里的风飘忽不定，异常尖厉，生冷而倔强，有如刘备此时的心境。

秦岭，这个名字此时已经有了。在此之前，秦岭通常称作"南山"，《山海经》和《禹贡》均有提及。《汉书·地理志》载："秦地有南山。"《汉书·东方朔传》载："夫南山，天下之阻也，南有江淮，北有河渭，其地从汧、陇以东，商、雒以西，厥壤肥饶。"至于"秦岭"之名，则始于汉代地方志《三秦记》："秦岭东起商雒，西尽汧千陇，东西八百里。"《文选》为班固《西都赋》注解："秦岭，南山也。"推测起来，"秦岭"名称的使用应是从秦朝或汉朝开始的，大概是因为秦王朝的强盛而使

第一章 | 定军山（一月）

"南山"改称"秦岭"。所以，在刘备的作战地图上，这一带的群山都被标记为"秦岭"，但它的疆界与现在大概念中的秦岭有所不同，当时还仅限于今陕西南部、渭河与汉江之间的山地，其具体范围，东以灞河与丹江河谷为界，西止于嘉陵江。

秦岭将关中与汉中隔开，阻断了二者之间的联系，山中有限的几条道路均缘河谷而行，自东而西分别有子午道、傥骆道、褒斜道和陈仓道，它们上负千仞绝壁，下临激流深渊，盘桓于山谷之中，既有石板道，又有木栈道，大多崎岖难行。而汉中与蜀地之间也大体类似，中间隔的是巴山，也有几条古道相通，其中有一条是金牛道。这些道路如同秦巴山地中的血管，一旦隔断，轻则伤身，重则绝命。

陈仓道、褒斜道与金牛道在一处关隘相交，它的名字叫阳平关。这里不仅是北上关陇、南下巴蜀的关键节点，而且因为它紧邻沔水，也就是今汉江，所以它还是向东通往汉中腹地的门户，自古有"蜀之咽喉""汉中门户"及"汉中最险无如阳平"等说法。对于阳平关的战略意义，《隋书·地理志》是这样描述的："西控川蜀，北通秦陇，且后依景山，前耸定军、卓笔，右踞白马、金牛，左拱云雾、百丈，汉、黑、烬诸水襟带包络于其间，极天下之至险。蜀若得之上可以倾覆寇敌，尊将王室；中可以蚕食雍、凉，开扩土地；下可以固守要害，为持久之计。"

汉末阳平关具体位置何在？有不同看法：一是认为在陕

西省汉中市宁强县阳平关镇，其附近有宝成铁路阳平关火车站；二是认为在汉中市勉县武侯镇莲水村。这两个地方相距较远，有数十公里之多。哪一个才是汉末的阳平关呢？这一点可参考卢弼的《三国志集解》。四年前的建安二十年（215）七月，曹操曾率大军来过阳平关，《三国志·武帝纪》记载："秋七月，公至阳平。张鲁使弟卫与将杨昂等据阳平关，横山筑城十余里。攻之，不能拔，乃引军还。"在该记载下，《三国志集解》有若干条引注及按语：

沔水又东迳白马戍南，浕水入焉。水北发武都氐中，南迳张鲁城东。……因即崤岭，周回五里，东临浚谷，杳然百寻；西北二面，连峰接崖，莫究其极。从南为盘道，登陟二里有余……庾仲雍谓山为白马塞，堂为张鲁治。东对白马城，一名阳平关。浕水南流入沔，谓之浕口。其城西带浕水，南面沔川，城侧二水之交，故亦曰浕口城。（《水经·沔水注》）

阳平关在汉中褒城县西北。（杜佑曰）

褒谷西北有古阳平关，其地在今梁州褒城县西北。（章怀注引《周地图记》）

白马城在陕西汉中府沔县西北，即汉阳平关也。（《一统志》）

《一统志》，阳平关在宁羌州西北一百里，关城东西径二里，南倚溪公山，北倚嘉陵江。古阳平关即白马关，在沔县界。

今关乃古阳安关城,盖近代改置阳平关,仍汉旧名耳。《明统志》以为即古阳平关,误。(会贞按)

据以上记载及卢弼综合考证,可知汉末时阳平关、阳安关是两个地方。宁强的阳平关其实是汉末的阳安关,即"宁羌州界"的那个阳平关,而汉末真正的阳平关在"襃城县西北",即今汉中勉县武侯镇附近。勉县在汉末时称沔阳县,今汉中市区在当时为汉中郡府治南郑县所在地。勉县与汉中相距约五十公里,从军事战略考虑,这个距离并不算远,且中间多是地势较平缓的汉中盆地,轻装骑兵多半日即可到达。阳平

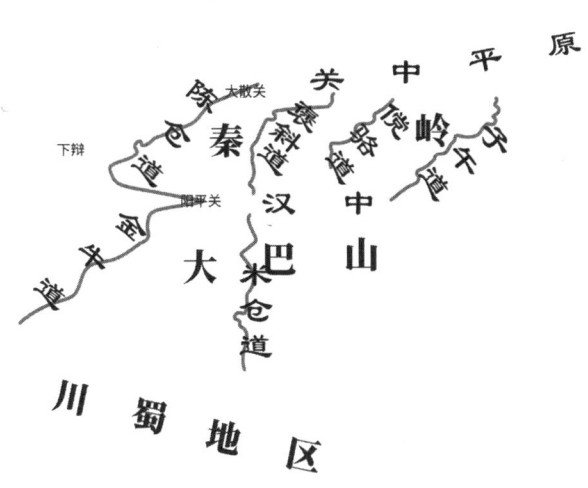

阳平关周围形势图

关一旦失守，汉中郡的中心城市南郑也就危险了，这是阳平关成为"汉中门户"的原因。

曹操上一次来这里为的是征讨盘踞在汉中近三十年的张鲁。一开始，曹军在阳平关前一度束手无策，张鲁的部将张卫、杨昂等人率兵数万在阳平关前横向筑起一座石城，有十多里宽，挡住了曹军的进攻。来汉中的路上，曹操曾向当地人询问阳平关一带的地形。据《魏名臣奏》记载，有人告诉曹操，阳平关地势一点都不险要，关前南北两山相距很远，不易把守。但到了阳平关，曹操看到的却完全不是那么回事，不由得感叹："他人商度，少如人意。"意思是，别人转述的未必都是真实情况啊。

这一仗被称为汉末三国的第一次汉中之战。此战中，曹军总兵力约十万人，张鲁的总兵力约三万人。但在这样的地理条件下，人多并不是最有利因素，由于地势险要，易守难攻，曹军死伤惨重。曹操感叹："作军三十年，一朝持与人，如何？"（《魏名臣奏》）意思是，打了三十年的仗，还从来没有这样受制于人的。曹操决定撤兵，命令下达到夏侯惇、许褚所部，但撤退途中夜里误入敌人兵营，敌人不知究竟，以为曹军攻营得手，居然四散败走，阳平关就这样稀里糊涂地被曹军攻下了，之后张鲁投降，汉中为曹操所得。曹操离开汉中前任命夏侯渊为都护将军，率张郃、徐晃所部留守汉中，另派丞相长史杜袭以驸马都尉身份负责处理汉中政务。汉中郡之前已被刘焉改为汉宁郡，曹操下令恢复汉中郡，将汉中郡的安阳、西城等县分出来设置西城郡，将锡县、上庸等县分出来设置上庸郡，分别设置郡太守和都尉。

曹操夺下汉中前，刘备刚刚从原益州牧刘璋手中夺取了成都。刘备自任益州牧，而汉中是益州刺史部所辖的一个郡，现在归曹操所有，刘备心有不甘。更重要的是，汉中历来被视为成都平原的军事缓冲带，汉中不在手中，成都平原便始终受到威胁，如果敌人从汉中突然发起进攻，留给成都的反应时间就很有限了。反之，如果汉中掌握在自己手中，敌人想从北边进攻益州的话，就得先过汉中这一关，这就给成都方面做好防御赢得了时间。故此，诸葛亮、法正等人都主张主动对汉中发起攻击，从曹操手中把汉中夺过来。《三国志·法正传》记载，蜀郡太守、扬武将军法正向刘备详细分析了局势：

曹操一举而降张鲁，定汉中，不因此势以图巴、蜀，而留夏侯渊、张郃屯守，身遽北还，此非其智不逮而力不足也，必将内有忧逼故耳。今策渊、郃才略，不胜国之将帅，举众往讨，则必可克。克之日，广农积谷，观衅伺隙，上可以倾覆寇敌，尊奖王室，中可以蚕食雍、凉，广拓境土，下可以固守要害，为持久之计。此盖天以与我，时不可失也。

在法正看来，曹操一举收服张鲁，占有汉中，没有借此势头进图巴、蜀，只是留下夏侯渊、张郃屯守，自己率军北还，这并不是他战略目光短浅，也不是力量所不及，必然是他的内部出现了问题。法正认为，以夏侯渊、张郃的才略还无法胜任帅才，如果率大军前往征讨，必能攻克。攻克汉中后，在那里发展农业，积蓄粮谷，然后寻找机会，上可以彻底打败敌人，重振汉室；中可以蚕食曹魏的雍州、凉州，广泛开拓境土；下可以固守于要害，与敌人展开持久战。法正认为，机不可失，失不再来。然而，出兵汉中毕竟事关重大，所以刘备有所犹豫。刘备最担心的可能是曹操会率大军增援汉中，到那时该如何应对？所以必须做出周密准备，才能保证此战的胜利。

建安二十三年（218）春天，刘备经过大量准备后正式出兵汉中，发起了汉末三国的第二次汉中之战。刘备命诸葛亮留守成都，负责后勤供应和补充兵员，自己率主力北上。刘备把大军分成东、西两路：东路由自己亲自率领，属下有法正、赵云、黄忠、魏延等，由成都北上，直取汉中；西路由张飞率领，包括吴兰、雷铜等部，向西攻击汉中的侧翼，目标是下辩。下辩在今甘肃省成县一带，位于汉中郡的西邻，属曹魏武都郡，那一带羌族人聚居，考虑到马超在羌人中有很大影响力，刘备让马超随张飞行动。负责镇守汉中的夏侯渊得知消息后，赶紧向远在邺县的曹操报告，曹操派曹洪、曹休率一支人马前去增援。

刘备这一路以法正为军师，将领包括黄忠、赵云、魏延等，人马很快到达阳平关前，做出了攻打汉中郡的态势。夏侯渊不敢大意，一边与张郃、徐晃等移军于阳平关一带，阻挡刘备的进攻；一边再次向曹操报告，请求进一步增援。夏侯渊指挥张郃、徐晃等挡住刘备的猛攻，让刘备没有太大进展。刘备派部将陈式等去断绝马鸣阁道，夏侯渊派徐晃阻击，把陈式打败。刘备又从广石发动进攻，张郃坚守广石，刘备攻之不克。仗打得很激烈，《三国志·张郃传》记载："备以精卒万余，分为十部，夜急攻郃，郃率亲兵搏战，备不能克。"广石即广石戍，是一处驻军的要塞，顾祖禹在《读史方舆纪要》中指出："广石戍在陕西宁羌州沔县西，与阳平关相近。"刘备是建安二十三年（218）四月到达阳平关的，他显然没有曹操运气好。在同样的地点，刘备遭遇到顽强抵抗，直到年底仍被拒于阳平关外。

于是回到了开头那一幕。刘备望着眼前的阳平关，心中充满不安。为此战，刘备已倾尽全力，所以势在必得，战事却并不顺利，怎能不让他烦闷呢？更要命的是，时间对刘备极为不利，如果迟迟不能攻下阳平关，曹操率领的大军将随时开到，那时他将陷入进退两难的境地，不要说夺取汉中，就是能不能安全撤回去也都不好说了。

二、益州总动员

三国群雄中，性格最顽强的莫过于刘备了。刘备此时五十七岁，之前经历过无数次失败，有时还败得很惨，史书记载的"弃妻子"至少就有四次。但是，凭借顽强的毅力，刘备最终都渡过了难关。因此，刘备是不会轻易认输的，何况汉中对他而言又有如此重要的战略地位。

为了这次北征汉中，刘备还付出了巨大代价。那是在刘备夺取成都后不久，孙权突然发难，重提当年"借荆州"的事，要求归还荆州。孙权当初为维护孙刘联盟，将荆州地区的半个南郡借给了刘备，之后念念不忘，多次讨要。刘备先找借口说等夺取了益州再还荆州，没想到益州很快就夺下了，孙权赶紧来催要。刘备又找了个借口，说等夺取了汉中再还荆州。孙权大怒，亲自赶往荆州的陆口（今湖北省赤壁市陆水湖出长江口），派吕蒙率兵进入荆州南部的几个郡，那里是刘备的势力范围。刘备不敢怠慢，也亲自由成都来到荆州的公安，指挥关羽迎战。眼看一场大战将要爆发，幸好鲁肃这时还没有死,作为孙刘联盟的坚定支持者,他亲赴益阳,约关羽相见。二人在益阳城外上演了一场"单刀会",最终和平解决了这件事。双方达成协议:以湘水及其延长线为界将荆州一分为二,以东的长沙郡、江夏郡、桂阳郡归孙权,以西的南郡、零陵郡、武陵郡归刘备。当初孙权让出的地盘仅是半个南郡而已,如今却拿回来差不多三个郡,刘备显然吃了大亏。刘备之所以肯让步,原因正是汉中。曹操在汉中得手,刘备的心思已经不在荆州了,他担心不能拿下汉中的话益州的安全将无法保障。《三国志·吴主传》记载:

> 会备到公安,使关羽将三万兵至益阳,权乃召蒙等使还助肃。蒙使人诱普,普降,尽得三郡将守。因引军还,与孙皎、潘璋并鲁肃兵并进,拒羽于益阳。未战,会曹公入汉中,备惧失益州,使使求和。权令诸葛瑾报,更寻盟好。遂分荆州长沙、江夏、桂阳以东属权,南郡、零陵、武陵以西属备。

不算此次出兵汉中所付出的代价,单就荆州被"割让"出去的大片土地就足以让刘备心痛,哪能轻易撤兵呢?刘备急忙写信给留守在成都的诸葛亮,要求想办法补充兵员。《三国志·杨洪传》记载:"先主争汉中,急书发兵。"

其实,刘备把能带的兵马基本上都带来了,诸葛亮手里

| 建 | 安 | 二 | 十 | 四 | 年 |

实在没什么富余的了。刘备率主力北上后,益州境内也不平静,马秦、高胜等人聚众数万在郪县(古县名,故地在今四川省三台县)叛乱,幸亏犍为郡太守李严凭借五千"郡士"把他们打败,斩杀了马秦、高胜。所谓"郡士",是类似于民团的地方武装。那边刚平定,越巂郡的夷人又围攻新道县,李严驰往救援,又把他们打败。刘备现在要求增兵,这使得诸葛亮倍感压力。刘备和法正都不在成都,诸葛亮总管后方事务,他现在最重要的工作就是想尽一切办法既保持局面稳定,又及时征调粮草,做好前线的后勤供应。幸好诸葛亮手下也有一批能干的人,协助他把事情处理得井井有条,刚刚提拔的益州从事杨洪逐渐引起诸葛亮的注意,遇到问题诸葛亮喜欢找他商量。《三国志·杨洪传》记载,杨洪主张应坚决支持汉中前线:"汉中则益州咽喉,存亡之机会,若无汉中则无蜀矣,此家门之祸也。方今之事,男子当战,女子当运,发兵何疑?"

　　诸葛亮于是当机立断,代表刘备任命杨洪为蜀郡太守,负责办理征兵及后勤供应事宜,支援汉中。蜀郡原太守是法正,法正去了汉中,无法履职,任命有丰富实践经验的杨洪担任此职,可以更好地调动资源,迅速完成刘备交给的补充兵员、保障后勤供应的重任。后方于是也进入到临战状态,倾尽全部物力和人力支援汉中前线。有了诸葛亮在后方提供的强有力支持,刘备更加下定决心,不拿下汉中绝不撤兵。

三、关羽接连出击

在刘备苦战汉中的时候，远在荆州的关羽也没闲着。作为天下十三个州之一的荆州，此时被曹操、孙权、刘备瓜分。论地盘，孙权占得最大，刘备次之，曹操略小些。在刘备的荆州势力范围内，最重要的城池是公安（今湖北省公安县）和江陵（今湖北省荆州市），关羽常在这两地活动。为配合汉中方面的战事，自刘备北上汉中之初关羽便开始行动了。

年初，大约是刘备刚刚率大军北上的时候，曹操控制下的许县发生了一场令人震惊的谋反事件，参加谋反的有太医令吉本、少府卿耿纪、司直韦晃、关中人金祎及吉本的两个儿子吉邈、吉穆等人。太医令隶属少府卿，负责皇宫中的医疗保健工作，吉本情况不详。少府卿是太医令的上司，九卿之一，负责宫内事务，相当于清代内务府，耿纪原任丞相掾，在曹操身边工作，得到曹操的赏识，提拔他担任了侍中、少府卿。司直这个官名不常见，但也是九卿一级的高官，最初是汉武帝时期设置的，辅佐丞相检举百官的不法行为，韦晃情况不详。金祎父子职务不详，但他们不是普通平民，因为他们出身于关中京兆尹金氏家族，这个家族汉末时出过跟袁绍一家有亲戚关系的金日磾等名臣。金祎与曹操的心腹近臣王必关系很好，王必此时担任丞相长史，但不在邺县供职，而是受曹操派遣"典兵督许中事"（《三辅决录》），是掌握许县局势的关键人物。

这几个人悄悄走到一起，看到汉室衰微，他们不禁感慨，同时也打算乱中夺权。他们的具体计划是：利用金祎与王必的私人关系，想办法借机控制王必，或者把王必杀了，之后挟持天子占领许县。金祎先派人设法潜入王必的军营做内应，因为平时关系不错，王必并无防备。夜里，吉邈等纠集门人、家童共一千多人突然火烧王必的营门，金祎的人在里面做内应。《三国志·武帝纪》注引《三辅决录》记载，由于事发突然，王必只得仓促应战，结果被射伤了肩膀。王必不知道是谁挑起的叛乱，带伤逃了出来，因为平时与金祎关系最好，所以竟投奔到金祎处。好笑的是，金祎不知道来的是王必，还以为是吉邈等人回来了。金祎让人在黑暗中对王必喊话："王长史已死乎？卿曹事立矣！"王必听到后吓坏了，赶紧改投他处。在负责颍川郡屯田工作的中郎将严匡的帮助下，王必将叛乱平息。但王必伤势很重，十多天后不治身亡。参与此次叛乱的耿纪、韦晃等人全部被抓，曹操下令就地处死。

这场政变虽然平息了，但对曹操产生了很大的心理打击。《三国志·武帝纪》注引《山阳公载记》记载，曹操听到王必的死讯后大怒，王必的地位不高，却是曹操绝对的心腹，他很早就跟随曹操，类似于家臣的角色。盛怒之下，曹操命令

第一章｜定军山（一月）

在许县的汉室百官全部到邺县来接受审查，"令救火者左，不救火者右"。大家还以为凡参加救火的人不会有罪，于是大部分人都往左边挤。哪知曹操的思路刚好相反，他认为半夜里没有跑出来参加救火是正常反应，跑出来的人恐怕都是想参加叛乱的，于是把站在左边的人都杀了。上面这个故事很有名，也最能反映曹操的奸诈和残忍，细想一下却不大可能：尽管汉室名义下的百官此时已所剩余无几，他们在社会上的影响力仍然不能低估，曹操如此轻率地说杀就杀，实在不大可能，借着审理这桩案件深挖幕后指使，将案件扩大化以借机清除那些平时有不满情绪的人，倒是有可能的。

这场未遂政变发生在许县，距离公安、江陵至少数百里，中间隔着曹操所控制的宛城、襄阳、樊城等重镇，按理说与关羽本不相干，纯属曹操阵营的内部事务。但是，《资治通鉴》综合分析了各项史料后，认为这场政变其实正与关羽有关。《资治通鉴·汉纪六十》记载：

> 魏王操使丞相长史王必典兵督许中事。时关羽强盛，京兆金祎睹汉祚将移，乃与少府耿纪、司直韦晃、太医令吉本、本子邈、邈弟穆等谋杀必，挟天子以攻魏，南引关羽为援。

原来，金祎等人制订了周密的政变计划，他们打算控制

| 建 | 安 | 二 | 十 | 四 | 年 |

许县后立即与关羽联络,引关羽北上。通常而言,既然有这样的打算,就不可能事后才去联络,金祎等人在政变前恐怕就已经跟关羽建立了联系。再进一步说,这场政变也许正是关羽暗中派人赴许县秘密策划的,刘备、关羽、张飞等人曾在许县生活过一段时间,其中关羽在许县待的时间最长,张辽、徐晃等跟关羽都十分要好,这些人虽然不会为关羽策划政变提供便利,但关羽对许县至少"人熟地熟"。总之,金祎等人把许县搅了个天翻地覆,一度牵制了曹操的精力,让他无法专心于汉中方向,而这些都是关羽在背后操纵的。

把这件事处理完,曹操才能专心于汉中的战事。曹操几年前在汉中打过仗,知道在那里打仗是一件很艰辛的事,最大的问题是后勤保障。所以,曹操在决定西征的同时,从司隶校尉部、豫州刺史部等地大量抽调民夫,从事第二次汉中之战的运输工作。这样的工作不仅辛苦而且容易送命,大家自然不愿意去。司隶校尉部弘农郡陆浑县(县治在今河南省嵩县东北)百姓在孙狼等人领导下发动起义,杀了县里的主簿,南投关羽。关羽授予孙狼等人职务,还给他们增加了兵力,让他们重新杀回去。《三国志·胡昭传》记载:

陆浑长张固被书调丁夫,当给汉中。百姓恶惮远役,并怀扰扰。民孙狼等因兴兵杀县主簿,作为叛乱,县邑残破。

固率将十余吏卒，依昭住止，招集遗民，安复社稷。狼等遂南附关羽。羽授印给兵，还为寇贼。

这件事之所以记载在胡昭的传记里，为的是突出胡昭的德行与影响力。胡昭是汉末著名学者，司马懿年轻时曾拜他为师。《三国志·胡昭传》记载，孙狼等人又回到了陆浑，但他们自相约誓："胡居士贤者也，一不得犯其部落。"结果附近的百姓都因为胡昭而得以幸免兵乱。孙狼等人的结局如何史书没有再做专门交代，但据《三国志·关羽传》记载，一年多后关羽正式北伐时，"梁郏、陆浑群盗或遥受羽印号"，说明陆浑一带仍然有听命于关羽的势力，这里面很可能就有孙狼或他的余部。

到了这一年十月，襄阳、宛县（今河南省南阳市宛城区）方向也突然出了问题：负责守卫宛县的部将侯音、卫开发动叛乱。曹操接到报告后吃惊不小。曹魏的中线战场本来有三道防线：第一道是江陵，但是赤壁之战后在周瑜、刘备的夹击下无法留守，最后放弃了；第二道是襄阳、樊城，这里是刘表经营多年的大本营，处在南阳郡与南郡交界处，一直由曹仁负责把守；第三道是南阳郡的治所宛县，这里是襄阳的后方，也是许县的南大门，战略位置十分重要。宛县县治在今河南省南阳市区一带，距离许县已经不远了。宛县丢了，

|建|安|二|十|四|年|

许县便处在直接威胁之下了。

　　侯音、卫开虽不是曹营重要将领,但他们公然起兵造反,还是在许县附近,这多少有些让人不可思议。综合史料的记载看,这件事仍是关羽的"手笔"。《三国志·武帝纪》注引《曹瞒传》记载,当时在曹操控制地区赋税徭役很重,人民普遍不满,侯音利用社会上的这种反叛情绪,又与驻守在荆州的关羽暗中联合,把曹操任命的南阳郡太守东里衮劫持了,带领南阳郡官民造反。东里衮手下的郡功曹名叫宗子卿,前去劝说侯音:"足下顺民心,举大事,远近莫不望风而服;然执郡将,逆而无益,何不遣之。吾与子共戮力,比曹公军来,关羽兵亦至矣。"侯音想想有道理,就把东里衮放了。哪知这是宗子卿的计策,东里衮脱险后,宗子卿也逃出宛县与其会合,集合忠诚于曹魏的官民与侯音对抗,等待曹军的到来。另据《三国志·高贵乡公纪》注引《楚国先贤传》记载,宗子卿与东里衮一块儿逃出宛县后,侯音派骑兵追赶,追了十里地,追上了,侯音的人开始射箭,宗子卿身中七箭,被追兵围住。宗子卿对追兵说:"侯音狂狡,造为凶逆,大军寻至,诛夷在近。谓卿曹本是善人,素无恶心,当思反善,何为受其指挥?我以身代君,以被重创,若身死君全,陨没无恨!"宗子卿越说越激动,仰天号哭,血泪俱下。这些追兵过去也都是曹营军官,见此无不感动,于是把东里衮和宗子卿放了。没有多久,

第一章｜定军山（一月）

宗子卿因伤势过重而死。

这时，曹操派来的援军也赶到了，带兵的是曹仁，还有曹操上次从汉中收降的立义将军庞德。曹仁本来以征南将军、假节的名义屯守在与襄阳一水之隔的樊城，负责整个中线战场的指挥，但曹操担心合肥方向，怕孙权再次围攻合肥，所以不久前将曹仁调往合肥附近的居巢。现在看来，这个部署很有问题，曹操为了加强东线战场的力量而抽调了中线战场的兵力，使中线空虚，给关羽壮大实力提供了机会，侯音胆敢发动叛乱与此不无关系。

得知宛县发生叛乱后，曹操赶紧从居巢把曹仁调回来，由于行动还算迅速，因此没有给关羽留下机会。曹仁到宛县后，与东里衮会合，并讨伐侯音，但是这场叛乱并不是那么容易平息的，一直到建安二十四年（219）正月才斩杀了侯音，平息了叛乱。《三国志·曹仁传》中有"屠宛城"的记载，如果是真的，那将是一个非同寻常的事件，因为宛县一直在曹操自己的地盘上，城里的官民都是朝廷的子民，以前曹操有过屠城的行为，但那都是针对敌人或异族的，对自己治下的百姓实施大屠杀，只能说明这件事把曹操彻底激怒了，也说明当初参加叛乱的官民很多都是出于自愿的。曹仁同时上报宗子卿的事迹，曹操叹息良久，下令褒奖宗子卿。曹操同时下令给曹仁，要他不必再回居巢，而是率庞德所部继续屯兵于樊城，仍然拜为征南将军。

从年初的许县到年中的陆浑，再到年底的宛城，处处都留下了关羽的影子。关羽虽然远在荆州，但影响力早已远播至曹操控制下的北方，三次出手，目标全是曹操不得不重视的核心地带。关羽的主动出击，致使曹操不能立即集中精力向西线战场调兵遣将，从而迟滞了曹操增援汉中的行动，为刘备赢得了几个月的宝贵时间。

四、黄忠的赤刀

再回到阳平关前。正当刘备做出多次尝试性攻击而没有取得进展时，诸葛亮从后方送来的援军陆续到达了。这些大多数是刚刚招募的新兵，基本上没有什么作战经验，但大批生力军的到来，使蜀军士气大振。过了年，到了建安二十四年（219）正月，刘备终于有了收获：前锋越过阳平关，沿着汉水河谷向前推进了一段距离，到达定军山下。

阳平关是汉中盆地的西大门，从阳平关沿着汉中往东可以到达汉中郡的郡治南郑，但在抵达那里之前还会遇到一处小屏障，这就是定军山。汉中盆地北接秦岭、南通巴山，沔水东西横贯，形成了西起勉县武侯镇、东至洋县龙亭镇的一百七十多公里的狭长盆地型平原。盆地四周山环水抱，群

第一章｜定军山（一月）

峰叠嶂，气候温和，物产丰富。在沔水南岸、今勉县城南有一组山峰，属大巴山脉，与汉中盆地周边的深山大川相比，它的海拔并不算很高，主脉是由十二座东西绵延的山峰组成，自西向东分别是石山子、大山、定军山、中山子、小陡山、八阵山、千户山、一字山、卧牛山、鸡心山、黄猫山、元山子，总长度二十多里，定军山是这条山脉的主峰，海拔八百多米。过了定军山，再往东便是一马平川。也就是说，定军山虽然是一道屏障，却并不是特别险要，刘备率军攻到这里，曹军就危险了。

刘备决心绕过阳平关来进攻定军山，这其实是一个冒险决定，因为很有可能置自己于腹背受敌的境地。但打了一整年，刘备实在消耗不起了，只得放手一搏。从兵法上看，刘备的这手"变招"又十分高明。《孙子兵法·行军篇》中强调过山地作战的要领："凡处军相敌，绝山依谷，视生处高，战隆无登，此处山之军也。"意思是，凡在不同地形布置军队和观察敌情时，应该注意下面几个方面。通过山地时，要靠近山谷行军；要把军队部署在高而向阳的地方，作战时不要仰攻占据高地的敌军，这是在山地作战时军队部署的原则。上面这段论述，其实可以概括为一句话：抢占制高点是山地作战的关键。

曹操是研究《孙子兵法》的大家，宋代之前公认的研究《孙子兵法》的权威有十一家，曹操排第一。曹操亲自注解的

| 建 | 安 | 二 | 十 | 四 | 年 |

《孙子兵法》十分有名，人们现在看到的《孙子兵法》十三篇版本就是曹操删定的。曹操删定、注解《孙子兵法》的用意并非学术研究或个人爱好，而是要将其下发给高级将领，让他们认真学习。在上面这段关于山地作战的论述下，曹操分别做了以下几条注解：

择便利而行也。
近水草利便也。
无迎高也。

曹操认为地势对战争胜负很重要，不能从低处贸然向高处发起仰攻，要抢占有利地形。夏侯渊大概也有一部曹操颁发的《孙子兵法》，对上面这些话早已耳熟能详，所以一看到定军山被占，便急了，赶紧率兵去抢。在定军山下，夏侯渊将部队一分为二，他自己守南围，让张郃守东围。刘备则用法正的计策，乘夜先攻东围。张郃首战不利，夏侯渊赶紧分兵增援张郃，使得南围的兵力被削弱。法正看到后，意识到机不可失，立即建议刘备不惜一切代价发起猛攻，目标直取夏侯渊本人。刘备命黄忠所部担任主攻，死死咬住夏侯渊率领的增援部队不放。黄忠发挥神勇，一阵猛打猛冲，曹军大败，征西将军、博昌亭侯夏侯渊居然战死沙场，一同战死的还有曹操任命的益州刺史赵颙。《三国志》等史书是这样记载夏侯渊之死的：

> 夏侯渊与刘备战于阳平，为备所杀。(《三国志·武帝纪》)
> 二十四年正月，备夜烧围鹿角。渊使张郃护东围，自将轻兵护南围。备挑郃战，郃军不利。渊分所将兵半助郃，为备所袭，渊遂战死。(《三国志·夏侯渊传》)

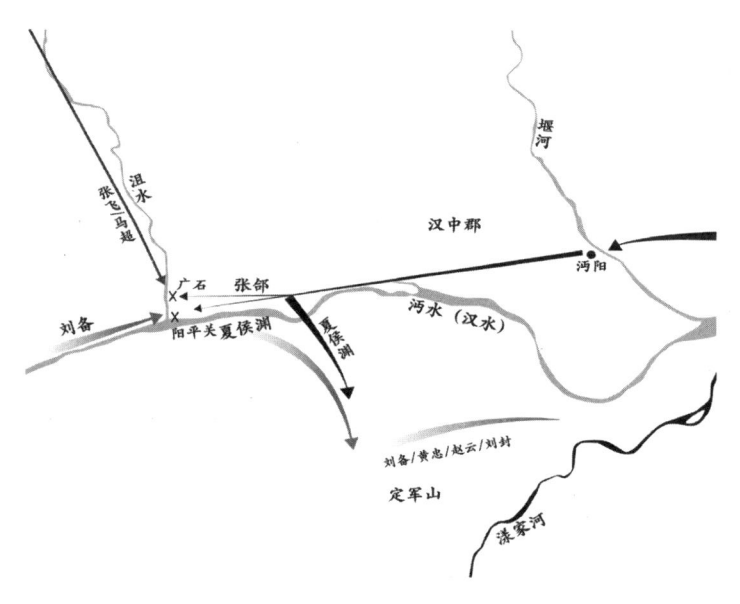

定军山之战示意图

|建|安|二|十|四|年|

建安二十四年，于汉中定军山击夏侯渊。渊众甚精，忠推锋必进，劝率士卒，金鼓振天，欢声动谷，一战斩渊，渊军大败。迁征西将军。(《三国志·黄忠传》)

其后，备于走马谷烧都围，渊救火，从他道与备相遇，交战，短兵接刃，渊遂没。(《三国志·张郃传》)

夏侯渊今月贼烧却鹿角。鹿角去本营十五里，渊将四百兵行鹿角，因使士补之。贼山上望见，从谷中卒出，渊使兵与斗，贼遂绕出其后，兵退而渊未至，甚可伤。(《魏武军策令》)

上面提到了夏侯渊战死的具体地点：走马谷。定军山之西与米仓山融为一体，该处的山称为兴势山。刘备这时应驻军在兴势山与定军山之间，两山间的谷地当时被称为走马谷。清代学者、《水经注释》《水经注笺刊误》的作者赵一清指出："走马谷即马鸣阁。"

《魏武军策令》是曹操事后向全军颁布的一项军令，通报了定军山之战的详细情景：敌人烧毁了曹军的鹿角，但这些鹿角距大营有十五里，夏侯渊居然独自带着四百名士兵去修补鹿角，敌人在山上看到了，于是从山谷中杀出，夏侯渊亲自参加战斗，最后战死。曹操以前常告诫夏侯渊："为将当有怯弱时，不可但恃勇也。"(《三国志·夏侯渊传》)在曹操看来，为将者应该以勇为本，但又要以智取胜，有勇无谋只不过是一介匹夫罢了，夏侯渊的战死正好印证了曹操上面的话。从《魏武军策令》来看，曹操认为夏侯渊在此战中犯了指挥上的错误，像夏侯渊这样担负整个战场指挥重任的大将，不应该亲自参与战斗，更别说去干修补鹿角这样的小事了，曹操把这件事写进策命里向全军通报，可见他对定军山之败很介意。在这篇策令里，曹操还说出了重话，称夏侯渊本来不擅长带兵，军中呼之为"白地将军"。所谓"白地"，指的是那些没有种植开垦的土地，拿现在的话说即"处女地"，用这个作为夏侯渊的外号，是说他作为大将连最基本的作战常识都没有。回顾夏侯渊一生的战绩，其实他也打过很多胜仗，这样的评价未免太偏颇。这说明，定军山惨败的后果实在太严重了，虽然夏侯渊已死，但曹操仍不能原谅他。

不能怨曹操太苛刻，夏侯渊在此战中确实犯了很大错误：一是事先没有预料到刘备的行动，没能对定军山这处要塞加强防守，让刘备轻易占领了；二是在定军山被刘备军占领后立即去争夺，这个决定有些草率，导致身处险地；三是作为主将，亲自率领区区几百名士兵去修补离营十五里的鹿角，这个行动更加草率。

夏侯渊的正妻姓丁，出身于沛国谯县（今安徽省亳州市）丁氏家族，曹操的正妻也姓丁，有人认为她们是姐妹，但史书称夏侯渊的妻子丁氏是曹操的"内妹"，按照《晋书》的

|建|安|二|十|四|年|

解释,"内妹"当指舅舅的女儿,曹操的母亲也姓丁,符合这层关系。夏侯渊加入曹营以来也曾立下不少功劳,所以曹操尽管对夏侯渊在此战中的表现多有不满,但对他的儿子们后来也十分照顾。夏侯渊的长子夏侯衡承袭了父亲博昌亭侯的爵位,后来又转封为安宁亭侯;次子夏侯霸后升为护军右将军;三子夏侯称最有军事才能,十六岁时射杀过老虎,曹操很喜欢他,可惜十八岁时早逝;四子夏侯威后来担任过州刺史;六子夏侯惠有文才,历任散骑黄门侍郎、燕国相、乐安郡太守等职;七子夏侯和有辩才,历任河南尹、太常卿。

值得一提的是,夏侯渊的五子夏侯荣,他少时聪慧,七岁就能写文章,每天都读很多书,用不了几天就能记住并理解。曹丕听说后请他去做客,当时宴请的宾客有百余人,每个人都呈上名刺,类似于名片,上面详记着各自的家乡与姓名,夏侯荣只看一遍就把这些都记住了,与每位客人交谈时都不会弄错对方的信息,曹丕十分惊奇。定军山之战时,夏侯荣也在军中,才十三岁,兵败后属下劝他赶紧逃命,夏侯荣不走,认为父亲已为国捐躯,自己怎能苟活于世,于是拔剑冲入敌阵,战死在阵中。《三国志·夏侯渊传》记载:

弟荣,字幼权。幼聪惠,七岁能属文,诵书日千言,经目辄识之。文帝闻而请焉。宾客百余人,人一奏刺,悉书其

第一章 | 定军山（一月）

乡邑名氏，世所谓爵里刺也，客示之，一寓目，使之遍谈，不谬一人。帝深奇之。汉中之败，荣年十三，左右提之走，不肯，曰："君亲在难，焉所逃死！"乃奋剑而战，遂没陈。

定军山之战让黄忠得以扬名后世，如同说起逍遥津人们马上会想到张辽一样，后世人们提到定军山时也自然会想起黄忠。黄忠本是荆州牧刘表的部将，刘表任命他为中郎将，随从刘表的侄子刘磐驻军长沙郡。刘备占领长沙郡后，黄忠跟随韩玄向刘备投降。黄忠后来随刘备入益州，在夺取益州的战斗中常冲锋陷阵，勇毅冠绝三军。在定军山之战中，黄忠亲自冲锋陷阵，英勇无比。南朝陶弘景撰写了一部中国古代刀剑专著《古今刀剑录》，其中有一条记载可见黄忠当时的勇猛之状：

黄忠从先主定南郡，得一赤刀如血。于汉中击夏侯军，一日之中，手刃百数。

"百数"的意思不是"数百"，而是"可以当上百来数"，也就是几十。在一次战斗中一个人能手刃数十人，这是一项惊人战绩。不过，死在黄忠赤刀下的人里有没有夏侯渊，史书并未明确。《三国志》只是说黄忠"一战斩渊"，这里可能

|建|安|二|十|四|年|

是黄忠本人斩杀的，也可能是黄忠部下将士斩杀的。那么，黄忠亲自斩杀夏侯渊的可能性大不大呢？分析起来可能性很大。冷兵器时代的作战模式虽不像小说和一些影视剧里表现得那样是一对一"单挑"，但武将们也经常冲锋陷阵，战斗在第一线。从《三国志》等史书中可以看出那时武将们冲锋陷阵主要有以下几种形式：一是先登，顾名思义是先于众人而登，登的多是城墙，在没有飞机大炮的情况下，攻城全靠踩着前面战友的尸体上，这是一种很危险的事。二是陷阵，意思是冲杀在前面，率先冲入敌阵，在敌强我弱时，为鼓舞士气，弱的一方往往会率先发起挑战，用敢死队冲击敌军大队，通过胜利打击敌人的锐气，典韦、张辽、曹仁、丁奉等人都有率领敢死队冲击敌阵的记载。三是危急或重要关头亲自上阵搏杀，曹操就曾多次亲临一线战斗，至少两次在战斗中坠马，还有一回发生兵变，曹操亲手杀过十多名叛军。当然也有发生意外的例子，庞统死于军前，张郃、孙坚死于伏击，他们的死都是因为亲临前线造成的。四是亲斩敌将，虽然不流行"单挑"，但也有主将间直接动手的记载，关羽亲斩颜良于军中在史书上就有记录。除了关羽，三国时期"亲斩"敌将的记载还有以下例子：

德随腾子超拒援、幹于平阳，德为军锋，进攻援、幹，

大破之,亲斩援首。(《三国志·庞德传》)

祖挺身亡走,骑士冯则追枭其首,虏其男女数万口。(《三国志·吴主传》)

祖令都督陈就逆以水军出战。蒙勒前锋,亲枭就首。(《三国志·吕蒙传》)

时山阴宿贼黄龙罗、周勃聚党数千人,策自出讨,袭身斩罗、勃首。(《三国志·董袭传》)

不过,无论"亲斩"还是部下斩杀的夏侯渊都不影响黄忠的功劳。黄忠之前的职务是讨虏将军,因斩杀夏侯渊之功被刘备提拔为征西将军。在汉末三国的军职系列里讨虏将军是杂号将军,相当于现代的"军长",在其上面还有四平、四安、四镇、四征、四方等将军,其中征西将军就属四征将军之列,高于镇西将军、安西将军、平西将军。也就是说,黄忠因为此战之功至少"连升三级"。关羽这时还仅为荡寇将军,张飞仅为征虏将军,他们都属于杂号将军,稍高些的是马超,为平西将军,现在,黄忠一跃而在众人之上。刘备之所以这样做,是因为斩杀夏侯渊的功劳实在太大了。定军山一战也让法正扬名。曹操后来听说了定军山之战的全过程,从而记住了法正的名字。曹操之前就认为老对手刘备没有这两下子,一定是有高人在旁边辅助。《三国志·法正传》记载:

|建|安|二|十|四|年|

二十四年，先主自阳平南渡沔水，缘山稍前，于定军、兴势作营。渊将兵来争其地。正曰："可击矣。"先主命黄忠乘高鼓噪攻之，大破渊军，渊等授首。曹公西征，闻正之策，曰："吾故知玄德不办有此，必为人所教也。"

看来，在曹操的心目中，刘备还是那个在走投无路时投靠在他门下，又多次被他打得落荒而逃的人。但那是老眼光了，刘备已今非昔比，他已经从寄人篱下、看人眼色的流浪者迅速成长为一方诸侯。

法正比诸葛亮大五岁，是关中人，既不是益州本土派，也不是刘璋父子的嫡系东州派，所以在益州不得志。法正和张松、孟达等人抱着"赌一把"的想法引来刘备，为刘备夺取益州立下首功。刘备得到益州后任命法正为蜀郡太守、扬武将军，此时诸葛亮的职务不过是军师将军，勉强与法正"平级"。而法正在刘备身边显然更受重视，内外事务都管，《三国志·法正传》记载："正为蜀郡太守、扬武将军，外统都畿，内为谋主。"但法正这个人也有缺点，心胸不够开阔，"一餐之德，睚眦之怨，无不报复，擅杀毁伤己者数人"。有人对诸葛亮说，法正在蜀郡太霸道了，您应该报告刘将军，对他有所抑制。诸葛亮听了却无可奈何。遗憾的是，定军山之战结束一年后法正就因病去世了，死时仅四十五岁，刘备伤心至极，"为之流涕者累日"。

五、下辩之战

夏侯渊死于战阵，其尸首被刘备手下军士得到，以至于未能返还故里或封地安葬。今河南省许昌市城西有夏侯渊墓，但那是衣冠冢，夏侯渊本人并未安葬在这里。那么，夏侯渊最终葬在何处了呢？推测起来应该是在汉中，而提出为他安葬的是张飞的妻子。《三国志·夏侯渊传》注引《魏略》记载："渊之初亡，飞妻请而葬之。"

这又是怎么一回事呢？还得从十九年前说起。建安五年（200），官渡之战的前夕，刘备带着关羽、张飞逃出许县，脱离曹操的控制，来到豫州、徐州一带发展势力，其中张飞奉刘备之命到了豫州刺史部沛国一带。《三国志·夏侯渊传》注引《魏略》记载，张飞在沛国期间，有一天领兵外出，半路上遇见一位打柴的姑娘，十三四岁，长得很漂亮，张飞"知其良家女，遂以为妻"。这个抢来的妻子有着不凡的身世，她是夏侯霸的表妹，而夏侯霸是夏侯渊的儿子。夏侯渊正是沛国人，夏侯霸的这个表妹在兵荒马乱之际怎么还跑出来打柴？不太清楚，反正张飞就这样把她带走了。夏侯霸的表妹是夏侯渊的表侄女，张飞就成了夏侯渊的表侄女婿。夏侯霸的表妹随张飞南征北战，后来为张飞生下一个女儿，嫁给了刘备的儿子刘禅，刘禅当皇帝后张飞的女儿成为皇后。按这层关系算，

建安二十四年

刘禅是夏侯霸的表妹的女婿,也就是夏侯渊的表外孙女婿。

夏侯渊战死在汉中后,张飞的妻子夏侯氏得知了消息,于是向刘备求情,为自己的表叔安葬。再后来,夏侯霸在曹魏政治斗争中失利,被迫入蜀,刘禅接见了他,刘禅还把儿子叫出来与表舅夏侯霸相见。刘禅指着儿子对夏侯霸说:"此夏侯氏之甥也!"(《魏略》)夏侯氏和曹氏世代联姻,这样论起来,刘备的孙子跟曹操的后代也有亲戚关系。一次邂逅,制造了一起涉及汉末三国几大豪门的"战地姻缘"。

再回到建安二十四年(219)年初的汉中。夏侯渊是曹魏在汉中地区的总负责人,猝然战死,曹军上下无不感到震撼恐怖,"三军皆失色"(《三国志·张郃传》)。大家惶恐不已,不知道该怎么办。丞相长史杜袭此时在汉中任督军,曾在曹丕身边任过职的郭淮此时在夏侯渊军中任司马,二人收聚散卒,商议对策。在汉中的曹军将领中,张郃和徐晃目前军职相当,张郃是荡寇将军,徐晃是平寇将军,但徐晃目前正在马鸣阁与蜀军作战,所以杜袭和郭淮决定共推张郃为临时统帅,号令全军道:"张将军,国家名将,刘备所惮;今日事急,非张将军不能安也。"(《三国志·张郃传》)杜袭、郭淮推举张郃为"军主"。危急关头,张郃不再推辞,立即重新调整了部署,安好营寨,大家才稍稍安定下来。

刘备想趁夏侯渊战死之机一鼓作气拿下汉中,第二天指

第一章 | 定军山（一月）

挥人马渡过沔水来攻营。曹军这边，大部分人认为此时敌众我寡，士气也不如对手，不如在汉水边修筑工事抵挡，不让敌人渡河。郭淮不同意这种看法，他认为这样做是向敌人示弱，无法挫败敌人。不如在离汉水远一点的地方列阵，诱使敌兵渡河，等他们渡过一半时再突然发起攻击。张郃采纳了郭淮的建议，远远地列阵于汉水北侧，刘备看见后生疑，不敢渡河。在张郃的主持下，曹军暂时稳住了阵脚，避免了全线溃败。他们坚守在汉水北岸，等待援军的到来。

定军山前打得异常激烈，黄忠立功、夏侯渊被斩首，在曹军大败之际，几个月前就奉命来增援的曹洪、曹休在哪里呢？还有刘备这边，张飞、马超也参加了汉中之战，但在阳平关和定军山前似乎也没有看见他们的身影，他们此时又在哪里呢？之前提到过，在汉中主战场之外还有一个重要战场，那就是武都郡和下辩，张飞、马超及曹洪、曹休都在那里，双方互相牵制，这时均无法分身来支援汉中。

曹洪是曹军中公认的福将，言外之意此人能力一般，只靠运气好才打过一些胜仗。曹操也考虑到了这一层，所以给他派了一个能打的助手：曹休。曹洪是曹操的兄弟辈，曹休是曹操的子侄辈，随着曹休、曹真、曹彰、曹纯等曹家"新生代"将领的崛起，曹军正在面临着一轮新旧交替。史书多次提到曹洪一家如何富贵、如何有钱，在曹操眼里，曹洪已

|建|安|二|十|四|年|

经不是原先那个能征善战、在战场上不惜命的曹子廉了。但曹洪在曹军中资历很高,让他领兵,可以服众,而让曹休掌握实际指挥权,则可以锻炼这个被看好的晚辈。

曹休之前一直在虎豹骑任职,被曹操格外看好,曾对人说"此吾家千里驹也"(《三国志·曹休传》)。不过,曹休在军中资历还浅,此次被任命的职务不过是个骑都尉,曹操让他"参洪军事",相当于曹洪的"高参"。临出发前,曹操私下对曹休说:"汝虽参军,其实帅也。"这不大像曹操说的话,但确实记录在《三国志·曹休传》中。曹洪也知道了曹操的想法,干脆"亦委事于休"。曹操对曹休不敢完全放心,派老成持重的辛毗前去辅助,专门给辛毗下达了命令,说过去汉高祖刘邦贪财好色,所以张良、陈平匡正他的过失,现在你跟曹休的担子也不轻啊。

曹洪、曹休率军增援下辩,但张飞所部已抢先将下辩占领,领兵的将领是张飞手下的吴兰、雷铜。曹洪、曹休率军赶到,又把他们围了起来。张飞亲自率兵屯驻在固山,这个地方位于下辩的北方,扬言要断曹洪和曹休的后路。曹洪召集众人商议,大家争论不休,有人主张放弃下辩回师,否则有被包围的可能。曹休不同意,认为敌人如果真想断我方后路,肯定会悄悄进行,现在这么大张旗鼓,中间肯定有文章,应该别管这个,趁他们人马没有集齐之际抓紧攻打吴兰,吴兰一破,张飞定会撤兵。曹洪已把军权交给曹休,就由曹休去安排。

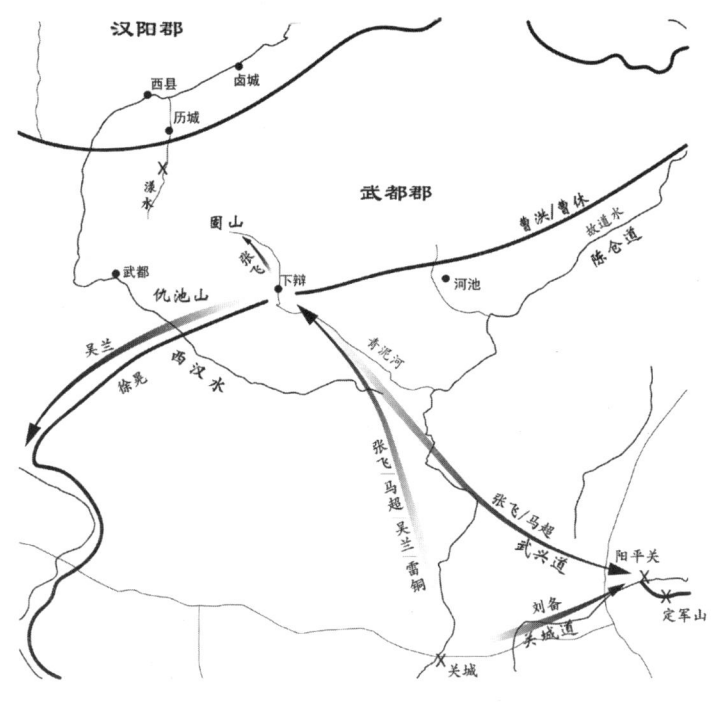

下辩之战示意图

结果，曹军不仅不撤，反而猛攻下辩，吴兰、雷铜均被打败，二人逃出下辩后被氐人部落首领抓住杀了，首级被送往曹营。

曹洪大喜，下令摆酒庆贺。酒宴上，曹洪让歌女穿着很薄的衣服踏鼓，在场的人大笑。武都郡太守杨阜在场，予以严厉斥责，认为男女有别，怎么能在大庭广众面前让女人裸

| 建 | 安 | 二 | 十 | 四 | 年 |

露形体,说完愤然辞出。曹洪马上下令女伎停演,又请杨阜还座,在场的无不肃然起敬。《三国志·杨阜传》记载:

洪置酒大会,令女倡着罗縠之衣,蹋鼓,一坐皆笑。阜厉声责洪曰:"男女之别,国之大节,何有于广坐之中裸女人形体!虽桀、纣之乱,不甚于此。"遂奋衣辞出。洪立罢女乐,请阜还坐,肃然惮焉。

这件事说明,曹军创业初期那种能吃苦、敢拼命的精神正在悄悄散去,耽于享乐的气氛正从上到下弥漫于军中,削弱了曹军的战斗力,这也是近年来曹军战绩不佳的一个重要原因。对此,当时的有识之士已有清醒认识。几年后,已经当上皇帝的曹丕派曹休率领臧霸等部攻击孙权,根据战况发展,曹丕担心曹休等人贸然渡江,但派人前去传达命令又恐怕来不及,曹丕很着急,这时董昭在旁边微微一笑,对曹丕说大可不必担心。董昭的理由是,曹休即使想渡江也得跟部下将领们商量,而臧霸等人"既富且贵",他们已经没有更大的志向,只想安享天年,保住自己的爵位俸禄而已,他们不愿意渡江,曹休即使有想法也实现不了。后来的情况果然如董昭所料。

现在,曹军虽然取得了下辩之战的胜利,在汉中的西部地区占据了主动,但曹洪、曹休仍不能率部去增援汉中,原因是张飞、马超虽然退后,但仍率兵在这一线布防,挡住了他们。

第二章 阳平关（二至五月）

|建|安|二|十|四|年|

一、曹丞相老了

刘备发动第二次汉中之战的这一年，曹操六十三岁了。这个年龄放到现在还算正当年，作为政治家更是最精华的年纪，但在平均寿命极低的古代，这已经是"烈士暮年"。据考证，夏商时期人的平均寿命不超过十八岁，秦代大约为二十岁，汉代也只有二十二岁左右。造成这一结果的原因，一是疾病和医疗水平低下，二是战争造成大量非正常死亡。如果剔除这两方面因素，就一个人的正常情况而言，在那个年代能活过六十岁也应该称为长寿了。再者，曹操自壮年起就患有慢性病，经常感到头疼。从曹操发病时的年龄及发病前后的情况判断，可能是高血压。在既没有血压仪也没有降压药的古代，高血压绝对是人体健康的一大隐形杀手。到了晚年，曹操经常被病痛折磨着，不仅影响到他个人的健康状况，也影响到时局的发展。

第二章｜阳平关（二至五月）

早在上一年三月，夏侯渊就向曹操求援，待曹操把人马调集完毕，由邺县出发时已到这一年七月了。对于此次出征，曹操完全没有思想准备，又被内部的事务搞得精神疲惫，所以情绪显得很低落，以至于在出发前的六月颁布了一个非常奇怪的命令。这份命令收录在《三国志·武帝纪》中，全文如下：

> 古之葬者，必居瘠薄之地。其规西门豹祠西原上为寿陵，因高为基，不封不树。周礼冢人掌公墓之地，凡诸侯居左右以前，卿大夫居后，汉制亦谓之陪陵。其公卿大臣列将有功者，宜陪寿陵，其广为兆域，使足相容。

这道命令不算正式遗嘱，所以称为《终令》，它集中说的是曹操给自己规划建设陵园的事，明确了以下几个问题：一是陵园区要选在贫瘠的土地上，这样做可以不浪费宝贵的土地资源，符合务实的一贯风格，具体地点曹操已选好，就在邺城外西门豹祠西边的高地上；二是陵墓建设一切从简，工程量不要太大，利用当地较高的地势作为墓基，上面不堆土，也不种树，也就是"不封不树"，这样做不是为了保密，而是为了节俭；三是规定了陪陵制度，曹操是魏王，参照汉朝的陪陵制度，他要求魏国公卿大臣及列将中有功的都可以陪葬在自己的寿陵，为此，曹操要求尽可能扩大陵园范围，使之

|建|安|二|十|四|年|

能容纳下足够的逝者。

相关要求是明确的，规定是具体的，没有半点含糊的地方，考虑到该命令颁布的时间点，更说明曹操是严肃认真的。按理说，曹操后来的接班人曹丕应该执行这道命令，在邺县附近应该建有一个庞大的陵园区，不仅埋葬着曹操本人，还有一大批文武官员埋葬于此。结果却并不是这样。经过大规模考古发掘，考古专家在原邺县以西地区并没有发现曹操手下文武官员墓葬群的存在。

其实，即便再下一些功夫去找也未必能找到，因为曹操手下那些重要人物葬在各地的都有：贾诩墓，河南省许昌市北尚集乡岗王村东；荀彧墓，一般认为在安徽省寿县，这里曾出土过荀令君的残碑；郭嘉墓，一般认为在河南省许昌市襄城县范湖乡城上村；荀攸墓，安徽省寿县境内；陈琳墓，江苏省盐城市盐都区西郊射阳湖镇赵家村；华歆墓，山东省高唐县城东涸河镇大华村；钟繇墓，河南省长葛市增福庙乡孟庄村；毛玠墓，河南省许昌市东五女店镇毛王村金龟岗；郗虑墓，河南省许昌市东张潘乡郗庄；夏侯渊墓，河南省许昌市城西河街乡贺庄北；夏侯惇墓，河南省许昌市城西河街乡贺庄北；张辽墓，安徽省合肥市逍遥津公园内，不过一般认为为衣冠冢；徐晃墓，河南省许昌市东张潘镇城角徐村；李典墓，山东省巨野县昌邑乡；典韦墓，一般认为在河南省邓州市汲滩镇……

　　上面这些人都是曹操的"老部下"，大概也是曹操最想让来陪陵的人，事实上他们都葬在了别处。当然，他们中有些人的身份不太符合曹操《终令》里所说的"公卿大臣列将"，因为有的人严格来说是"汉臣"，而非魏王麾下之臣。然而，曹操让人扩大陵园，显然主要是给这些"老战友""老部下"准备的。他们中的一些人死在曹操之前，比如典韦，限于当时的条件可能就近安葬了，但后来条件成熟，如果想移陵也是可行的。他们为什么没有被安葬在曹操的高陵的陵园区呢？这恐怕是一个谜。《晋书》记载，黄初三年（222）曹丕下诏要求"高陵上殿屋皆毁坏"，目的是"以从先帝俭德之志"。曹丕为什么这么做？显然遵循父亲的遗志并不是关键理由，如果按照曹操的《终令》去办的话，高陵庞大的陵园区不仅不能拆除，还应该大为扩建，以容纳更多的人在此安葬。曹丕当然也不可能对父亲有大不敬举动，会来一场"毁陵行动"，他的举动或许与现实中的尴尬有关。

　　曹丕后来通过汉魏禅代当上曹魏的皇帝，按理说他是曹魏"开国皇帝"，父亲曹操的魏武帝身份是追认的，曹操生前是汉朝的魏王，属于"汉臣"，厘清这些关系，就会发现问题：如果以魏武帝的身份为曹操营建寿陵，邺城附近就不合适了，曹魏的国都定在了洛阳，即便要搞陪陵，也应该重新规划，

|建|安|二|十|四|年|

重新开始；如果以魏王的身份为曹操营建寿陵，那让文武大臣们都来陪陵就更不合适了，朝代虽然换了，但人其实还是那些人，都去了邺城，曹丕死后谁来给他陪陵呢？所以曹丕要压缩曹操高陵的规模，陪陵的事也没有再去执行，之后把曹魏陵园建设的重点放在了洛阳附近。曹丕死后被葬在了洛阳附近的首阳陵，他的儿子曹叡死后被葬在了洛阳附近的高平陵。曹丕临终前颁布《终令》，对后事进行了详尽安排，也强调"因山为体，无为封树"，但陪陵的事经过高陵一折腾已变成敏感话题，干脆就不再提了。

西征汉中前，曹操第一次就自己的后事做出安排。不过，这份《终令》还不算正式遗嘱——在曹操去世前，他还发布过一份对后事安排的命令，被称为《遗令》。天子或王公生前为自己确定死后埋葬的地方，这既是习惯也是古制，本来没有问题，但这篇《终令》的发布还是让很多人觉得不安，毕竟现在不是考虑后事的时候，当务之急是迅速进军到汉中，解救被困在那里的数万曹军。

二、夏日赏"雪"

以上回顾了定军山之战前，汉中的曹军没有及时等来援军的原因。曹操率领的援军由邺县出发，一路上走走停停，到达长安时是建安二十三年（218）九月，这时，夏侯渊等人还在与刘备苦战着，曹操却似乎不着急，行进的速度也不快。《魏略·儒宗传》记载，路过弘农郡时，曹操听说汉献帝刘协的哥哥、弘农王刘辩死后埋在这里，想到坟前吊唁。汉灵帝驾崩后，最初被立为皇帝的并不是刘协，而是刘辩，后来董卓将刘辩废掉，才改立了刘协。关东联军讨董卓后，董卓担心联军利用刘辩做文章，于是派人将其鸩杀。曹操在汉灵帝时代走上仕途，对汉灵帝和他的儿子刘辩都很熟悉，此时提出祭奠刘辩，倒没有太多政治上的用意，只是出于曾经是"熟人"的缘故，这也说明曹操确实老了，有了忆旧念旧的情结。可是，曹操的这个"小愿望"未能实现，弘农郡本地人、担任黄门侍郎的董遇进谏道："春秋之义，国君即位未逾年而卒，未成为君。弘农王即阼既浅，又为暴臣所制，降在藩国，不应谒。"（《魏略》）董遇认为刘辩即位不满一年就死去，不能称为"君"，又被暴臣董卓挟持，最后降位为藩王，身为魏王的曹操不应该去拜谒。曹操认为董遇说得有道理，于是作罢。

好不容易到了长安，曹操又不走了，在这里住了两个多月。这让人费解不已：一向高瞻远瞩、雷厉风行的曹操，此时为何变得如此奇怪？这时，刘备加强了在阳平关一带军事进攻的力度，曹操才意识到汉中危在旦夕，不敢再做耽搁了，立即率兵从长安出发赶往汉中。大军出发前，黄门侍郎刘廙

| 建 | 安 | 二 | 十 | 四 | 年 |

却上书反对出征。《三国志·刘廙传》记载:

  太祖在长安,欲亲征蜀,廙上疏曰:"圣人不以智轻俗,王者不以人废言。故能成功于千载者,必以近察远,智周于独断者,不耻于下问,亦欲博采必尽于众也。且韦弦非能言之物,而圣贤引以自匡。臣才智暗浅,愿自比于韦弦。昔乐毅能以弱燕破大齐,而不能以轻兵定即墨者,夫自为计者虽弱必固,欲自溃者虽强必败也。自殿下起军以来,三十余年,敌无不破,强无不服。今以海内之兵,百胜之威,而孙权负险于吴,刘备不宾于蜀。夫夷狄之臣,不当冀州之卒,权、备之籍,不比袁绍之业,然本初以亡,而二寇未捷,非暗弱于今而智武于昔也。斯自为计者,与欲自溃者异势耳。故文王伐崇,三驾不下,归而修德,然后服之。秦为诸侯,所征必服,及兼天下,东向称帝,匹夫大呼而社稷用隳。是力毙于外,而不恤民于内也。臣恐边寇非六国之敌,而世不乏才,土崩之势,此不可不察也。天下有重得,有重失:势可得而我勤之,此重得也;势不可得而我勤之,此重失也。于今之计,莫若料四方之险,择要害之处而守之,选天下之甲卒,随方面而岁更焉。殿下可高枕于广厦,潜思于治国;广农桑,事从节约,修之旬年,则国富民安矣。"

第二章 | 阳平关（二至五月）

刘廙认为，自从曹操起兵以来已经三十多年了，攻无不破，强敌无不顺服。如今孙权恃险于吴，刘备不服于蜀，但论他们的势力和影响，未必比袁绍更强大。孙权、刘备未臣服，不是我们的智慧、武力不如以前了，而是形势有了新变化。刘廙认为，现在担心的是孙权、刘备的力量虽然比不上六国，当世却不乏陈胜、吴广那样的人才，这一点不得不考虑呀。刘廙提出，于今之计不如据四方之险，选择要害处把守，这样明公就可以高枕无忧，专心考虑如何治国，广种农桑，厉行节约，不出十年，定会国富民强。

要是孔融那样的人这么说，曹操一定会琢磨一下这些话背后的动机，但曹操知道刘廙对自己一向忠诚，他也尊重刘廙，所以他知道这些话没有什么别的动机。刘廙的想法有一定代表性，但这些想法曹操并不赞成，因为以教化征服敌人只能是纸上谈兵。于是，曹操以公开信的形式答复刘廙，不仅阐述了此次用兵的重要性，在信的末尾还写道："非但君当知臣，臣亦当知君。今欲使吾坐行西伯之德，恐非其人也。"意思是，不仅君王应当理解臣下，臣下也应当了解君王，现在让我遵行周文王的仁德，恐怕并不符合实际。曹操想说的是，你们这些读书人啊，火已经烧到房梁了，还谈什么仁义道德，你们的思想应该跟上形势了！

终于能出发了。为节省时间，这次曹操改走褒斜道。这

|建|安|二|十|四|年|

是曹操第二次走这条路线,第一次汉中之战后返回长安时,曹操走的就是这里。曹操亲自体会了这条著名通道的实际情况,得出结论,认为南郑是"天狱",而褒斜道是"五百里石穴耳",说明这条道路在当时是多么狭窄、深险,并且路程漫长。在这条道路南端有一条隧道,位于今汉中市褒城镇境内,虽然只有十六米长,却是在坚硬的石头上凿出来的,被认为是世界上最早的人工隧道,该地于是被称为"石门"。

石门隧道是汉中郡太守鄐君于汉永平六年至九年(63—66)承修褒斜栈道过程中开凿的。《石门颂》记载:"至于永平,其有四年,诏书开斜,凿通石门。"到曹操再次前往汉中时,距这座隧道落成才一百五十多年,因此可以近距离对其进行欣赏。这条隧道的神奇之处在于,其内壁并无斧、凿、钻之类的工具所留的痕迹,岩面修整平顺。据清人罗秀书等记载,石门隧道是火烧、水激或醋激后敲击而成的,《褒谷古迹辑略》所载梁清宽书贾汉复《修栈道歌》中有"积薪一炬石为坼,锤凿既加如削腐"的诗句,也说明该隧道的确是用火烧水淬的办法破石开凿的。石门隧道附近有一处摩崖石刻,内容是东汉汉中郡太守王升表彰杨孟文等人开凿石门隧道的功绩,这篇石刻就是在书法史上堪称国宝的《石门颂》,其刻制时间是东汉建和二年(148),距离建安二十四年(219)曹操此次赴汉中仅约七十年,所以保存得应当十分完好。曹操一生曾三次经过褒斜道，想必作为书法家的他曾在《石门颂》前流连忘返过吧。

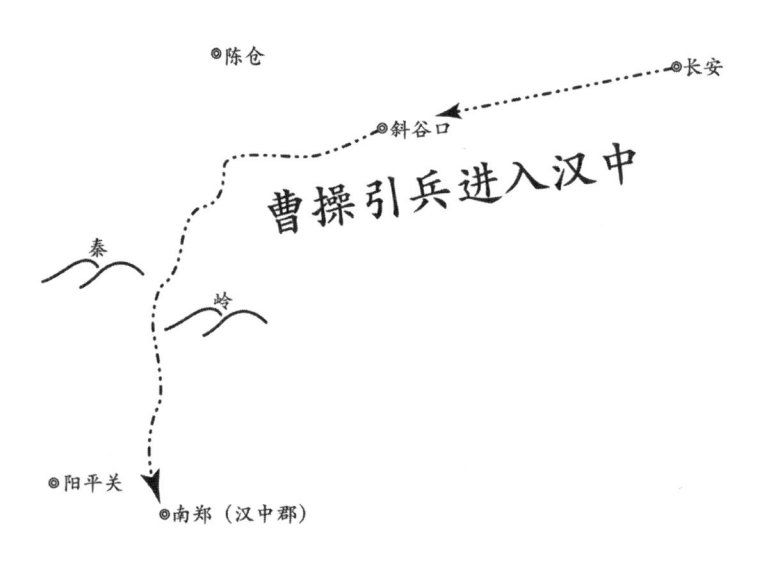

曹操救援汉中示意图

因为后世修建石门水库，《石门颂》被移至汉中博物馆。在汉中博物馆内还保存有一通石碑，上书"衮雪"两个隶书，相传为曹操此次路过石门时亲笔所写。如果属实，它就是迄今能看到的曹操唯一的手迹了。这两个字原来也刻于石门附近的崖石上，据说曹操当时题完这两个字，有人不解其意，等字刻好后大家发现，山崖边上就是滚滚的褒河水，山涧间满布大大小小的石头，经流水常年冲刷一个个都圆圆的，且很光亮，远看像堆雪一般。至于"衮"字，本来应该写成"滚"，但有褒河水在边上，等于添了个"氵"字旁，所以曹操把它省了。

曹操不仅是伟大的政治家、军事家和文学家，还是一名书法家。曹操常与同时代的书法家钟繇、梁鹄、邯郸淳、韦诞等人切磋书艺，尤其喜爱品味梁鹄的字，还曾将专用的五灵丹拿给因向韦诞借读蔡邕《笔法》遭拒而呕血的钟繇。西晋张华在《博物志》中曾评论过曹操的书法："汉世，安平崔瑗、瑗子寔、弘农张芝、芝弟昶并善草书，而太祖亚之。"南朝的书法评论家庾肩吾在其《书品》中，把曹操的书法作品列入中品，称其"隶墨雄瞻"。唐代书法家张怀瓘在书法评论专著《书断》中称曹操"尤工章草，雄逸绝伦"。《唐人书评》称"操书如金花细落，遍地玲珑，荆玉分辉，瑶若璀璨"，将曹操的章草作品评为妙品。总体来看，曹操的书法作品虽不能列为神品、上品，但在汉末三国时期的书法家中也是数得着的。

三、赵云的"空营计"

建安二十四年（219）三月，曹操率领大军终于出了褒斜道，到达汉中盆地。《三国志·先主传》记载，对这个老对手，刘备采取先不与其争锋的对策，"敛众拒险，终不交锋"。但这并不是示弱,刘备新获定军山大捷,信心十足,对左右说:"曹公虽来,无能为也,我必有汉川矣。"褒斜道的南出口即褒口,就在阳平关附近,于是双方仍将主力调往阳平关地区,在这里展开部署与对峙。与去年的情况有所不同的是,阳平关地区的险要地势已不为曹军所独有,由于在前一阶段进攻中屡屡得手,刘备已指挥人马抢占了阳平关、定军山一带的许多险地位置。如《水经·沔水注》记载:

城东容裒,溪水注之,俗谓之洛水也。水南导巴岭山,东北流。水左有故城,凭山即险,四面阻绝。昔先主遣黄忠据之,以拒曹公。溪水又北径西乐城东,而北流注于汉。汉水又左得度口水,出阳平北山。

这里的"城"指的是汉中地区的军事要塞汉城,因为还有一个乐城,在汉城以东,所以《水经注》中也把汉城称为"西乐城",其位置在今汉中市勉县境内。这里过去被曹军所占领,刘备的人马攻打起来十分吃力;现在攻守对调,曹军反而被动了。令曹军被动的还有后勤。曹军原来留守在汉中的人马有数万人,曹操此来至少也带来数万,约十万曹军一下子拥进汉中盆地,军粮的供应成为大问题。因此,曹操也不敢贸然发起进攻,而是将兵力部署在阳平关一带寻找战机,同时

建安二十四年

加紧从关中地区向这里运送粮食。

曹军的运粮队从北山下经过,队伍很长,黄忠居高临下,看得很清楚。《三国志·赵云传》注引《云别传》记载,黄忠认为可以袭击一下,把粮食劫过来。刘备的人马也存在军粮供应的难题,如果能把对方的军粮劫过来,对敌人将是双倍打击。刘备采纳了黄忠的建议,为保险起见,让赵云随黄忠一起去劫粮。黄忠先出发,赵云在后,但到了约定时间黄忠仍然未归,赵云率几十名骑兵出了营寨,去接应黄忠。赵云刚出来就遇到曹军主力,双方展开激战,赵云身边只有几十个人,且战且退,奋力杀出重围。这时,赵云发现部将张著负伤被围,赵云又折返回去,杀入重围把张著救了出来,之后杀回自己的营寨。

赵云的营寨已被曹操原先任命的沔阳县长张翼带人占领,张翼闭门拒守,赵云杀了进去,将营寨重新占领,之后把营门打开,偃旗息鼓。曹军到后,看到这种情况,怀疑营内有伏兵,不敢攻营,于是撤退。赵云不干,擂鼓震天,用弓弩射击曹军,曹军惊骇不已,自相践踏,还有不少人坠入水中淹死。第二天,刘备亲自到赵云营中视察,看到前一天的战场,不禁替赵云捏了把汗。刘备赞叹道:"子龙一身都是胆也!"(《云别传》)当天,刘备下令在营中摆酒庆贺,"作乐饮宴至暝",刘备军中称赵云为"虎威将军"。《三国志·赵云传》注引《云别传》记载:

第二章 | 阳平关（二至五月）

忠过期不还，云将数十骑轻行出围，迎视忠等。值曹公扬兵大出，云为公前锋所击，方战，其大众至，势逼，遂前突其陈，且斗且却。公军败，已复合，云陷敌，还趣围。将张著被创，云复驰马还营迎著。公军追至围，此时沔阳长张翼在云围内，翼欲闭门拒守，而云入营，更大开门，偃旗息鼓。公军疑云有伏兵，引去。云雷鼓震天，惟以戎弩于后射公军，公军惊骇，自相蹂践，堕汉水中死者甚多。

诸葛亮的空城计十分有名，说的是诸葛亮第一次北伐时在陇右地区的西县摆下空城计，吓退了曹魏主帅司马懿。但在历史上这件事是没有的，因为司马懿那时还没有直接与诸葛亮交手，他还在几千里外的荆州，没有参加陇右会战。再者，即便司马懿来了，率领传说中的"十万大军"围住西县县城，诸葛亮也不可能摆出空城计。可以看一下北京西南郊的宛平城，也是个县城，大体上是古代县城的标准版，该城有四座城门，城中的主要街道其实只有两条，也就是连接四门的街道，站在任意一处城墙上，都可以把城内情况一览无余。一个县城，不用十万，不用数万，只用一万人马就能把它围起来，城里即使有伏兵又能藏多少？肯定先围起来再说。所以，面对敌人数万之众，诸葛亮只能快跑，不可能坐在城头上从容弹琴。

那么，小说中的"空城计"是根据什么创作出来的呢？

| 建 | 安 | 二 | 十 | 四 | 年 |

主要是根据《蜀记》的相关记载。据《蜀记》记载,晋初扶风王司马骏守关中,他手下有几位中下级官员在一起议论诸葛亮的功过,大家对诸葛亮多持讥评,认为他托身蜀汉不当,力量小却想办大事。有一个名叫郭冲的人站出来为诸葛亮鸣不平,说了诸葛亮的五件事,把这几位官员说住了,司马骏听说后十分感慨,称赞郭冲说得对。郭冲说的五件事中的第三件就是关于"空城计"的。按照郭冲的说法,诸葛亮屯兵于阳平关期间,派魏延率主力东进,他只留一万人守城。司马懿这时率二十万大军前来,和魏延率领的主力错道而行,蜀军因此没有发现,等诸葛亮知道情况时,敌人距此只有六十里了。侦察兵向司马懿汇报说,诸葛亮在城中兵少力弱,诸葛亮也知道司马懿马上就要到,他想去通知魏延,但相去已远,魏延即便回军也来不及了。城中将士皆失色,诸葛亮却神色坦然,镇定自若,下令军中偃旗息鼓,不准随便走出营帐,又下令大开城门,并"敕军中皆卧旗息鼓,不得妄出庵幔,又令大开四城门,扫地却洒"(《三国志·诸葛亮传》)。司马懿知道诸葛亮一向持重,而今却摆出如此虚弱无力的样子来,很是奇怪,怀疑诸葛亮有伏兵,于是率领人马向北上了山。司马懿后来也知道了这件事,后悔不已。不过,郭冲说的"空城计"漏洞百出,比如说司马懿与诸葛亮交战于阳平关,这查无实据;司马懿一次领兵二十万,也不太可能;司马骏是司马懿的儿子,

郭冲作为司马骏的下属，胆敢在儿子面前非议他父亲，可能性也不大。

那么，汉末三国的历史上有没有发生过"空城计"呢？其实是有的，只不过不是"空城计"，而是"空营计"，创造者不是诸葛亮，而是赵云，这就是建安二十四年（219）发生在汉中的这次作战。除此之外，曹操也创造过"空营计"，那是在汉献帝兴平元年（194）冬天，曹操亲自指挥人马在兖州刺史部山阳郡作战，吕布、陈宫很快摸到了曹操的总指挥部，立即率人马杀来，此时在曹操身边的人马并不多。《三国志·武帝纪》注引《魏书》记载，此时曹操身边只有不到一千人，"屯营不固"，而吕布手下至少十倍于曹军。由于战事发展得太快，曹军的战线拉得太长，很多将领率人马在各地作战。面对数倍于己的敌人，曹操命令妇女们都登上屯营的城墙守卫，把精壮士兵集中起来迎敌。屯营的西面有一个大堤，大堤的南面是一片茂密的树林，吕布率军来到，看到树林，怀疑里面有埋伏。吕布最近实在被曹操打怕了，心里有很大阴影，就对手下说曹操多诈，这里面肯定有埋伏。于是，吕布率军离曹军屯营十里处扎寨。第二天又来，此时曹操把队伍隐藏在大堤内，派一半兵力在堤外，吕布率军进攻，曹操派少数人迎击，等敌人逼近，伏兵杀出堤外，吕布大败，曹军缴获了不少敌人的鼓车，一直追到吕布大营才回军。

"空城计"虽然与诸葛亮无关,但这并不贬损诸葛亮的军事指挥才能,也不能因为这个就全面否定诸葛亮。人们愿意把类似"空城计"的奇谋妙计放在诸葛亮的身上,正好说明大家对诸葛亮智慧的钦佩和对他的喜爱。

四、"鸡肋"

双方在阳平关一带展开了周旋,交战的区域越来越广。刘备虽然在气势上占有优势,但毕竟总体实力不如曹操,所以这一仗打得也异常艰苦。据裴松之为《三国志·法正传》作注时所引史料,有一次刘备形势不利,应该赶紧撤退,可刘备不肯,没有人敢劝。此时矢如雨下,法正急了,一下子挡在刘备身前。刘备喊着法正的表字,叫道:"孝直避箭!"法正不避,对刘备说:"明公亲当矢石,况小人乎?"刘备这才冷静下来,对法正说:"孝直,吾与汝俱去。"于是撤退。

还有一次,刘备屯兵在山上,派养子刘封下来挑战,曹操一看大怒。《三国志·曹彰传》注引《魏略》记载,曹操骂道:"卖履舍儿,长使假子拒汝公乎?待呼我黄须来,令击之!"刘备出身穷苦,父亲早逝,小时候曾随母亲贩履织席,所以曹操骂他是"卖履舍儿","舍儿"意指被遗弃的孩子。刘封并不是刘备的亲生儿子,是他收的养子,所以曹操称其为"假子"。曹操不仅"揭短",更不服气,要派人去叫"黄须"来战刘封。

"黄须"指的是曹操的儿子曹彰。曹彰是卞夫人为曹操生的第二个儿子,年龄比曹丕小,比曹植大。曹彰从小刚强坚毅,与曹丕、曹植偏于"文科"不同,曹彰喜欢阴阳家和谶纬术数,也喜欢兵法,能左右开弓,对剑术很精通,百步之内能断人的胡须和头发。乐浪郡献来一只猛虎,用铁笼关住,连那些大力士都不敢正眼去看。曹彰无惧,进了笼子,抓住虎尾缠在自己胳膊上,令猛虎贴着耳朵不敢出声,大家都佩服他的神勇。建安二十一年(216),曹彰被封为鄢陵侯。就在建安二十三年(218),北方的代郡有乌桓族无臣氐等造反,曹操任命曹彰担任北中郎将、代理骁骑将军,前往平乱。在曹操眼中,曹彰是最有军事才干的一个,不过仍告诫他"居家为父子,受事为君臣"(《三国志·任城威王彰传》),做什么事都要按王法来办。但是,曹彰压根不用父亲担心,这一仗打得很漂亮。曹彰带兵进入涿郡境内,这时叛军有数千骑兵杀到,而自己一方的人马并未聚集起来,曹彰身边只有步兵一千来人,骑兵只有数百名。面对危险,曹彰很冷静,他没有硬打硬杀,而是采取田豫的计策固守要隘,敌人进攻无果后退去。这时,增援部队陆续赶到,曹彰下令追击,他身先士卒,冲杀在最前面,不断射箭,敌兵应声而落,激战半日,曹彰铠

|建|安|二|十|四|年|

甲上也中了数箭，但仍然意气风发，指挥人马一直追到桑乾县，这里距代郡只有二百来里的路程了。曹彰的手下们都认为长驱直入，已是人马劳顿，应该暂停攻击，休息一下再说。但曹彰认为敌人逃得还不远，停下来就丧失了战机，于是上马，又追击一日一夜，终于追上了敌人，斩杀及俘虏敌兵数千。为了鼓励将士，曹彰下令按照比平常标准多一倍赏赐将士，大家虽然很劳累，但"无不悦喜"。此战，鲜卑部族首领轲比能受乌桓人邀请前来助战，但他没有立即参战，而是率数万人在一旁观察。看到曹彰如此生猛，他于是向曹操请服，北方的局势重新得以安定。代郡建边的事已经办完了，曹操让人去唤曹彰来汉中前线。曹彰接到命令后昼夜西行，往这里赶来。曹操与刘备在汉中继续互攻，曹操对这里的地形和气候条件似乎不怎么适应，至少不喜欢，上次虽然在汉中得手，但实属侥幸，从内心里他巴不得早些离开这个地方。

在此期间，曹操听到的唯一好消息是老对手，同时也是老同事和老朋友的凉州军阀韩遂死了。韩遂原名韩约，早年闻名于凉州，后被羌胡叛军劫持，并推举为首领，于是以诛杀宦官为名举兵，先后与皇甫嵩、张温、董卓、孙坚等名将抗衡，后接受朝廷招安，拥兵割据一方长达三十余年。韩遂与马腾结为异姓兄弟，二人齐名于凉州。建安十六年（211）曹操发起潼关之战，韩遂大败，散失部属，奔还凉州。郭宪是西平郡西都县（今青海省西宁市）人，为本郡豪族，东汉建安年间任西平郡功曹，以仁笃为一郡所归慕。韩遂西返，众人都想抓韩遂向曹操邀功，郭宪责备众人，将韩遂保护起来。韩遂生病而死，田乐、阳逵等立即斩了韩遂的人头，准备送给曹操。因为郭宪名望很大，阳逵等想让郭宪也具名，郭宪不肯。阳逵等人把韩遂的首级送到曹操这里时，曹操正在汉中。曹操素来知道郭宪的名望，但看了文书，发现郭宪的名字不在其中，因此询问。阳逵等据实以告，曹操叹其志义，上表将郭宪、阳逵等人都赐爵关内侯。其后，郭宪官至曹魏武威郡太守，于魏文帝黄初元年（220）病逝。

上面这件事记载在《三国志·王修传》注引《魏略》中，但其中提到的人是"韩约"，而不是韩遂。其实，韩约是韩遂的原名，从其记载的内容看，此"韩约"也一定是韩遂。原记载没有明确时间，但提到曹操"攻汉中"，于是有两种可能，一种是建安二十年（215），一种是建安二十四年（219），这两年曹操都在汉中作战。

曹操与刘备相持了一个多月，刘备的总体战略是据险死守，跟曹操拼起消耗。这样一来，曹军的后勤就成了问题。由于吃不饱饭，曹军士兵有不少逃跑开小差的，《资治通鉴》有"操与备相守积月，魏军士多亡"的记述。还有些投降到了敌人那里，让曹操更苦恼。蜀汉后来有一个很有名的将领

建安二十四年

叫王平，多次随诸葛亮北伐，他原来就是曹军的将领，正是在这个时候投降刘备的。王平是巴西郡宕渠县人，巴中部族首领杜濩、朴胡等人投降了曹操，到洛阳拜谒，王平跟着他们一起去的，被曹操提拔为校尉。曹操此次再征汉中，王平随军，但是又投降了刘备，被刘备提拔为裨将军。

眼看短时间内无法取胜，曹操萌生了放弃汉中的打算。《三国志·武帝纪》注引《九州春秋》记载，有人来请示当天夜里的口令，曹操顺口说了一个"鸡肋"，大家都一脸茫然，不知何意。随征的丞相主簿杨修听到后就开始收拾行李，大家很惊讶，问缘故，杨修说："夫鸡肋，弃之如可惜，食之无所得，以比汉中，知王欲还也。"杨修的理解是正确的，曹操实在不想把主力部队长期集中在汉中这个大山中的小盆地里，合肥一线的孙权，襄阳一线的关羽，还有北方的公孙氏及乌桓人，哪一个都不让他省心。再者，近一两年来，各地又频频发生叛乱活动，曹操已有心力交瘁之感，于是下令从汉中撤退。

建安二十四年（219）五月，曹军全部撤出了汉中地区。汉中再次易手，这块战略要地在曹操手中前后还不到三年。此次汉中之战，胜负一目了然：曹操完败于刘备。但在具体战果方面，《三国志·武帝纪》中的说法是曹操"引军还"，言下之意曹军的直接损失并不大，是主动撤退的。真实情况是否如此呢？诸葛亮曾于蜀汉建兴元年（223）九月对外发布过一篇《正议》，里面提到过在此次汉中之战中曹军的损失情况。那时刘备刚刚去世，蜀汉内外交困，曹魏方面公开向后主刘禅和诸葛亮喊话，进行招降，诸葛亮写这篇《正议》就是回答对手的招降，同时鼓舞蜀汉军民的士气。其中写道：

> 及至孟德，以其谲胜之力，举数十万之师，救张郃于阳平，势穷虑悔，仅能自脱，辱其锋锐之众，遂丧汉中之地，深知神器不可妄获，旋还未至，感毒而死。

按照这个说法，曹操几乎全军覆没于汉中，只有曹操侥幸得脱。当然，这是诸葛亮的说法，有对内"打气"的成分，不足以全部采信。到了曹魏正始五年（244），那时诸葛亮已去世十年之久，曹魏方面由大司马曹爽、太尉司马懿共同辅政，曹爽为树立个人在军中的威信，策划另一场汉中战役，妄图一举夺取仍在蜀汉控制中的汉中地区。《三国志·曹爽传》注引《汉晋春秋》记载，司马懿反对贸然向汉中进军，他曾给夏侯玄写信，希望其对曹爽加以劝阻。在这封信中，司马懿写道：

> 《春秋》责大德重。昔武皇帝再入汉中，几至大败，君所知也。今兴平路势至险，蜀已先据；若进不获战，退见邀绝，覆军必矣！将何以任其责？

|建|安|二|十|四|年|

司马懿认为曹操从汉中撤退前已"几至大败",言下之意虽不是"大败"但也是败了,而且败得不轻,并且说"君所知也",说明这一情况并不是秘密。如果曹军是顺利且安全地撤出汉中的,司马懿自然不会这样说。司马懿的说法虽然不能直接证明诸葛亮在《正议》中的结论,但曹操在汉中打了败仗,撤退得也很仓促,应该是不争的事实。

这场汉中之战是曹操与刘备这两个老对手最后一次直接交手。曹操和刘备都是汉末三国时代的杰出人物,比较起来,二人互有优劣。曹操的军事才能很突出,被誉为当时的孙膑、吴起,他一生征战三十多年,"机变无方,略不世出"(《三国志·武帝纪》),尽管也打过不少败仗,但以胜仗居多,打过一些苦仗、漂亮的仗,除官渡之战外,潼关之战也是他最经典的战例。曹操善于出奇兵,经常身先士卒,是将才,也是帅才,本身也是一流的谋士,其在军事上的综合成就是汉末三国时代无人能比的。曹操在外交方面总体上做得也不错,源于他心胸较为开阔,能兼容并收,除了用武力消灭群雄外,也注意用和平手段解决问题,在处理关中、辽东、泰山、汉中等边缘地带方面,他采取了柔性的、更为灵活的手法,成为军事手段的补充。相比较而言,曹操在政治方面显得有些被动,始终没能处理好与士大夫集团的关系。一方面,缘于他的出身,尽管他努力撇清与宦官家庭的关系,但毕竟不如世族出身的袁绍、宗亲出身的刘表和刘焉等人能占到政治上的便宜；另一方面，曹操"奉天子以令不臣"，这既有有利的一面，但也有不利之处，那就是与汉室之间的关系难以处理，容易遭受诟病，所以曹操在政治上一直很被动，不仅生前如此，身后也一样。

与曹操相比，刘备最大的长处是会打"政治牌"，他很早的时候就重仁义，后来又注重推崇汉室。在滞留许县期间，尽管政治环境极为恶劣，但刘备仍不愿意阿谀曹操，而是秘密参加了董承等人谋划的政变，虽然没有成功，但表明他是站在汉室一边的。占领成都后，刘备仍尊汉室为正统，这些政治手段比曹操强硬称魏公、魏王来得高明。刘备也是出色的军事家，虽然一生打的败仗更多，但那多是情势使然，是势不如人的情况下只得奔命的结果，不能反映他真实的军事水平。刘备军事生涯的顶峰是这次汉中之战，先是一战夺汉中，后来老对手曹操亲自率兵来救，刘备打得不慌不忙，信心十足，迫使曹操不得不撤军。刘备最大的问题是在外交上，赤壁之战前迫于形势而不得不联合孙权，后在诸葛亮的竭力维护下，孙刘联盟得以保持，但刘备对此似乎没有给予足够重视，结果埋下了祸根，这些隐患在后面将不断暴露出来。

曹操撤到长安后，看到汉中已失，其左翼的武都郡必然难保，于是担心刘备与武都郡氐人部落首领联合起来，以氐人为先锋进攻关中，那样一来，整个雍州刺史部的安全都将

建安二十四年

受到威胁。为此,曹操招来雍州刺史张既商议对策。张既建议,可以把武都郡的氐人迁到天水和关中一带居住,告诉他们先迁出来的有重赏,到那时候大家都会争先恐后出来。曹操采纳了这个建议,先后从武都郡迁出五万余户氐人,让他们居住在扶风郡、天水郡等地。武都郡百姓恋土不愿远迁,后来,多亏武都郡太守杨阜深得民望,当地百姓自愿随迁。杨阜把郡政府搬到槐里(今陕西省兴平市),他为政清廉,爱民如子,深受百姓敬爱。

雍州刺史部虽然名义上是曹操的势力范围,但内部并不平静,各地的割据势力很多,其中武威郡的颜俊、张掖郡的和鸾、酒泉郡的黄华、西平郡的麹演等势力都很大,他们自称将军,互相攻击。当时有一个名叫许攸的头领,也有一定势力,不肯归服曹操,对曹操多有轻慢。曹操大怒,想立即分兵去讨伐他。这位许攸与曹操的谋士、在官渡之战中立过大功的许攸同名同姓,并且与那位许攸一样,都是很有个性的人。看到曹操动怒,手下都来相劝,认为当前最重要的敌人是刘备,不能分心。但曹操怒气难消,执意发兵。最后,在杜袭的劝谏下,曹操的怒火才稍稍平息,用"厚抚"的办法最终还是让许攸归服了。这件事记载在《三国志·杜袭传》中:

时将军许攸拥部曲,不附太祖而有慢言。太祖大怒,先欲伐之。群臣多谏："可招怀攸，共讨强敌。"太祖横刀于膝，作色不听。袭入欲谏，太祖逆谓之曰："吾计以定，卿勿复言。"袭曰："若殿下计是邪，臣方助殿下成之；若殿下计非邪，虽成宜改之。殿下逆臣，令勿言之，何待下之不阐乎？"太祖曰："许攸慢吾，如何可置乎？"袭曰："殿下谓许攸何如人邪？"太祖曰："凡人也。"袭曰："夫惟贤知贤，惟圣知圣，凡人安能知非凡人邪？方今豺狼当路而狐狸是先，人将谓殿下避强攻弱，进不为勇，退不为仁。臣闻千钧之弩不为鼷鼠发机，万石之钟不以莛撞起音，今区区之许攸，何足以劳神武哉？"太祖曰："善。"遂厚抚攸，攸即归服。

除了许攸，颜俊也突然向曹操表示效忠并请求帮助，愿意把母亲及儿子送到邺县作为人质。曹操问张既如何处置，张既说："颜俊这些人称王称霸，傲慢狂悖，出尔反尔，缺乏信用。在当前局势下，可以挑动他们互斗，以坐收渔翁之利。"曹操采纳了张既的建议，暗中推动这些割据势力之间互斗，只用一年多就收到了效果。内斗中，和鸾杀了颜俊，但又被武威郡人王祕给杀了。随着割据势力不断被削弱，曹操对雍州的统治逐渐加强。

五、卞王后

很多人认为曹操在撤离汉中前还下令杀过一个人，也就是那个聪明过头的杨修。但其实，曹操杀杨修并不是在春天时于汉中，而是在这一年的秋天，地点应该在邺县。《三国志·曹植传》注引《魏略》记载：

至二十四年（219）秋，公以修前后漏泄言教，交关诸侯，乃收杀之。修临死，谓故人曰："我固自以死之晚也。"其意以为坐曹植也。修死后百余日而太祖薨，太子立，遂有天下。

这里明确两点：一是杀杨修的时间是建安二十四年（219）秋天，不仅有明确记载，而且曹操是建安二十五年（220）正月去世的，与杨修"死后百余日"的时间点也相吻合；二是杀杨修的原因是"漏泄言教"和"交关诸侯"。除此之外，《资治通鉴》还提到："操亦以修袁术之甥，恶之。"汉末汝南郡袁氏、弘农郡杨氏都是天下知名的大族，双方通婚，杨修的母亲袁氏是司徒袁安的曾孙女，算下来杨修就是袁绍的外甥。

杨修很有才，有时还有些恃才傲物，但这并不是曹操杀他的主要原因。曹操杀杨修，主要是因为他卷入了曹植、曹丕的夺嫡之争。当曹操下定决心扶持曹丕时，他便全力以赴地为其扫清未来接班之路上的障碍，不仅杨修，丁仪、丁廙等人也都被曹操找了个借口杀了。所以，"漏泄言教"不是重点，"交关诸侯"才是。至于杨修是袁绍外甥这一点更是一种借口了，此时袁绍已经死了十几年，几乎没有什么影响力了，这时候已没必要再提旧事，曹操如果真的因为这一点而讨厌杨修的话，就不会让杨修接近曹植，也不会让杨修担任自己的主簿了。

　　曹丕与曹植有过一场夺嫡之争，在这场你死我活的斗争中，常为曹丕出谋划策的是吴质、陈群和司马懿，而常为曹植出主意的是杨修、丁仪、丁廙。曹丕被立为太子后，杨修等人立刻感到情况不妙。杨修马上跟曹植疏远了关系，转而向曹丕靠近。但曹植仍像以前一样跟他来往，杨修也不敢完全拒绝曹植。杨修有一把由著名铸剑师王髦所铸造的宝剑，是杨家的传家宝，杨修知道曹丕特别喜欢刀剑，曾命人专门打制过自己设计的剑，也酷爱收藏名剑。为讨曹丕欢心，杨修把这把剑献给了曹丕，曹丕非常喜欢，经常佩戴。《三国志·曹植传》注引《典略》记载，曹丕称帝后，有一次从洛阳宫殿里出来，刚好佩戴着杨修送的这把剑，又想起了杨修。曹丕对左右说："此杨德祖昔所说王髦剑也。髦今焉在？"最后居然找到了王髦，曹丕亲自召见，赏赐了不少东西。

　　弘农郡杨氏是东汉末年最有影响力的世家大族之一，前

|建|安|二|十|四|年|

后几辈人里都有人做过三公,所以杨修被杀难免会产生一些反响。为消除这件事产生的副作用,卞夫人主动给杨修的母亲袁氏写去一封信,进行安慰。在这封《与杨彪夫人袁氏书》中,卞夫人夸赞杨修是个人才,说自己的夫君因为一时性急才下令处死了杨修,自己当时并不知情。当自己知道后,她感到"心肝涂地,惊愕断绝,悼痛酷楚,情自不胜"(《全三国文》卷十二)。卞夫人请求袁氏宽恕,另随信送上了一笼衣服、一百匹绢、一百斤官锦和一乘香车、一头牛。卞夫人的这些做法虽然无法让杨彪夫妇完全原谅曹操,但在一定程度上弥合了杨修之死所带来的负面冲击。

曹操虽然于三年前成为魏王,并于次年明确曹丕为魏王世子,但一直没有明确王后。按照汉朝制度,皇帝的后宫除皇后外,之下的妃嫔还有十四等之多。曹操建立的魏国属东汉政权内的藩国,相关制度参照汉制,只是等级、人数有所缩减。魏国有王后,之下的妃嫔还有五等,其总人数不详,至少几十位,《三国志》里提到的有二十余人,其实她们只是因为给曹操生了儿子才得以"留名",那些没有生下儿子的史书则没有提到。《三国志·后妃传》记载:

汉制,帝祖母曰太皇太后,帝母曰皇太后,帝妃曰皇后,其余内官十有四等。魏因汉法,母后之号,皆如旧制,自夫

第二章 | 阳平关（二至五月）

人以下，世有增损。太祖建国，始命王后，其下五等：有夫人，有昭仪，有婕妤，有容华，有美人。

曹操的原配夫人是丁氏，嫁给曹操后一直没有生育，后来曹操娶了刘夫人。刘夫人生下了曹操的长子曹昂及长女清河长公主，可刘夫人死得早，曹昂便由丁夫人抚养，丁夫人对他爱护有加。建安二年（197）正月，曹操讨伐张绣，军队驻扎在淯水，张绣举众投降，旋即复叛，长子曹昂、侄子曹安民、猛将典韦战死。《三国志·后妃传》注引《魏略》记载，这件事让丁夫人难以接受，经常痛哭，并埋怨丈夫道："将我儿杀之，都不复念！"说得多了，曹操有点儿生气，把她遣送回娘家，想让她消消气。后来，曹操行军途中路过丁夫人家，主动去看望。《魏略》记载，当时丁夫人正在织布，有人赶紧通报说曹公来了，但丁氏"踞机如故"，没有起身相迎的意思。曹操过去，拍着丁夫人的背说："顾我共载归乎！"哪知丁氏头也不回，也不回答。曹操无奈，只好悻悻而出。走到门外，曹操又说："得无尚可邪！"意思是，跟我一起走吧，难道还要我求你吗？丁夫人仍不应，曹操叹息道，看来真的情意已绝了。曹操只好把丁夫人休了，希望丁夫人娘家人把她再改嫁。可谁敢娶曹操的前妻？即使有胆大敢娶的，丁家人也不敢嫁。曹操对丁夫人及死去的长子曹昂还是很有感情的，曹操临死的时候回忆了自己的一生，又想起了他们。临终前，曹操曾说："我这一辈子没有做过什么亏心事，只是倘若死后有灵，见到自己的大儿子，问我母亲怎么样了，我将无言以对。"

曹操遇到卞夫人时二十三四岁。《三国志·后妃传》称卞夫人"本倡家"，汉代的倡家属于民间演艺团体性质，出入于权贵和有钱人之家，在宴席和聚会上表演歌舞、伎艺，这种职业往往以家族为单位，一代代相传下去，称为倡家。曹操遇到的这个倡家，主人名卞远，祖籍琅琊郡开阳县（今属山东省临沂市），卞夫人是卞远的女儿，容貌美丽，曹操一见钟情，把她娶回家。卞夫人到了曹家，表现出与丁夫人、刘夫人不同的行事作风。丁、刘两位都出身大家族，人品不错，但没有经过多少磨难，对人生的艰辛没有切身感受。卞夫人不同，她不仅长得漂亮，身上有艺术细胞，而且长年流离在外，耳闻目睹过许多事，一方面增长了见识，另一方面知道人生的不易，所以操持家务能够细心周到，处理事情井井有条，待人和蔼可亲，曹府上下很快对这个琅琊郡来的新夫人交口称赞。丁夫人被休后，卞夫人对她很照顾，经常派人给她送东西，还趁曹操不在家的时候偷偷把她接到府里来，仍然让她坐在上座。对此，丁夫人十分感激。后来，丁夫人去世了，卞夫人又向曹操求情，让她不要葬在娘家而是送到许县安葬。曹操对卞夫人评价颇高，对她也十分敬重。

第二章｜阳平关（二至五月）

卞夫人为曹操生下的第一个儿子是曹丕。那时曹操在洛阳任职，卞夫人和曹丕生活在洛阳。曹丕两岁那年发生了董卓之乱，为防止董卓的迫害，曹操在极为仓促的情况下逃出洛阳。曹操甚至来不及回家里一趟，卞夫人还不知道发生了什么事。平时与曹操有不少交往的袁术这时突然跑到曹府，对卞夫人说，曹操已经被董卓杀了，让他们快逃。曹府上下顿时陷入恐慌之中，很多人都想逃命。危急关头，卞夫人十分镇定，对大家说："曹将军生死未卜，大家今天散了，如果明天曹操回来了，咱们有什么面目跟他相见？"众人听了，稍稍安定下来。卞夫人又语气坚定地说："即使曹将军真的发生了不幸，大家就是死在一起，又有什么大不了。"关键时刻，卞夫人稳住了局面，曹府上下才安定了下来。曹操后来知道了这件事，对卞夫人十分称赞。卞夫人又设法带着曹丕逃出了洛阳，与曹操会合。

卞夫人后来又为曹操生下曹彰、曹植、曹熊三个儿子，她一如既往地辅助丈夫、教养儿女、善待家人。曹操又陆续娶了其他姬妾，她们中像刘夫人那样早逝的也不少，一些年幼的孩子因此失去生母的照顾。曹操觉得卞夫人非常贤惠，又豁达大度，就把这些孩子托付给卞夫人抚养。卞夫人对这些孩子都像亲生孩子一样尽心尽意抚养教育，曹操非常安慰。没有后顾之忧的曹操，更能将全副身心投入群雄逐鹿的事业中了。

|建|安|二|十|四|年|

前几年,曹操考虑由哪个儿子将来接自己的班,竞争者主要在曹丕与曹植之间,他们都是卞夫人所生。卞夫人从不干预政务,确立嗣子看起来是家事,但更是上上下下关系的大事,卞夫人从不发表自己的意见,对两个儿子不偏不倚。曹操虽然一开始更喜欢曹植,但曹植有些随性,言行不加掩饰,而曹丕则善用权术,会做事,能拉拢人,宫里的人和曹操的部属大多为曹丕说好话。曹丕最终被确立为王太子。正式宣布的这一天,有不少人来向卞夫人祝贺,还有人建议把府中所藏的财物拿来赏赐大家。卞夫人十分平静,认为魏王只因为曹丕年长才立他为继承人,自己只庆幸能免去教子无方的过失,而没有什么理由因为这件事而重赏别人。有人把这些告诉了曹操,曹操听了很满意。曹操称赞卞夫人:"怒不变容,喜不失节,故是最为难!"(《三国志·武宣卞皇后传》)意思是,人在发怒的时候脸不变色,高兴的时候不忘记节制,这是最难做到的。

卞夫人还生性节俭,平时穿的衣服都没有文绣,也不装饰珠玉,居室内的家具都不用彩漆绘画,一律是黑色的。《三国志·后妃传》注引《魏书》记载,曹操有一次在外面得了几副精美的耳环,拿回王府让卞王后挑选,卞夫人只拿了其中一副中等档次的。曹操很奇怪,问她为什么不拿最好的。夫人说:"取其上者为贪,取其下者为伪,故取其中者。"意思是，如果选最好的，那是贪心；如果选最差的，那是虚伪；所以我选中等的。有卞王后以身作则，朴素节俭在曹魏王府蔚然成风。《魏书》还记载，卞夫人每次随军出征，路上见到年长者、白首者，就停下车来上前打招呼，赐给绢帛，流着泪对他们说："恨父母不及我时也。"

卞夫人一家也算是曹魏的"外戚"了，可她从不借此照顾本家族的子弟。卞夫人每次接见自己家族的人，都教导他们，让他们安分守己。《三国志·后妃传》注引《魏书》记载，卞夫人有一次对自己家里的人说："居处当务节俭，不当望赏赐，念自佚也。外舍当怪吾遇之太薄，吾自有常度故也。吾事武帝四五十年，行俭日久，不能自变为奢，有犯科禁者，吾且能加罪一等耳，莫望钱米恩贷也。"卞夫人有个弟弟名叫卞秉，一直随曹操南征北战，虽然军功卓著，职务却不高，功劳不如他的人都封了侯，他的职务却很低，家里也没有多少余财。正因为卞夫人深受众人的爱戴，又得到曹操的信任与敬重，还是王太子曹丕的母亲，所以她被立为王后是顺理成章，也是众望所归的事情。《三国志·后妃传》记载：

二十四年（219），拜为王后，策曰："夫人卞氏，抚养诸子，有母仪之德。今进位王后，太子诸侯陪位，群卿上寿，减国内死罪一等。"

|建|安|二|十|四|年|

这里没有明确更具体的时间，在《三国志·武帝纪》里则记载"秋七月，以夫人卞氏为王后"。推测起来，这时正值曹操从汉中撤出不久，应该还身在长安。大败之后，曹操未及时返回大本营邺县，便在长安匆匆发布了册立王后的策命，似乎有些不同寻常。

尽管卞夫人出身低微，但曹操仍然立她为王后。曹操这样做，除卞夫人自身很出色外，还有政治上的深层次考虑。两汉时代，皇帝的妻族、母族等外戚一再崛起为强大的政治势力，形成外戚干政，甚至专权的局面。在东汉中期以后，就先后出现了窦氏、梁氏、何氏等外戚，他们专权的后果是政治黑暗和皇权衰败。东汉选皇后有一个传统，通常在功臣和世家大族中选择，这些家族本身就有很大的政治势力，与皇权结合后势力更大，很容易形成盘根错节、尾大不掉的局面。严重时，皇帝也被这些外戚操纵在手上，多次出现废帝、立帝的情况。以东汉著名外戚梁氏为例，一家前后有九人被封侯，三人做了皇后，六人做了贵人，两人做到大将军，三人娶了公主，整个家族先后出了五十七位高级官员，其中大将军梁冀一人独掌大权二十多年，小皇帝刘缵只说了一句"此跋扈将军也"，就被毒杀。曹操看到了这些弊端，刻意避免在自己身上发生这样的事，立出身"倡家"的卞夫人为王后，就是出于这种考虑。不仅是曹操，曹操的儿子魏文帝曹丕、孙子魏明帝曹叡也都坚持不在世家大族中选立皇后，以至于史书提到曹操父子喜欢"立贱"，其实这不失为对历史教训的汲取吧。

第三章 南郑(六至七月)

|建|安|二|十|四|年|

一、"上庸三郡"

刘备赶走了曹操,这一仗打得实在漂亮。不过,刘备仍未停下脚步,而是将目光投向汉中郡东边的上庸郡,该郡初建于建安二十年(215),是曹操主持下设置的。曹操平张鲁后,分汉中郡的一部分置上庸郡,治所上庸县(故城在今湖北省竹山县西南四十里渚水北岸),下辖北巫、安乐、武陵、安富、微阳等五县。

在汉末三国历史上,上庸郡被频频提及,而提到它时,人们往往又与周边的房陵郡、西城郡相联系。房陵郡也始设于汉末,治所在房陵县(今湖北省房县);西城郡与上庸郡同时设置,治所在西城县(今陕西省安康市汉滨区)。就历史、地理及风俗民情来说,上庸、房陵、西城三个郡紧密相连,它们大约位于今陕西、湖北、重庆等二省一市的交会处,人们习惯上称它们为"上庸三郡",由于它们在益州刺史部的东边,又称"东三郡"。

上庸三郡示意图

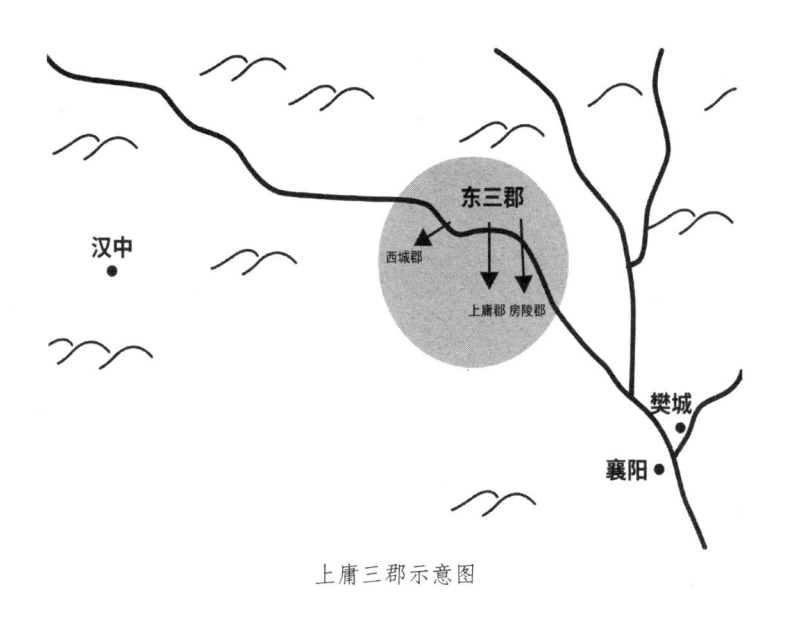

就目前形势看,"上庸三郡"处在曹操、刘备和孙权三大军事集团势力的交会处,所以它又被称为汉末三国的"中间地带",谁占领这里,谁在战略上就有了主动权,这是一个重要的战略节点。这三个郡所在的地区先是被刘表和张鲁占据,后来都归了曹操。房陵郡太守名叫蒯祺,出身于荆州蒯氏家族,原来在刘表手下任职,刘琮投降曹操后蒯祺随之投降,曹操任命他为房陵郡太守。蒯祺还有一个特殊身份,他是诸葛亮的大姐夫。上庸郡太守申耽是地方上的实力派,他和弟弟申仪在这里拥有很大的影响力。

| 建 | 安 | 二 | 十 | 四 | 年 |

　　刘备占领汉中后想选派一个人担任宜都郡太守，负责进攻房陵、上庸、西陵等地，以巩固汉中地区。法正推荐了自己的好友孟达。相对于法正近年来的风光无限，孟达在这段时间有些沉寂。孟达、张松与法正一样，都是密谋迎请刘备进入益州的核心成员，说起来都是刘备的功臣，但不知什么原因，刘备攻下成都后，孟达一开始并未获得重用，而张松在攻克成都前被刘璋杀害了。

　　当初刘璋派法正、孟达去荆州迎请刘备，给他们每人两千人马，刘备让孟达率这些人马一直屯驻于江陵。江陵归荆州，是关羽的防区，孟达一直待在那里。后来，关羽又把孟达调到秭归，仍在荆州范围内。法正向刘备建议，任孟达为宜都郡太守，命令他率所部由秭归进攻房陵郡。刘备接受了法正的建议，向孟达下达了命令。孟达能力很强，没费太多周折就拿下了房陵郡，顺便把太守蒯祺杀了。或许孟达事先不知道蒯祺跟诸葛亮的关系，所以就把他杀了；或许孟达知道蒯祺的身份，但觉得他是敌对阵营的人，没有多想就把他杀了。这件事情之后还将产生余波：孟达不久后投降了曹魏，过了几年又想从曹魏重返蜀汉阵营，但没能成功，落得个被杀的结局。有人对诸葛亮在其中的"不作为"表示质疑，认为他"公报私仇"，坐视孟达的失败。不过，这也只是猜测。

　　曹操唤曹彰来汉中要战刘封，曹彰还没有到，曹军就撤了，刘封没能跟这个"黄须"交上手，大概挺遗憾。刘备没让刘封太失落，马上交给他一个更重要的任务：从汉中出发，沿沔水南下与孟达会合，抢夺"上庸三郡"。《三国志·刘封传》记载，刘备做出这样的安排是"阴恐达难独任"。如果没有这个"阴"字，这句话的意思或许不难理解，那就是担心孟达力量不够或能力不足。而有了这个"阴"字似乎就是另外的意思了，可能担心孟达在"上庸三郡"势力坐大，从而不听指挥。说到底，孟达跟随刘备的时间还太短，尽管有法正的力荐力保，但刘备还是不太放心。所以，刘备特意明确刘封到达后"统达军"，成为上庸地区的实际负责人。刘封此时的军职是副军中郎将，低于杂号将军、偏将军，而孟达作为郡太守，无论年龄、地位还是功劳，都远高于刘封，对刘封未必肯服气，这为他们日后矛盾的爆发埋下了伏笔。而刘备对孟达既有"阴恐"之意，也一定会把此去的真正意图告诉刘封，所以刘封并不把孟达当回事。

刘封指挥孟达继续攻打上庸郡，上庸郡太守申耽投降。申耽作为地方实力派，近年来先后归顺过刘表和曹操，不过这都是名义上的，因为他才是真正的"土皇帝"。上庸地区山大沟深，历来独立性很强，多由本地豪族、大姓统治，外来势力很难真正掌握这里。为笼络申耽，刘备拜他为征北将军，兼任上庸郡太守，拜申耽的弟弟申仪为建信将军，兼任西城郡太守。这样，曹操辛苦经营的汉中、房陵、上庸、西城一线全部落入刘备手中。在西线战场的这一轮争夺战中，曹操完败。

"上庸三郡"纳入刘备势力范围后，该地区的实际负责人仍是刘封，刘备将刘封的军职提升为副军将军。孟达的军职不详，也许他此时继任了房陵郡太守一职。论年龄和资历，刘封不如孟达；论名义上的职务，刘封这个杂号将军不如申耽的征北将军；论实际影响力，刘封不如申耽与申仪。如果相安无事，大家或许会加以忍让，以求各自相安；可一旦有事，刘封能不能把控住局面就难说了。

从表面上看，刘备又一次获得了巨大胜利。"上庸三郡"纳入刘备的势力范围，连通了汉中与荆州的联系，某种程度上实现了诸葛亮在隆中对策中提出的"跨有荆益"的战略目标。不过，就目前来看，"上庸三郡"对刘备集团的战略意义还难以发挥出来，因为"上庸三郡"固然是一个战略要点，但特殊的地理环境也限制了其作用的发挥。大家重视"上庸三郡"，看中的是它处于"中间地带"的位置，希望一旦用兵可以从这里走个捷径，打对手一个措手不及。但是，这往往也是一厢情愿，因为"上庸三郡"的位置虽然好，环境却不好，尤其是交通条件，这里全是大山深谷，大部队行动起来非常不便。再者，这里地广人稀，如果驻军较多，经济上就得"倒贴"；

如果驻军不多，又难以控制。综合以上可知，"上庸三郡"这个战略要点如果经营得不好，就会成为"战略陷阱"。

二、汉中称王

但无论如何，汉中大捷都是刘备一生事业的顶点。经此一役，刘备的个人声望达到了空前的高度。论地盘、实力及个人声望，大家都认为刘备比曹操已经不差什么。三年前，曹操已经称魏王，现在不少人认为刘备也应该称王，与曹操"平起平坐"。

汉初，高祖刘邦领着大家杀白马盟誓，使得异姓称王成为一个禁区，如果不姓刘，称王就是造反，天下人可以共诛之。所以，两汉几百年里异姓而能称王的没有几个。曹操一生未称帝，但他离皇帝只有一步之遥，因为他是魏王。曹操的称王之路较为漫长，先是改三公制为丞相制，自己当上丞相之后修改五等爵制，恢复了"公"这一爵位，又成为魏公。经过几次试探后，发现问题不大，于是才公开称王，成为魏王。称王后就可以划出一块独立王国，一般有几个郡大，像朝廷那样设置三公九卿和办事机构，实施自治。曹操的魏国包括十个郡，比一个州都大。刘备现在拥有荆州的大部和整个益州，算起来也有三十多个郡了，论地盘比孙权大得多，仅次于曹操。再者，刘备如果称王，有一点曹操是比不了的：刘备姓刘，尽管此刘非彼刘，但毕竟姓刘，加上刘备一向打着兴复汉室的口号，所以他要称王，反弹压力要小得多。在这种情况下，多数人认为刘备称王的时机到了。

建安二十四年（219）七月，就在曹操刚刚从汉中退兵两个月后，刘备在汉中称汉中王。这个汉中王，是东汉朝廷之下的藩王，从程序上说需要汉献帝颁布策命，但这又是不可能的。以往，曹操阵营以外的割据势力遇到类似封爵、授官的情况，通常用遥拜的方式来处理。所谓遥拜，具体仪式是：找块空地，找个条案，摆上贡品，点上香，冲着皇帝所在的方位跪下念奏疏，奏疏中先把挟持皇帝的贼人如董卓、凉州军阀或曹操等骂一通，然后表示自己的忠心，再说要任命某某担任某某职务，最后祝天子万寿无疆，再磕几个头，一套程序就结束了。遥拜也称表奏，最早是从袁绍以车骑将军的名义任命曹操代理奋武将军一职开始的，之后大家纷纷效仿，凡有点儿实力的人都干过这样的事。方便归方便，但容易造成混乱，因为从此之后经常出现一个郡、一个州同时有几个郡太守或刺史、州牧的现象。群雄不仅通过遥拜、表奏对属下大肆封官，还"你表我、我表你"，互送人情。

刘备称汉中王，也可以用遥拜的形式进行，但由谁来出面遥拜呢？这是个难题。虽然理论上说，任何官员都可以遥拜、表奏别人当官,既然程序是非法的,区分细节也就没有多少意义了。但是,尽管是一场政治游戏,由谁来操办又有着不同的分量。赤壁之战后孙权想当车骑将军,可如果是他手下的人出来表奏的话,他宁愿不要,因为那将被人耻笑。如果是江夏郡太守刘琦表奏,虽然路径是对的,但"成色"差了很多,而朝廷正式任命过的左将军刘备出面就不同了。所以,刘备出面表奏孙权为车骑将军,孙权立即欣然接受,以后就以这个名义来处理江东事务。现在,也可以由孙权出面表奏刘备当汉中王,但一来孙权未必肯,二来汉中王的分量实在太重,即便由孙权这个"车骑将军"出面,也显得身份不够。

于是,刘备创造了另一种模式:集体推荐。《三国志·先主传》记载,刘备手下重要官员共一百二十人联名向远在许县的汉献帝刘协上了一份奏表,报告汉献帝,说大家一致推举刘备为汉中王,并兼任大司马。这一百二十个人包括平西将军都亭侯马超、左将军长史镇军将军许靖、营司马庞羲、议曹从事中郎军议中郎将射援、军师将军诸葛亮、荡寇将军汉寿亭侯关羽、征虏将军新亭侯张飞、征西将军黄忠、镇远将军赖恭、扬武将军法正、兴业将军李严等。上面提到的人都是刘备手下最重要的人物,但在这份名单中,诸葛亮只排在第五位,似乎与诸葛亮此时在刘备集团中的地位和作用不太相符。清代史学家、《文史通义》的作者章学诚便发出这样的疑问:

|建|安|二|十|四|年|

此表以马超冠首，许靖、庞羲、射援诸名皆列于诸葛亮前，殊不可解。

其实,这样的排法是有讲究的。一个是出于职务上的考虑。诸葛亮此时担任的职务是军师将军，相当于杂号将军，马超担任的平西将军高于诸葛亮，理应在前；许靖的职务是镇军将军，也是杂号将军，但他兼任刘备的左将军府长史，从职位上说也更重一些，而且许靖是天下名士，是曹操年轻时都想竭力巴结和讨好的人，知名度极高，刘备劝进称王，要借用他的知名度，所以也排在了前面。另一个考虑是为了体现代表性。刘璋的旧部中，庞羲以前地位最重，跟刘璋还有亲戚关系，虽然他现在只担任了营司马，职务未必高于诸葛亮，但他代表了刘璋的旧部，出于借重的需要，排名也应往前安排。排在诸葛亮之前的人里出现了一个比较陌生的名字，那就是射援。射援是关中的扶风人，跟法正、孟达、马超是同乡，所以有人把他和他的弟弟射坚都归为蜀汉内部的"扶风派"。《三辅决录注》说射援年轻时就有不小的名气，但这不是最重要的，最重要的原因是射援的身份，他除了是中郎将之外，还是前太尉皇甫嵩的女婿。皇甫嵩是汉末名将，在军中是元帅级的人物，射援的这个身份也是刘备要借重的。所以，这个名单上的排名是刻意安排的，诸葛亮及关羽、张飞等是"自己人"，尽量往后排，而把更能体现名单具有代表性的人物往前排。

诸葛亮等人所上的这份《劝进表》只有六百多字，写得却很有气势，是一篇被忽视的好文章。《华阳国志》记载："群下上先主为汉中王，其文朝所造也。"这里提到的"朝"是李朝，他是益州从事李邈的弟弟，《益部耆旧杂记》记载："朝又有一弟，早亡，各有才望，时人号之'李氏三龙'。"清人何焯则认为，此文在整个东汉都少见，在西汉也不可多得，"疑诸葛公润色也"，因为其文风遒劲练达，与《诸葛亮集》中所留下文字的风格很相似。这份表文如下：

昔唐尧至圣而四凶在朝，周成仁贤而四国作难，高后称制而诸吕窃命，孝昭幼冲而上官逆谋，皆冯世宠，藉履国权，穷凶极乱，社稷几危。非大舜、周公、朱虚、博陆，则不能流放禽讨，安危定倾。伏惟陛下诞姿圣德，统理万邦，而遭厄运不造之艰。董卓首难，荡覆京畿，曹操阶祸，窃执天衡；皇后太子，鸩杀见害，剥乱天下，残毁民物。久令陛下蒙尘忧厄，幽处虚邑。人神无主，遏绝王命，厌昧皇极，欲盗神器。左将军领司隶校尉豫、荆、益三州牧宜城亭侯备，受朝爵秩，念在输力，以殉国难。睹其机兆，赫然愤发，与车骑将军董承同谋诛操，将安国家，克宁旧都。会承机事不密，令操游魂得遂长恶，残泯海内。臣等每惧王室大有阎乐之祸，小有

|建|安|二|十|四|年|

定安之变。夙夜惴惴,战栗累息。昔在《虞书》,敦序九族,周监二代,封建同姓,诗著其义,历载长久。汉兴之初,割裂疆土,尊王子弟,是以卒折诸吕之难,而成太宗之基。臣等以备肺腑枝叶,宗子藩翰,心存国家,念在弭乱。自操破于汉中,海内英雄望风蚁附,而爵号不显,九锡未加,非所以镇卫社稷,光昭万世也。奉辞在外,礼命断绝。昔河西太守梁统等值汉中兴,限于山河,位同权均,不能相率,咸推窦融以为元帅,卒立效绩,摧破隗嚣。今社稷之难,急于陇、蜀。操外吞天下,内残群寮,朝廷有萧墙之危,而御侮未建,可为寒心。臣等辄依旧典,封备汉中王,拜大司马,董齐六军,纠合同盟,扫灭凶逆。以汉中、巴、蜀、广汉、犍为为国,所署置依汉初诸侯王故典。夫权宜之制,苟利社稷,专之可也。然后功成事立,臣等退伏矫罪,虽死无恨。(《三国志·先主传》)

众人在奏表中说,过去唐尧堪称至圣,但仍有四凶在朝;周成王堪称仁贤,但有四国作难;高祖时吕后称制,所以诸吕窃取国柄;昭帝时因为年幼,所以上官桀谋反。上面所列的这些作乱者,都是凭借恩宠以践踏国家权力,穷凶极乱以致社稷危难。如果没有大舜、周公、刘章、霍光这样的人出现,肯定无法将那些人处死流放,使国家恢复安定。陛下天姿英惠,统理万邦,但是也遭到厄运。董卓首先发难,荡覆京畿;曹

第三章 南郑（六至七月）

操利用祸乱，窃取君权；皇后和太子被他们鸩杀迫害，又祸乱天下，残毁民众，让陛下蒙尘，独处于虚邑。真是人神无主，王命难通。曹操还有更大的野心，他想窃取皇位。

奏表继续说，左将军、领司隶校尉、豫荆益三州牧、宜城亭侯刘备，接受朝廷爵位俸禄，一直念念不忘为朝廷贡献自己的力量，为平定国难不惜牺牲自己的生命。他当年看到了曹操要谋反的征兆，愤然采取行动，以安定国家，使陛下还归旧都。可惜董承做事不够周密，让曹操保住了性命，继续作恶天下。我们常常担忧，朝廷仍会有大大小小的灾祸发生，所以日夜感到不安。《虞书》上说要以宽厚的态度对待同族，周朝学习夏、商二朝，分封同姓宗族，《诗经》里进一步说明这样做才使周朝保持长久。汉初，也划出领土分封子弟为王，所以众人合力才挫败了诸吕作乱的阴谋，成就了汉朝兴盛之基。我们大家认为，刘备是皇室宗亲，是朝廷的屏障，他心存国家，不忘消除国家的灾乱。现在又大败曹操于汉中，海内英雄望风蚁附。但是他的爵号却不显贵，未加九锡，这样难以镇卫社稷，光昭万世。

众人在奏表中说，我们受命于外，与朝廷断绝了联系。过去河西郡太守梁统等一心振兴汉室，也是限于和朝廷无法沟通，而大家的官位差不多，不方便统率部下，所以共同推举窦融为元帅，最终建立功绩，摧毁了隗嚣。而今社稷有难，比当初的情况还紧急。曹操外吞天下，内残群僚，朝廷有萧墙之危，而抵御外侮的力量却未形成，让人寒心！

众人向汉献帝禀奏：我们想依照旧典，请陛下封刘备为汉中王，拜为大司马，统一指挥大军，聚合同盟，扫灭凶逆，以汉中郡、巴郡、蜀郡、广汉郡、犍为郡为其封国，所设机构官职参照汉初对诸侯王的规定。这也是没有办法的办法，对天下却有利，特事特办也是可以的，等到大功告成，我们愿意承担罪责，虽死无恨。

通常劝进一类的文书都空洞奥涩，而这篇表奏却写得逻辑严密、言之有物、气势磅礴。这份《劝进表》从回顾历史说起，说明历朝历代都有奸人、恶人和阴谋家，也都有挽社稷于既倒、扶大厦于将倾的忠臣；接着骂董卓，骂曹操，说他们窃取国家权柄，杀害皇后和太子，祸害天下百姓；再接着，追述刘备与曹操斗争的历史，谁奸谁忠，一目了然。说完这些，又大谈分封同姓的重大意义和迫切性，这是刘备的优势，异姓的曹操都能称王，刘备就更有合法性了。但是，在目前这种情况，按照正常程序和合法手段来分封也是不可能的，所以只好"特事特办"。表奏中还明确了汉中王官署设置的原则和封邑的具体范围，刘备将严格遵循汉初以来诸侯王设置官署的规定，其封国范围是汉中等五个郡。

做完这件事，刘备下令在汉中郡沔阳县（今陕西省汉中市勉县)作坛,陈兵列阵,在此举办了称王的仪式。《水经注·沔水注》记载:"沔水又东迳沔阳县故城南,城,旧言汉祖在汉中,萧何所筑也。汉建安二十四年(219),刘备并刘璋,北定汉中,始立坛,即汉中王位于此。"刘备手下的重要人物大部分都在汉中,他们共同参加和见证了这一重要时刻。仪式上,先宣读了准备送呈汉献帝的奏书,之后刘备登坛,拜受汉中王玺绶,戴上王冠。汉末异姓称王的,不算宋建那样的土皇帝,曹操是第一个,刘备则是第二个。仪式结束后,把群臣的表奏送出,刘备紧接着以汉中王的身份再向汉献帝上了一份奏表,内容如下:

臣以具臣之才,荷上将之任,董督三军,奉辞于外,不得扫除寇难,靖匡王室,久使陛下圣教陵迟,六合之内,否而未泰,惟忧反侧,疢如疾首。曩者董卓造为乱阶,自是之后,群凶纵横,残剥海内。赖陛下圣德威灵,人神同应,或忠义奋讨,或上天降罚,暴逆并殪,以渐冰消。惟独曹操,久未枭除,侵擅国权,恣心极乱。臣昔与车骑将军董承图谋讨操,机事不密,承见陷害,臣播越失据,忠义不果。遂得使操穷凶极逆,主后戮杀,皇子鸩害。虽纠合同盟,念在奋力,懦弱不武,历年未效。常恐殒没,孤负国恩,寤寐永叹,夕惕若厉。今臣群寮以为在昔《虞书》敦叙九族,庶明励翼,五帝损益,此道不废。

|建|安|二|十|四|年|

周监二代,并建诸姬,实赖晋、郑夹辅之福。高祖龙兴,尊王子弟,大启九国,卒斩诸吕,以安大宗。今操恶直丑正,寔繁有徒,包藏祸心,篡盗已显。既宗室微弱,帝族无位,斟酌古式,依假权宜,上臣大司马汉中王。臣伏自三省,受国厚恩,荷任一方,陈力未效,所获已过,不宜复忝高位以重罪谤。群寮见逼,迫臣以义。臣退惟寇贼不枭,国难未已,宗庙倾危,社稷将坠,成臣忧责碎首之负。若应权通变,以宁靖圣朝,虽赴水火,所不得辞,敢虑常宜,以防后悔。辄顺众议,拜受印玺,以崇国威。仰惟爵号,位高宠厚,俯思报效,忧深责重,惊怖累息,如临于谷。尽力输诚,奖厉六师,率齐群义,应天顺时,扑讨凶逆,以宁社稷,以报万分,谨拜章因驿上还所假左将军、宜城亭侯印绶。(《三国志·先主传》)

　　刘备在这份奏表中说,自己以充数之才承担上将的重任,督统三军,奉旨于外,却未能扫除贼寇,匡扶朝廷,长期让陛下的神圣教化处于衰微,以致天下动荡不安,自己对此常怀忧心,辗转难眠,痛心疾首。回顾近年来的历史,董卓肇启祸乱,继之而后的是乱臣贼子猖獗横行,残害天下,全凭陛下崇高的德行神威,人应神助,又有忠勇志士奋起讨贼,加上上天降祸惩罚顽凶,这才将乱臣贼子一扫而光,犹如冰消雪化。可是,只有曹操这个贼子一直未被除掉,篡夺国家权柄，肆意扰乱天下。

　　说完曹操的罪恶，刘备接着说自己过去曾与车骑将军董承策划讨伐曹操，因机密泄露，董承被害，自己奔亡无立足之处，忠义之心难以实现，反倒让曹操穷凶极恶，杀皇后、毒皇子。臣下虽召集结盟，一心想奋力匡扶社稷，终因秉性懦弱、缺乏雄威，以致多年不得成功。现在自己常常担心早逝，而辜负国家的恩望，故而梦中长叹，昼夜不安。现在属僚们认为从前《虞书》有言厚待亲族，用众多贤明之士来辅佐治理国家，自五帝对此义理修改以来，历传不衰。周朝借鉴夏、商的经验分封姬姓诸侯国，后来也确实得到了晋、郑两同姓诸侯国辅佐之福。

　　刘备还说，汉高祖创立汉朝，尊崇王室子弟，封立诸侯九国，最终赖此诛灭诸吕，保稳社稷。现在曹操厌恨直臣、仇视忠良，其追随之徒众多，包藏祸心，篡权窃国已暴露无遗。有鉴于宗室衰微，皇族中无人处于权力要冲，所以属僚们参照古制，以权宜之计，上表尊自己为大司马、汉中王。自己退而思之，受国家厚恩，负一方重任，出力而未得实效。而现在所得的已经过了头，不宜再空居高位而招致更多非议。但属僚们以大义迫自己称王，自己退而考虑，觉得贼寇不灭、国难不已将致朝廷倾危，国家将亡，这些都成为自己忧虑自责但求以死报国的负担。如果因时通变，以此能安定朝纲，

|建|安|二|十|四|年|

即使赴汤蹈火，自己也在所不辞，又岂敢过分考虑不逾越常规而无所作为，致使将来后悔。所以，暂且顺从众议，拜受印玺，以抬高朝廷声威。抬头想到爵号，位高而宠厚；低头思虑报国，忧深而任重。心中惶惶，气喘吁吁，如身临万丈深渊。今后自己将尽力尽忠于朝廷，努力奖劝六军将士，督率天下忠义志士，顺应天时，扫灭逆贼，安宁社稷，以报陛下恩德的万分之一。

相对上一份奏表，以刘备名义所上的这篇奏表更在于形式，不过其中仍谈到一些在当时尚不为多数人知晓的事情，比如刘备当年与车骑将军董承"图谋讨操"这件事发生在官渡之战前夕，董承等人未等举事便被害，刘备由于在此之前已脱离了曹操的控制，因而未被追究。刘备现在主动提及此事，是在向天下人表明自己早有"讨曹"的决心和行动。在后面这篇奏表里，刘备重复了上一篇奏表的内容，一再强调了自己忧国忧民、效忠汉室的态度和想法。

与后面这份表奏一同送往许县的还有当年曹操以汉献帝名义拜刘备为左将军、宜亭侯的印绶。刘备今后将以汉朝的大司马、汉中王的身份治理群下，这些自然已经不需要了，应"物归原主"。曹操除为魏王外还是东汉的丞相，这是在曹操废除原来的三公后设置的。大司马不属于三公，但与三公是同系列的职务，甚至比三公地位还要高。在刘备看来，曹操把三公改丞相的做法并不合法，他只是个"伪丞相"，顶多算三公之一的司空，而自己的大司马是高于司空的。

　　上面这两份奏表均载于《三国志·先主传》，加上刘备后面称帝时群下的《劝进表》及向天下人颁布文告，这四份文书全文相加多达两千多字，《三国志》几乎一字不漏予以全载。曹操称魏公、魏王时应该也有相应的奏表，但《三国志·武帝纪》并未提及，有人认为这体现了陈寿对曹操、刘备二人的不同态度。清人王昶在《金石萃编》中引《蛾述编》指出：曹魏《受禅表》《大飨碑》《公卿上尊号奏》，陈寿尽削不载。"若《蜀志》于先主为汉中王，《群下上汉帝表》全载之，约六百三四十字；为汉中王，《先主上言汉帝》亦全载之，约五百字；即皇帝位，《君臣述符命上言》亦全载之，约八百字；《即位告天下》亦全载之，凡二百字；共二千二三百言。此其全予蜀以继汉甚明。陋儒尚言寿全以正统与魏，而斥汉为蜀，岂不谬哉！"

三、四方将军

　　刘备称王之后，就可以按照诸侯王的身份重新对群下的职务进行一次调整。刘备首先下诏立吴夫人为王后，立刘禅为王太子。刘禅此时十二岁，母亲甘夫人已去世多年。吴夫人与刘备成婚时间不长，尽管刘备现在还有一个儿子刘永，

|建|安|二|十|四|年|

但他深知立嗣问题异常重大，稍有不慎就有灭国之灾，袁绍、刘表、曹操在这方面已留下前车之鉴。所以，刘备当机立断，直接明确了长子刘禅的接班人地位。刘备任命董允为太子舍人，辅导和辅佐刘禅。这个官职虽然品秩不高，但地位重要，诸葛亮一向十分敬重董和，对董和的儿子董允也很看好，此项人事任命应当出自诸葛亮的建议。

按照诸侯王治下百官设置的规则，可以设立三公九卿及侍中、尚书令等文官。曹操称魏王后不设三公，只设了一个相国，相当于封国的丞相。刘备既没有恢复三公，也没有设置丞相或相国，只设立了一个太傅。太傅为上公，地位高于三公，不常设，往往是荣誉性职务，目前名望和资历能胜任此职的，非许靖莫属了。在下面的九卿中，能考证的只有太常卿赖恭、光禄勋卿黄柱和少府卿王谋，除王谋外，其余人的事迹都很少，应该是属于许靖那样在地方上有名望的人。

再往下，是与九卿品秩相同的侍中一职，相当于高级顾问，可以设多人，能考证的只有廖立。廖立是从荆州开始追随刘备的，孙权曾写信问诸葛亮何人在刘备身边辅佐，诸葛亮举的是廖立和魏延二人，显示出廖立的地位。还有一个重要职务，品秩虽然低于九卿和侍中，但权力很大，相当于王国的"秘书长"，负责处理王国的各类日常事务，这就是尚书令。平心而论，目前最适合担任这个职务的是诸葛亮，其次才是法正。最后，刘备选择了法正。有人认为，这表明此时刘备对法正的信任和重视程度超过诸葛亮。这种理解或许有一些道理，汉中之战使法正在刘备心中的地位更重了，刘备对法正的信任较之前又进了一步。之前诸葛亮是"股肱"，法正是"谋主"，二人相比，法正仅略逊于诸葛亮。现在，在刘备的心目中，法正已与诸葛亮并驾齐驱或者超越了后者，这并非不可能。但是，如果仅以尚书令一职的任命就得出这样的结论还显得有些偏颇。从刘备汉中王府的建设情况看，一大批益州的栋梁骨干均未在府中任职，刘备或许另有考虑，汉中王府仅是他治理群下的重点之一，而不是全部，其他的重要部门还应该包括益州牧府、大司马府等。

上面提到，能考证出的九卿只有三个，其中太常卿的职责重点是王室祭祀，光禄勋卿的职责重点是王室护卫，少府卿的职责重点是王室总务，这三个职务都是围绕于服务王室而设的。九卿之中的其他几个，如大司农卿、卫尉卿、大理卿等管理王国事务部门设置情况不得而知，看来不是无法考证，或许是根本没设。刘备的想法是，汉中王国虽然设立，但不因此而打破之前的行政管理体制，他仍然把施政的重点放在益州牧府方面，汉中王所辖五个郡的民政事务仍然由州牧府负责管理。如果得出这样的结论，理由还不够充分的话，那也至少说明此时在刘备的心中对如何区分、平衡"州府"

|建|安|二|十|四|年|

与"王府"之间的关系方面还没有来得及深入思考,所以汉中王属下尚书令一职的任命不能说明太多的问题。

在武官体系方面,如果按照诸侯王国的体例去设,那就没什么可设的了,因为天下的军队都掌握在朝廷手中。曹操称魏王,也没有用这个名义任命手下的将军,那些将军都是朝廷任命的。这给刘备出了一道难题。左将军的印绶已经送还,如何理顺他的武官体系,看来需要创新。刘备决定,以汉中王的身份任命关羽为前将军,张飞为右将军,马超为左将军,黄忠为后将军。前、后、左、右所谓"四方将军"在军中地位很高,仅次于大将军、车骑将军、骠骑将军和卫将军,高于四征、四镇、四平、四安将军,是目前刘备集团军职最高的几个人。在酝酿四方将军人选时,诸葛亮曾有不同意见。诸葛亮认为,黄忠的名望一向不如关羽、张飞、马超,现在与他们同列。马超、张飞在跟前还好办,目睹了黄忠的功绩,尚可以理解,但关羽不在跟前,他听说后恐怕会不高兴,因此建议刘备重新考虑一下。《三国志·黄忠传》记载:

是岁,先主为汉中王,欲用忠为后将军,诸葛亮说先主曰:"忠之名望,素非关、马之伦也。而今便令同列。马、张在近,亲见其功,尚可喻指;关遥闻之,恐必不悦,得无不可乎!"先主曰:"吾自当解之。"遂与羽等齐位,赐爵关内侯。

第三章 | 南郑（六至七月）

从这项记载可以看出以下几个问题：一是汉中称王是大事，留守在成都的诸葛亮此时也专程赶到了汉中参与筹备；二是诸葛亮在刘备手下的职务虽然不是最高，但仍然和以前那样，能参与最高决策，对高级将领人事安排这样的大事，事先可以与刘备沟通并发表意见；三是诸葛亮对关羽的性格很了解，所以建议刘备考虑得更周全些，要照顾关羽的感受；四是在诸葛亮的心目中，或许黄忠之外还有更合适的后将军人选，一般认为这个人应当是赵云，但也可以反过来说，由于四方将军中没有赵云，因此诸葛亮认为不妥。

当然，诸葛亮考虑这些问题也都是从刘备集团内部安定团结的角度出发的，并没有针对黄忠个人的成见。刘备听了诸葛亮的建议，仍然坚持原来的想法。至于关羽那边，刘备对诸葛亮说不用担心，他会去做工作的。于是，四方将军的人选就这样定了下来，关羽以前将军的身份成为武将之首，但正如诸葛亮所料，关羽仍然不太高兴，他对黄忠也成为四方将军有意见。这些情况刘备当然也都知道，但刘备考虑的是，黄忠在第二次汉中之战中立下了头功，正是黄忠在定军山打败了夏侯渊并将其斩首，才奠定了这次战役的胜局，所以，让黄忠位列四方将军之中并不过分。

不过，赵云也在汉中之战中立过大功，刘备亲口说过"子龙一身是胆"，却没能名列四方将军，确实也是个问题。有人

|建|安|二|十|四|年|

甚至认为，汉中之战时黄忠只是赵云的部下，二人同时立功，刘备却破格提拔了赵云，这个做法不妥。有人进而认为，刘备是在故意打压黄忠，甚至认为诸葛亮与赵云关系一向很好，刘备不仅打压了赵云，也顺便打压了诸葛亮。按照后面这些说法，刘备表面上喜欢赵云，但内心里对赵云较为疏远，原因是赵云说话比较直，不会拐弯抹角，经常让刘备下不了台。如果真是这样的话，那刘备在用人上就有问题了。

可是，情况并非如此。刘备关于赵云与黄忠职务的安排没有任何不可告人的想法，完全出于公心，无论从赵云和黄忠时任职务来看，还是从二人在汉中之战中所立的战功来看，黄忠都不差于赵云，甚至比赵云略胜一筹。认为赵云地位高于黄忠并曾指挥过黄忠，主要依据的是《三国志·赵云传》注引《云别传》的记载："夏侯渊败，曹公争汉中地，运米北山下，数千万囊。黄忠以为可取，云兵随忠取米。忠过期不还，云将数十骑轻行出围，迎视忠等。"这里的"云兵随忠取米"，有人理解为"赵云命令黄忠带兵去取米"，这个理解值得商榷。先不说赵云与黄忠当时都是杂号将军，二人没有上下级关系，就说这句话的字面意思里也没有"命令"的含义。这句话的意思应该是"赵云派自己的兵随同黄忠去取米"。当时赵云和黄忠的人马驻扎地可能相距不远，黄忠看到了战机，向赵云提出建议，赵云于是协同作战。

第三章｜南郑（六至七月）

那么，在此之前黄忠有没有当过赵云的下级呢？也没有。赵云追随刘备后的第一个职务是"主骑"，到荆州后被提拔为偏将军。赵云随后渡江南下，黄忠也恰好在那里，黄忠先是刘表的中郎将，投降曹操后被"假行裨将军，仍就故任"（《三国志·黄忠传》），后来归顺刘备。史书没有明确他当时的职务，一般来说留原任的可能性最大，或者升一级，黄忠此时的军职应该是裨将或偏将，与赵云当时的职务相当，二人没有交集，不存在谁指挥谁的问题。刘备入蜀作战，留赵云等人守荆州，自己率黄忠等入蜀。在平定益州之战中，黄忠及后来参战的赵云都表现突出，相对而言，黄忠参加的战斗更多些，史书上说他"还攻刘璋，忠常先登陷陈，勇毅冠三军"（《三国志·黄忠传》），证明了这一点。

刘备平定益州后正式任命赵云为翊军将军，任命黄忠为讨虏将军，二人都为杂号将军，从名义上看职务相等，在汉中之战时不大可能由赵云去指挥黄忠。在刘备心目中，赵云其实是无法超越黄忠的，不仅因为二人此前地位相当，而且因为黄忠在汉中之战中立的功劳更大，所以黄忠进入了四方将军的行列。

这些情况诸葛亮当然也了解。那么，诸葛亮不同意黄忠进入四方将军，除了考虑关羽不高兴的因素外，会不会是为魏延争取一下呢？这个可能性也不大。因为魏延的资历并不是很老,他也是在荆州期间加入刘备阵营的。但仅以"部曲"的身份随刘备进入益州,与黄忠的偏将军军职有很大差距。魏延在夺取益州之战中立下不少战功,他与卓膺、黄忠一起力战涪城。当时,刘备所部兵不满万,孤军无粮,刘璋派遣刘璝、张任、泠苞、邓贤、吴懿等前来围攻,魏延、黄忠等人反而大破刘璋军,刘备后来分遣黄忠、魏延率军平定广汉郡,魏延数有战功,升为牙门将军。但是,牙门将军不是杂号将军,而是"牙门将"的意思。赵云在长坂坡之战后被"火线提拔",所担任的就是此职,它不仅低于杂号将军,而且比偏将军还要再低一些,但对魏延来说已经相当不简单了。此时要将魏延纳入四方将军之中,条件还差了不少,诸葛亮不会有这样的想法。

　　从以上四方将军的任命过程来看,刘备是一个在用人上有原则、有主见的人。有功就该奖,大功就该重奖,其他无关的因素一概不考虑,不会为搞平衡而放弃原则。同时,刘备也很注重一个人的资历,他可以破格重用一个人,但绝不会胡乱地加以提拔。诸葛亮之所以对四方将军人选有不同看法,出发点确实是在考虑关羽的因素。关羽镇守荆州,责任异常重大,在诸葛亮看来,那里可千万不能出事啊!

四、魏延的崛起

除了四方将军,其他武将的官职是否有提升或变动?史书没有记载。推测一下应该没有,原因不是刘备没考虑到,而是后面的事情发展得太快,没来得及。这样,刘备的武官体系就显得复杂起来:既有极少数经朝廷合法任命过的将领,也有刘备以左将军的身份表奏的,还有现在以汉中王的身份直接任命的。乱是乱了点儿,但只要官职的等级、品秩保持一致,倒也不会有问题。

不过,也有关系不顺的地方。诸葛亮曾"署左将军府事",是刘备抓军队建设的主要助手,现在这个左将军已经由刘备变成了马超,诸葛亮怎么可能到马超手下去任职?当然,也可以这样理解:此左将军非彼左将军,刘备的左将军是朝廷任命的,而马超的左将军是汉中王任命的,二者在概念上有所区别。可是,一般人并不会了解这么多,所以这个问题需要解决。但是也需要一个过程,毕竟汉中刚刚称王,先发布一些重要的人事任命,把汉中王府的框架搭起来,其他的事情再慢慢去理顺,这些也都是政治形势的需要。

此轮人事任命没有涉及诸葛亮,他现在的主要职务仍然是军师将军、益州郡太守,但实际负担的职责比这两个职务大得多。诸葛亮要负责益州全境的行政事务,还继续协助刘

|建|安|二|十|四|年|

备抓军队建设。至于刘备是否在诸葛亮和法正之间有意无意地进行制衡与牵制，以不让诸葛亮过于大权在握，这种可能不一定有，但如果有，那也是可以理解的。刘备是老资格的政治家，他明白所谓帝业也罢，王业也罢，首要的是抓队伍，没有一支绝对忠于自己的队伍什么都干不成。抓队伍就是抓住人，首先是拢心，让大家愿意跟自己走，这一点刘备做得很好；其次是治人，要有一套手腕，有方法，让大家在自己设定的规范内自觉有秩序地跟着自己走，这是领导艺术。刘备的领导艺术相当高超，平衡各方面的关系是他的强项。在刘备的领导下，部属较少出现大的派系冲突，尽管由于历史原因，刘备到益州后手下不可避免地有所谓派系存在，但总体相安无事。用法正对诸葛亮进行制约或平衡，也许是刘备存在带有私心的一面，但这也无可指责，对诸葛亮或者法正来讲，这其实也是刘备这位领导对他们的一种考验。

忙完这些人事安排，刘备决定返回成都。留谁镇守汉中呢？大家议论颇多。汉中虽然是一个郡，但在众人心目中跟荆州不相上下。汉中与荆州如同益州的两个臂膀，按照诸葛亮为刘备设计的方案，它们是未来出击曹魏的两只铁拳，必须挑选一位与关羽旗鼓相当的人镇守这里。众人议论较多的人选是张飞，就连张飞自己也这么认为。《三国志·魏延传》记载："先主为汉中王，迁治成都，当得重将以镇汉川，众论以为必在张飞，飞亦以心自许。"但当刘备把留守汉中的正式人选公布后，所有人都大吃一惊。刘备选的人不是张飞，也不是黄忠或赵云，而是魏延。这项任命太出人意料了，"一军尽惊"，毕竟魏延的军职只是牙门将军，虽然升得也很快，但在军中的地位并不算太高。

刘备下令提拔魏延为镇远将军，兼汉中郡太守，负责汉中一带的军政事务。《三国志·魏延传》记载："先主乃拔延为督汉中镇远将军，领汉中太守。"在授予镇远将军的军职之前还有"督汉中"，这不是随便说说的，它涉及刘备阵营及之后蜀汉政权的一项重要改革，魏延拥有这项任命，较汉中郡太守重要得多。

刘备集团及蜀汉政权的主要势力范围在益州刺史部，虽然期间一度还拥有荆州的一部分，但时间不长就丢了。作为一个政权，只拥有一个州的地盘显得有些"寒酸"，于是刘备及后主刘禅先后建立了若干个与益州刺史部平级的"都督区"，有汉中、江州、永安、关中、庲降等。其中，关中都督区属"遥置"，因为那里从未到过蜀汉的手中，而其他都督区均为实设，每个都督区下面一般有若干个郡国。都督区通常设在边疆，主要承担着防御敌人入侵的任务。益州刺史部原有十二个郡国，经过缩小建制的方式，最多时增至二十多个郡国，目的就是满足新设都督区的需要。永安都督区治理和重点防卫的是巴东地区，汉中都督区治理范围是汉中郡与武都郡，庲降都督区治理范围是南中，江州都督治理范围主要是原巴郡地区。

魏延"都汉中"，意味着他不仅兼任汉中郡太守，还兼管武都郡，守着蜀汉的北大门，其重要性不言而喻。所以一年多以后，刘备又提拔魏延为镇北将军。曹操用人一向讲究程序，越级提拔是孙权常干的事，现在刘备也出人意料地干了一回。对刘备做出这项决定的深意，历来也备受猜测。有人认为，这表明刘备不仅防范诸葛亮，连关羽、张飞都防范，提拔新人，是在培养和强化绝对听从于自己的势力。这样理解有一定道理，毕竟这一决定完全是刘备自己的想法，又是那么让人不可思议。作为一位强势领导，一般不允许出现除自己以外的权力中心。最高明的"老大"，不是懂得如何防范和算计"老二"，而是根本不允许存在"老二"。从权力平衡的角度看，刘备重用魏延，大概正是出于此意吧。

但是，前提是魏延确实是个能重用的人才，毕竟汉中太重要了，不能有任何差错。刘备善于识人，了解每个部下的优点和缺点。张飞虽然资历老、威望高，对自己的忠诚更没有问题，但刘备现在要的不是将，而是帅。有的人永远是将才而非帅才，同样都很勇敢，同样能打硬仗，张飞或许显得头脑有些简单，而魏延就灵活得多。张飞一直追随着刘备，刘备深知张飞的优点与缺点。张飞的优点是勇猛，当时的人们已称之

第三章 | 南郑（六至七月）

为"万人敌"，但缺点是不能善待部下，容易出事。汉中很重要，刘备不敢拿益州的安危开玩笑。而另一方面，汉中重要，巴西等三郡也很重要，张飞熟悉巴西等三郡的情况，让他回去镇守在阆中，掌控着巴西等三郡，刘备在成都会感到更安心。

有人也许不同意这样的看法，因为张飞不行，还有赵云，还有黄忠。但赵云不合适，不是刘备不信任他，而是刘备暂时离不开他。赵云追随刘备的时间也很长了，仅次于关羽和张飞，立下的功劳也很多，不亚于关、张二人，他的优点是做事心细。刘备回成都后，在成都附近肯定会部署一支强兵，也需要有称职的大将去领兵，赵云是最佳人选。至于让黄忠镇守汉中，那倒不太合适。黄忠和魏延虽然都算是降将出身，但魏延追随刘备时地位较低，他的个人事业可以看作是从刘备这里开始的；而黄忠是以曹操所授裨将军的身份跟随的刘备，这其中有着微妙的不同。刘备即使不介意，也得考虑别的人是否会多心。

刘备也深知提拔魏延难免有人心中不服，所以有意力挺。刘备临行前大会群臣，故意在大家面前问魏延今后有什么打算，魏延气壮山河地回答道："如果曹操倾天下之兵而来，我替大王挡住他；如果曹操只派一般将领带十万人马前来，我替大王吞了他！"刘备立即表示赞许，大家也被魏延的豪言壮语所感染。《三国志·魏延传》记载：

| 建 | 安 | 二 | 十 | 四 | 年 |

先主乃拔延为督汉中镇远将军,领汉中太守,一军尽惊。先主大会群臣,问延曰:"今委卿以重任,卿居之欲云何?"延对曰:"若曹操举天下而来,请为大王拒之;偏将十万之众至,请为大王吞之。"先主称善,众咸壮其言。

在刘备的刻意栽培下,魏延迅速崛起。如果仅论在刘备阵营中的作用,魏延此时已经超过了赵云、黄忠,甚至张飞。但是,魏延为什么最后没有被列入蜀汉"五虎上将"之中呢?要知道,"五虎上将"这个提法是非官方的,蜀汉朝廷没有做过这样的册封或任命,史书里也没有提到过这样的称呼,它来自文学作品和民间。当然,这也是有些来历的。《三国志》把关羽、张飞、马超、黄忠、赵云五个人合为一传,其中前四位是刘备称汉中王后任命的四方将军,而赵云虽为翊军将军,地位远低于四方将军,但资历较老、功劳大,也足与四人并列。也就是说,所谓"五虎上将",其实来自《三国志》。

那么,魏延被提拔为镇北将军时,赵云仍是翊军将军,《三国志》为什么没有把魏延与关、张、马、黄同列为一传呢?根本的原因是魏延最后的结局不好。刘备、诸葛亮去世后,魏延在蜀汉阵营显得越来越孤单,他性格耿直,与杨仪等人有矛盾,在斗争中失败了,不仅被杀、夷三族,而且蜀汉大臣们都站在了杨仪的一边。魏延被杀后就彻底从历史上消失了，后来并没有给他平反昭雪的记载，也没有关于他后人情况的记载，可能真的是三族之内都被杀得干干净净了。如果是在**曹魏**，像魏延这样的"叛臣逆子"基本上进不了正史，就像许攸、杨修、丁仪那样，本事不小，但也顶多在别人的传记里被提及一下。《三国志》里的《蜀书》专门给魏延写了传记，不过把他与刘封、彭羕、李严等人放在一起，这几位都是"被处理过"的人，魏延名列其中，倒也不算太寂寞。

第四章 公安(七至八月)

|建|安|二|十|四|年|

一、关羽眼中的"老兵"

刘备在汉中完成称王的仪程,之后便很快回了成都。一路风光无限,沿途均举行了盛大的欢迎仪式,迎接汉中王归来。仪式的起点是益州腹地最北面的关隘白水关,自那里到成都之间数百里,一律大起馆舍,修筑亭障,接待点多达四百多个。《三国志·先主传》注引《典略》记载:"起馆舍,筑亭障,从成都到白水关,四百余区。"之所以如此隆重,一来是向益州百姓宣传现在已经有了汉中王,足以与北方的魏王抗衡,"汉中王"就是今后益州的一面飘扬的大旗;二来是向大家进一步宣传汉中大捷,这一仗打得实在精彩,打出了士气和威风,汉中已经在手,今后益州可以高枕无忧了。

但刘备的心里还惦记着给诸葛亮说过的话,觉得关羽那边确实需要安抚。所以,在离开汉中前,刘备就派益州前部司马费诗前去荆州的公安(今湖北省公安县),授予关羽前将军印绶。为安抚关羽,刘备还特意在前将军之外又安排了一项内容。《三国志·关羽传》记载:"二十四年(219),先主为汉中王,拜羽为前将军,假节钺。"读《三国志》等史书经常遇到"假节""持节""使持节""假节钺""假黄钺",它们都是帝王授予的某种特权,只是在等级上有所不同。"节"是一种符信,"钺"为一种刑具。帝王不能事事躬亲,便将"节""钺"授予大臣、将领。拥有此物者,便拥有帝王的某些特权:假节,有此特权者平时没有权力处置人,战时可斩杀犯军令之人;持节,有此特权者平时可杀无官位之人,战时可斩杀品秩二千石以下官员;使持节,有此特权者平时及战时皆可斩杀品秩二千石以下官员;假节钺,亦称假黄钺,有此特权者可斩杀假节、持节、使持节者。刘备以汉中王的身份授予关羽"假节钺"的特权,是这一系列授权中等级最高的。综合刘备任命四方将军时的其他记载,只有关羽拥有此项特权,张飞、马超仅是假节,黄忠则未提及,推测起来应该没有,而留镇汉中的魏延、翊军将军赵云更没有:

先主为汉中王,拜飞为右将军,假节。(《三国志·张飞传》)
先主为汉中王,拜超为左将军,假节。(《三国志·马超传》)
先主为汉中王,欲用忠为后将军……遂与羽等齐位,赐爵关内侯。(《三国志·黄忠传》)

|建|安|二|十|四|年|

前将军在四方将军中地位最高,关羽成为武将之首,并拥有最高的,也是唯一的"假节钺"的特权,不仅可以斩杀郡太守、将军一级的二千石官员,甚至在特殊情况下可以斩杀假节、持节、使持节者,这应该令关羽感到满意了。然而,正如诸葛亮预料的那样,当关羽听说就连黄忠都担任了后将军时,立刻就火了,拒绝接受前将军的任命。《三国志·费诗传》记载:

先主为汉中王,遣诗拜关羽为前将军。羽闻黄忠为后将军,羽怒曰:"大丈夫终不与老兵同列!"不肯受拜。

看来,诸葛亮对关羽在这件事上的反应判断得极为准确。诸葛亮之所以如此了解关羽,是因为前几年发生过一件事情。那是在四年前的建安二十年(215),刘备围困成都的刘璋,久攻不下之际马超来投。马超早已声名在外,是天下人所共知的虎将。刘备偷偷拨给他一些人马,由马超带着来到成都附近,对外号称是马超带来的凉州兵。结果,城中无比惊惧,成为压垮刘璋的最后一根稻草,刘璋开城投降。城破后,马超被拜为平西将军,那时刘备对外公开的军职是左将军,关羽、张飞等人还只是杂号将军,马超论地位仅次于刘备,成为刘备手下武将之首。对于这一安排,别人说不出什么来,却惹恼了远在荆州的关羽。关羽给诸葛亮写了一封信,信中故意问马超是谁,能跟谁相比。如果说,关羽不知道世上有马超,那是不可能的。作为那个时代最知名的猛将之一,马超成名很早,潼关一战虽然大败而归,但也曾打得曹操狼狈不堪,论知名度关羽未必比得上。诸葛亮明白关羽一向不喜欢有人比他强,就给关羽回了一封信。信中说马超文武双全,雄烈过人,是一世之杰,属于黥布、彭越一类的人物,与张飞不差上下,但要与"美髯公"比起来还差那么一点儿。关羽留着一副大胡子,看起来很漂亮,诸葛亮在信中称他为"美髯公"。诸葛亮的回信让关羽很满意,关羽把这封信给周围的人看,心中有些自豪。《三国志·关羽传》记载:

羽闻马超来降,旧非故人,羽书与诸葛亮,问超人才可谁比类。亮知羽护前,乃答之曰:"孟起兼资文武,雄烈过人,一世之杰,黥、彭之徒,当与益德并驱争先,犹未及髯之绝伦逸群也。"羽美须髯,故亮谓之髯。羽省书大悦,以示宾客。

诸葛亮用心良苦,为了让关羽心情好而不惜贬低马超,还顺便让张飞"躺枪"。诸葛亮明白,关羽不一定非要争职位高低,但心里无法咽下"不如人"的这口气,所以才给自己写信,而没有直接去问刘备。关羽写来这封信,某种程度上

|建|安|二|十|四|年|

也有责备诸葛亮的意思。因为,关羽知道在益州的人事安排上,诸葛亮是主要的参与者。所以,对关羽的不满,诸葛亮不能置之不理,又不能太认真,只能哄着他。诸葛亮是想让关羽自己看了气顺就行,没想到关羽把信公之于众。关羽倒是心情舒畅了,但这件事如果传到马超和张飞那里,他们又该埋怨诸葛亮了。

现在关羽不肯受拜,这考验着费诗。好在费诗并非无能之辈,刘备既然能派他来执行这项艰巨的任务,显然对他是有信心的。费诗是益州人,在刘璋时期曾任绵竹县县令。刘备与刘璋交恶,进兵绵竹,费诗举城归附,被任命为督军从事,后出任牂柯郡太守,又转任益州前部司马。在后来诸葛亮主政蜀汉时期,费诗成为出色的外交家,多次出使孙吴,以能言善辩著称,《三国志》评价他能"率意而言"。面对关羽出的难题,费诗似乎早有准备。《三国志·费诗传》记载,费诗说出这样一番话来:

夫立王业者,所用非一。昔萧、曹与高祖少小亲旧,而陈、韩亡命后至,论其班列,韩最居上,未闻萧、曹以此为怨。今汉王以一时之功,隆崇于汉升,然意之轻重,宁当与君侯齐乎!且王与君侯,譬犹一体,同休等戚,祸福共之,愚为君侯,不宜计官号之高下、爵禄之多少为意也。仆一介之使,衔命之人,

第四章 | 公安（七至八月）

君侯不受拜，如是便还，但相为惜此举动，恐有后悔耳。

费诗对关羽说："建立王业需要各种人才，不只要某一种。当年萧何、曹参跟刘邦从小相熟，而陈平、韩信是投降过来的人。但后来，他们中韩信地位最高，没有听说萧何、曹参为此发过牢骚。如今，汉中王因为一时之功对黄忠将军给予厚遇，但他在汉中王心里真正的分量怎么能与君侯您相比呢？"费诗还说，"汉中王与君侯您早已结为一体，福祸同享，我认为君侯您不必计较官号的高低和爵禄的多少。"费诗接着说，"在下只不过一介使臣，衔命之人，君侯您如果不肯受拜，我也就只能这样回去交差了，不过我替君侯着想，担心您会后悔呀！"费诗的这番话充分展露出他作为外交家的风采，面对关羽的无理耍横，他没有害怕，没有为讨好关羽而乱拍马屁，但也没有跟关羽叫板，而是通过不软不硬的一通话让关羽自己去掂量。由于话说得在理，关羽也不是听不明白话的人，所以赶紧受拜。《三国志·费诗传》记载："羽大感悟，遽即受拜。"

关羽为什么看不起马超和黄忠呢？原因大概有以下几点：一是关羽的性格。《三国志》说关羽"性颇自负，好凌人"，不仅瞧不起马超、黄忠，甚至早年还瞧不起诸葛亮。关羽生性不服人，这个性格又被周围的人给惯坏了，诸葛亮通过贬

|建|安|二|十|四|年|

低马超，顺便也贬低张飞的方式才让关羽高兴就是证明。二是关羽瞧不起降将。马超、黄忠都算是降将，关羽素来重节义，看不上那些叛来叛去的人。其实，关羽本人也有过投降的经历，他之前投降过曹操，但关羽肯定自认为与别人不一样，他投降不是真降，找机会又回到了刘备身边，在关羽眼中，黄忠跟自己不能相提并论。三是黄忠之前也许跟关羽有过过节。黄忠是在长沙期间投降刘备的，当时关羽在南郡，黄忠在江南，按理说打交道的机会不会太多，但二人都是刘备手下的高级将领，难免也会有交集。关羽为人善恶分明，不会伪装，对人的好恶都写在脸上，如果看不起黄忠，也许会表现出来，也许在荆州期间二人就有过不愉快的经历。四是关羽在为赵云鸣不平。关羽与张飞感情很好，这为人们熟知，但关羽与赵云的感情也不错，赵云与关羽、张飞早在公孙瓒时期就已认识，以赵云的为人和战绩，关羽想必对赵云也很佩服和敬重。关羽得知刘备任命的四方将军里没有赵云，可能会想不通，他向黄忠发难，其实是想为赵云出一口气。

关羽有点儿自负，不过他是有理由的。关羽不仅跟刘备亲如兄弟，而且也确实很有本事，尤其当时坐镇荆州，事业正如火如荼。尽管关羽在后世充满争论，但他仍然是汉末三国时代一流的猛将，抛开民间传说、演义附会不谈，历史上的关羽就深受包括敌方阵营在内的同时代人的高度评价，郭嘉、程昱曾说他是"万人敌",周瑜说他是"熊虎之将",刘晔说他"勇冠三军"。这些评价表明,关羽作为武将是相当杰出的。

二、刮骨疗毒

神医华佗为关羽"刮骨疗毒"的故事早已家喻户晓,这件事虽然不是小说家完全杜撰出来的,历史真相与传说故事却有很大出入。《三国演义》第七十五回写道,关羽指挥襄樊战役期间被曹军的一名弓弩手射中了右臂,回营拔出箭,发现右臂已青肿,原来箭头有毒,毒已入骨,情况很严重。这时神医华佗恰好赶到,判断箭头上有"乌头之药",已"直透入骨",如果不早治,这条胳膊就得残废。关羽问怎么办,华佗提出了"刮骨疗毒"的治疗方案:"当于静处立一标柱,上钉大环,请君侯将臂穿于环中,以绳系之,然后以被蒙其首。吾用尖刀割开皮肉,直至于骨,刮去骨上箭毒,用药敷之,以线缝其口,方可无事。"关羽于是与马良弈棋,伸出右臂让华佗去割。对这次手术过程,《三国演义》叙述得十分详细:

佗乃下刀,割开皮肉,直至于骨,骨上已青;佗用刀刮骨,悉悉有声。帐上帐下见者,皆掩面失色。公饮酒食肉,谈笑弈棋，全无痛苦之色。须臾，血流盈盆。佗刮尽其毒，敷上药，以线缝之。公大笑而起，谓众将曰："此臂伸舒如故，并无痛矣。先生真神医也！"佗曰："某为医一生，未尝见此。君侯真天神也！"

这段描写很精彩，既表现了华佗医术的神奇与高超，又展现了关羽的坚毅。《三国演义》一向推崇蜀汉，杜撰了许多神化关羽的情节，如三英战吕布、千里走单骑、过五关斩六将等，这段神奇的"刮骨疗毒"却不完全是杜撰的。《三国志·关羽传》记载："羽尝为流矢所中，贯其左臂，后创虽愈，每至阴雨，骨常疼痛。医曰：'矢镞有毒，毒入于骨，当破臂作创，刮骨去毒，然后此患乃除耳。'羽便伸臂令医劈之。时羽适请诸将饮食相对，臂血流离，盈于盘器，而羽割炙引酒，言笑自若。"看来关羽"刮骨疗毒"的故事是有来历的，只不过对照一下《三国演义》和《三国志》的记载，发现有多处不同：

一是关羽中箭的部位不同。《三国演义》说是右臂，而《三国志》说是左臂。《三国演义》借用了这段史料，却把一个重要的细节弄错了，也许不是无心之错，而是有意为之。在《三国演义》中关羽使刀，右臂如果不能动，比左臂受伤情况更严重，把左臂改为右臂增加了情节的紧张度。

二是关羽所中之毒不同。《三国演义》说是"乌头之药"，而《三国志》没有具体指出。乌头是一种主要产于南方的中药，可散经络之寒而止痛，适用于风湿、类风湿性关节炎等病症的治疗。但其毒性很大，必须经过炮制才可使用，未经炮制少量即可使人中毒，轻者四肢麻木，重者躁动不安、肢体发硬、肌肉强直、抽搐，直到意识不清而昏迷。乌头可内服，也可外用，因中箭接触"乌头之药"在理论上是可能的，但很少的剂量能否致使关羽的胳膊无法动弹，这也值得怀疑。《三国志》说关羽中箭后创伤其实已被治愈，只是每到阴雨天骨头感到疼痛，说明该毒的药性并不大。

三是关羽中毒的时间不同。《三国演义》说是在攻打樊城时，也就是建安二十四年（219）的下半年，当时关羽率大军北上，攻击曹魏在荆州的两个重要据点襄阳和樊城，与曹仁、于禁、庞德等人率领的曹军展开激战，双方展开了多次攻防战。关羽在此战中曾经中过箭，倒也有可能，但正史并未有过记载。

四是关羽中毒的地点不同。《三国演义》说关羽中箭是在樊城的城外，《三国志》等史书没有记载。据《三国志》记载，樊城之战打得很激烈，关羽虽然俘虏了曹魏名将于禁，又杀了庞德，但始终未能攻克樊城，后来徐晃援军开到，在樊城外连破关羽的围头、四冢等营垒，关羽退走。有人提出，湖北省荆州市是华佗为关羽"刮骨疗毒"的地方，无论按照《三

|建|安|二|十|四|年|

国演义》，还是《三国志》，这一说法均不成立。荆州市在汉末三国称江陵，是荆州刺史部南郡最重要的城市，却不是刘备在荆州的大本营，刘备留关羽守荆州，大本营是公安（今湖北省公安县）。如果按《三国演义》所说，关羽中箭是在樊城，那么他之后就再没有回到过公安或江陵，不存在华佗在江陵为其"刮骨疗毒"的可能。如果按《三国志》所说，关羽中箭和疗毒也可能发生在后方，那么发生在公安的可能性显然大于江陵。

五是为关羽"刮骨疗毒"的医生不同。《三国演义》说是华佗，《三国志》没有具体记载。华佗是汉末名医，在当时很有名，为陈登、周泰、曹操等人都看过病，史书均有记载。华佗擅长外科手术，"刮骨疗毒"对他来说并不难，只是根据《三国志》记载，建安十三年（208）时，华佗就被曹操杀了，到关羽发动襄樊战役已经过去了十一年，所以《三国演义》中的这个情节与史实严重不符。如果关羽中箭在建安十三年（208）之前，华佗有没有可能为其疗伤呢？这种可能性当然不能完全排除，但很小。建安十三年（208）之前，华佗很长一段时间都被曹操指定为"私人医生"，难以四处行医，更无法给曹操的对手去治病了。《三国志》把关羽"刮骨疗毒"一事的记载置于刘备称汉中王之后、关羽发动襄樊战役之前，以按该书叙述的习惯，这件事也应大体发生在此一阶段。

此外，说给关羽"刮骨疗毒"的人不是华佗，还有一个依据，那就是手术的过程。按照《三国演义》的描写，华佗为关羽手术并没有采取任何麻醉过程，这是反常的。众所周知，华佗被称为"中医鼻祖"，他发明了"麻沸散"，手术前把麻醉药和热酒配制，让患者服下，等患者失去知觉再实施手术，以减轻痛苦，像"刮骨"这样的手术，他当然会用麻沸散。

那么，如果关羽因为中箭而中毒，能通过"刮骨"的办法去治疗吗？像"乌头"这样的毒，一般通过血液或消化系统吸收，迅速作用于人的神经系统，从而发生作用。这种毒类似于被毒蛇咬伤，不说"七步倒"，但也坚持不了很久。从《三国演义》的描写看，关羽中毒后，受伤部位出现了青肿，胳膊不能活动，这符合中箭毒的病理特征。在没有抗毒血清的情况下，治疗方法应该是结扎伤口，防止毒素扩散，然后对伤口进行清洗和消炎，同时内服驱散和解毒的中药，让所中之毒慢慢消散。也就是说，类似箭头上带的"乌头之药"，是依靠人体代谢和循环系统传播的，毒素不可能只停留在身体的某一个部位，一旦传播出去，用"刮骨"的办法无法根除。

但《三国志·关羽传》又确实记载了"刮骨疗毒"的事，该如何解释呢？按照该记载，关羽的箭伤其实已经基本痊愈了，只是每到阴雨天骨头常感疼痛。根据这个症状判断，关羽的身上已不存在箭毒，但中箭后遗留了骨伤，可能是外伤性骨髓炎，中医称附骨疽，民间称铁骨瘤。最常见的情况是外伤所引起的骨骼感染和破坏，时间长了会在原创面附近生出一些"死骨"，产生疼痛，通过手术的办法把"死骨"取出是治疗这类疾病的好办法。所谓"刮骨疗毒"，指的应该是这个。所以，《三国志》的记载是可信的。

三、战机突降

送走了费诗，到了建安二十四年（219）八月。虽然接受了前将军的任命，但关羽心中应该还有不舒服的地方。不仅黄忠被提拔的事让自己不快，而且刘备让魏延守汉中也让关羽高兴不起来。汉中的地位与荆州相当，从地位上看，黄忠实现了与关羽平起平坐；从实际作用上看，魏延又与关羽相当，关羽觉得自己这个"武将之首"当得有些水分。黄忠、魏延进步快，是因为他们这几年立的功劳多。立功这种事情，必须有机会才行，在益州和汉中天天都有机会，而在荆州就没有。没有机会，怎么去立功？关羽心中不快，危机感倒也谈不上，但多少有些焦虑，特别想找机会建功立业——"让大家看看我关羽不是只会摆老资格，我是有两下子的。"

就在关羽想建功立业的时候，机会来了。这一年八月，江汉一带突然下起大雨来，这场雨下得很大，不仅连下数天，而且雨量充足，汉水暴涨。曹军在前线的主要据点——襄阳和樊城都在汉水边，一个是汉水南岸，一个是汉水北岸。汉水发了大水，水势很猛，城池及军营都被淹了。《资治通鉴·汉纪六十八》记载："八月，汉水溢，平地水数丈。"《后汉书·五行志》也记载："二十四（219）年八月，汉水溢流，害民人。"

荆州是曹军的中线战场，这里的曹军总负责人是征南将军曹仁，下辖于禁、徐晃等部。曹仁命徐晃守宛县，作为第二道防线；命左将军于禁率立义将军庞德等屯兵于樊城外，与樊城成掎角之势；曹仁自己守樊城；将军吕常守襄阳。庞德曾是马超的部将，马超是从汉中的张鲁那里投奔刘备的，没有来得及带上庞德。曹操打败张鲁后，庞德归降了曹操，被曹操派到樊城归于禁指挥。由于庞德跟马超有特殊情谊，曹军中有人对他的忠诚表示怀疑。《三国志·庞德传》记载，庞德做人光明磊落，常对别人说："我受国恩，义在效死。我欲身自击羽。今年我不杀羽，羽当杀我。"后来，庞德曾亲自与关羽交战，一箭射中关羽的额头。庞德常乘白马，关羽手下军士呼他为"白马将军"，"皆惮之"。

现在，突然下起的大雨引起了关羽的沉思，他觉得这是一个立功的好机会。关羽于是决定率军北上，出击曹军占领的要地——樊城、襄阳。这是一次重大军事行动，无论成与败都将打破孙权、刘备和曹操三家的势力布局。对于这次行

|建|安|二|十|四|年|

动是如何决策的,历来有不同说法。一种说法认为,这是关羽在未经请示刘备,也没有知会诸葛亮的情况下发动的。刘备汉中得手,"上庸三郡"连成一片,使得曹操在襄阳、樊城变得孤立,曹操新败于汉中,曹军士气低落,攻取襄阳、樊城的条件成熟了。关羽被任命为前将军,新官上任一般会有所表示,关羽决定打一场大仗来表示一下。刘备、诸葛亮远在益州,可能还正由汉中返回成都的路上,而战机稍纵即逝,关羽来不及请示,就自己决策了。还有一种说法认为,关羽是请示了刘备并经刘备同意的。理由是,这么大的事,关羽无权决策,成都、汉中虽远,但沟通肯定是畅通的。但这也仅是推测,没有史料作为依据。除此之外,还有人认为,关羽发动北伐是意在实现诸葛亮在隆中对策中提出的战略意图。诸葛亮在隆中对策中提到:

若跨有荆、益,保其岩阻,西和诸戎,南抚夷越,外结好孙权,内修政理;天下有变,则命一上将将荆州之军以向宛、洛,将军身率益州之众出于秦川,百姓孰敢不箪食壶浆以迎将军者乎?诚如是,则霸业可成,汉室可兴矣。(《三国志·诸葛亮传》)

十二年前,诸葛亮为刘备规划了未来北伐中原、统一天下的具体路径：一是跨有荆州、益州，从襄阳进攻洛阳，从汉中进攻关中；二是建立统一联盟，西和诸戎、南抚夷越、外结孙权；三是待敌人内部发生问题时再出手，即"天下有变"。但从关羽北伐时的局势看，这些条件要么不具备，要么还不成熟：虽然刘备占领了汉中，但立足未稳，第二次汉中之战固然将曹操打败，可这一胜利也来之不易，为取胜，益州上下做了全面动员，"男子当战，女子当运"，已无力立即再发动另一场大战；与诸戎、夷越等各方的联络尚未有实质性进展，孙权虽是联盟，但在新的变局下，孙权还能不能全力以赴支持并参与北伐，尚不能确定；曹操阵营内部近来虽不断出现谋反、叛乱，但只是局部"小乱"，尚达不到"天下有变"的程度。所以，关羽北伐的战役意图不可能是要去实现隆中对策中确定的统一天下的目标。再者，北伐发生在第二次汉中战役结束后，也不是为策应汉中战事而进行的。

那么，关羽发动北伐的原因究竟是什么呢？他要实现怎样的战役目标呢？翻开《三国志》中关于此事的记述，或许会有另外的认识。《三国志·武帝纪》记载："秋七月，以夫人卞氏为王后。遣于禁助曹仁击关羽。"这里说的是，曹操兵败汉中，退到了长安，他在那里向襄阳的曹仁下达了一道命令，让他率兵讨伐关羽，并派于禁率部增援。类似记载在《资治通鉴》中也有："魏王操之出汉中也，使平寇将军徐晃屯宛

|建|安|二|十|四|年|

以助曹仁。"也就是说，这场仗也许不是关羽发起的，而是曹军主动发起的。

曹操刚打了大败仗，为何突然在荆州主动出击呢？推测起来有两种可能：一是减轻关中方向的压力，汉中已失，曹操担心引起连锁反应，所以在荆州故意挑战，提醒刘备别不管不顾；二是减轻合肥方向的压力，曹操刚退到长安，这一年七月，孙权趁火打劫，在合肥方向动手，当时曹操在合肥方向兵力有限，曹操知道荆州不完全是刘备的地盘，也有一小半归孙权，所以他想在荆州制造事端，把孙权、刘备的目光都吸引过来。此局势的这种特点十分明显，关羽、曹操都想在荆州打一仗，荆州上空早已战云密布，这样的情形就连远离战场的人都看得很清楚。《三国志·温恢传》记载，曹操手下的扬州刺史温恢跟兖州刺史裴潜曾聊起当时的形势，温恢不无忧虑地说：

此间虽有贼，不足忧，而畏征南方有变。今水生而子孝县军，无有远备。关羽骁锐，乘利而进，必将为患。

温恢认为，扬州虽然也有敌人但不足为虑，而曹仁守的襄阳、樊城一线势单力薄，才更加危险。所谓"子孝县军"，指的正是曹仁指挥的军队孤悬于外，十分危险。温恢做出这样的判断，是有依据的。曹仁所部仅占领南阳郡和江夏郡的一部分地区，之前还有"上庸三郡"相呼应，但这三个郡已落入孟达、刘封之手，曹仁所部的西侧受到严重威胁。在东侧，孙权进攻合肥，曹操不敢大意，扬州刺史温恢、兖州刺史裴潜、豫州刺史吕贡等都将防御重点放在合肥方向，曹仁难以得到有力支援。从地理环境、交通条件方面看，对曹军也不利：荆襄地区河网密布，加上汛期已到，这些都不利于以骑兵快速机动而见长的曹军；而对多年来在长江一线苦心经营、水军相对发达的关羽所部更为有利。接下来发生的事情完全如温恢所料，可惜他们或许没有把谈话内容以书面方式呈报给曹操。

综合以上分析，发现事情也许是这样的：曹操退到长安，立即命曹仁在荆州方向发动一轮军事攻势，以缓解其他两个战场的压力。作为董督荆州军事的关羽则当机立断，在来不及请示的情况下，为抢抓天时，迅速率兵北上迎敌。行前，关羽命令南郡太守糜芳守江陵，将军傅士仁守公安，其他主力随他一同北上，其中包括一支在江陵训练了很久的水军，这将是此战获胜的关键。

四、松动的联盟

关羽敢于发动北伐，有一个重要的前提条件，那就是孙

| 建 | 安 | 二 | 十 | 四 | 年 |

刘联盟。建安十三年（208），曹操率大兵南下荆州，试图先消灭刘备，继而消灭孙权。关键时刻孙权与刘备结成同盟，齐心协力，在赤壁之战中打败了曹操。之后，为对抗强大的曹操集团，孙刘联盟得以继续维系，孙权还通过"让荆州"、将妹妹嫁给刘备等手段加强联盟。在建安二十四年（219）的汉中之战中，孙权也在合肥方向用兵，威胁东线战场的曹军，也是联盟的一种体现。大概在关羽看来，孙权即便不是友军，但至少也不是敌军，这是他敢于北伐的重要基础。

然而，关羽不知道的是，孙刘联盟现在已经出现了裂痕。尽管孙权与曹操仍有互攻，但孙权也在向曹操暗中示好。建安二十二年（217），那时曹操结束了第一次汉中之战，将汉中占领，之后迅速腾出手来移师于合肥，摆出在东线战场与孙权决战的架势。孙权利用曹操发动第一次汉中之战的机会曾率十万人马进攻过合肥，但被张辽、乐进等人以劣势兵力打败，张辽在此战中大放异彩，这就是逍遥津之战。孙权拿数千曹军都没有办法，现在曹操亲自率大军到了合肥，他更不想打了。赤壁之战后，孙权把主要的用兵方向都放在了合肥、濡须一线，可收效并不大，孙权大概觉得此时把曹操作为对手也许是错的。

吕蒙等人多次提醒孙权，就目前形势看，关羽的威胁远远大于曹操，应该早有防范，不能把注意力只放在合肥方向。

第四章 公安（七至八月）

孙权经过一番思考，做出了一个令人意想不到的决定：秘密派人去曹操那里求和。孙权派去的人名叫徐详，是一名都尉。徐详见到曹操，曹操这时也正想与孙权谈谈，就接见了他。《太平御览》卷六十九注引《吴地记》记载：

吴王遣徐详至魏，魏太祖谓详曰："孤比者愿越横江之津，与孙将军游姑苏之上，猎长洲之苑，吾志足矣。"详对曰："大王欲奉至顺以合诸侯，若越横江而游姑苏，是蹑亡秦而躅夫差，恐天下之事去矣！"太祖笑曰："徐生得无逆诈耶？"

曹操还想威吓一下，对徐详说自己最大的心愿就是越过长江，与孙将军一起畅游姑苏城，在江心的长洲之苑打猎，如果能实现这个愿望，也就没有什么遗憾的了。徐详虽然是武将，但口才不错，用夫差等事例回敬，言下之意江东也不是好惹的。曹操没有生气，接受了孙权的求和，下令由合肥班师。对孙权来说，能不打就不打，不付出任何实质性代价，一句软话就把曹操哄走了，这种成功感自然油然而生。在汉末三国时代，都说吕布最善变、刘备最务实，但从这件事情上可以看出孙权其实比刘备还务实，孙权善于调整自己的姿态，在关键时刻往往能干出出人意料的事情来。所以，有人总结说，曹操擅长军事，刘备擅长政治，而孙权擅长外交。

|建|安|二|十|四|年|

当然,曹操并不是用几句好话就能哄走的。求和之前,孙权也是认真计算过的。能让曹操做出让步的只有刘备——当时正值第一次汉中之战结束不久,曹操虽然占有了汉中,但刘备对汉中觊觎已久,向汉中用兵是迟早的事,曹操也不愿意跟孙权在合肥一带陷入旷日持久的战事中。

除此之外,让曹操却步的还有一个重要因素:瘟疫。后人评论逍遥津之战中曹军的胜利,一方面,归功于张辽等人作战勇敢,面对强敌,敢于主动出击,以不足对方十分之一的力量打得敌人节节退缩;另一方面,人们对曹操的知人善任也给予高度评价,曹操虽然不在合肥前线,但他一年前就留下了一封密函,仿佛已经预知了后面发生的事情,对如何用兵给出了清楚的指示。曹操知道张辽、乐进、李典等人互不服气,平时都不买对方的账,所以将拒敌方案暂时秘而不宣,他相信关键时候张辽等人能以大局为重,且互相激励,一定能出奇制胜。

后人论及逍遥津之战的成败,通常将孙权大败而逃的原因归于上述两个方面,却忽略了另一个重要因素:孙吴军队中正流行瘟疫,削弱了战斗力,这才迫使吴军后退。《三国志·甘宁传》记载:"建安二十年(215),从攻合肥,会疫疾,军旅皆已引出,唯车下虎士千余人,并吕蒙、蒋钦、凌统及宁,从权逍遥津北。"这里说的"军旅皆已引出",是说当时发生了瘟疫，孙吴军队被迫撤出了疫区。孙权之所以不坚持，是因为他经历过赤壁之战的那场瘟疫，知道瘟疫的厉害。因此，所谓"八百破十万"的传奇与瘟疫其实有着重要关系，如果没有这场瘟疫，拥有绝对优势的孙权恐怕未必会主动撤退。

第二年十月，曹操亲自奔赴合肥，来寻找新的战机。但不凑巧的是，爆发于一年多之前的那场瘟疫又卷土重来。《三国志·司马朗传》记载："军士大疫，朗躬巡视，致医药。遇疾卒，时年四十七。"曹操任命的兖州刺史、司马懿的大哥司马朗亲自到军中慰问得病的士卒。结果，司马朗不幸染病，不治身亡。这一次瘟疫迟滞的是曹军的行动，曹操更加深知军中流行疾病会对战斗力造成多大伤害，所以不敢掉以轻心，也撤兵了。

这场瘟疫最终波及的地区包括整个北方及长江流域，死了成千上万的人。曹植在《说疫气》一文中写道："建安二十二年（217），疠气流行，家家有僵尸之痛，室室有号泣之哀。或阖门而殪，或覆族而丧。或以为疫者鬼神所作。人罹此者，悉被褐茹藿之子，荆室蓬户之人耳。若夫殿处鼎食之家，重貂累蓐之门，若是者鲜焉。此乃阴阳失位，寒暑错时，是故生疫。而愚民悬符厌之，亦可笑也。"根据曹植的记载，这场瘟疫造成了巨大的人员伤亡，那时人们医学知识很有限，有人认为瘟疫是鬼神在兴风作浪，曹植不同意这样的观点，他认为是自然界阴阳二气失调而发生的瘟疫，没有什么鬼神，对那些插起桃符来驱鬼的人，曹植觉得很可笑。

值得一提的是，徐干、陈琳、应玚、刘桢等著名文人都死于这场瘟疫，王粲则死于这次行军途中，推测一下，可能也与这场瘟疫有关。也就是说，"建安七子"几乎同时死去了五位，这场瘟疫在对曹操的大军给予重创的同时，也对文学事业造成了无法弥补的损失。乱世出英雄，乱世也容易诞生优秀的文学作品和作家。此前，天下陷入动荡，而文学却异军突起，以"三曹""建安七子"为代表的"建安作家群"造就了一次中国文学史上的高峰。建安末年的这场瘟疫却将这段辉煌突然打断，徐干等五人病逝于同一年，加上九年前被曹操所杀的孔融和五年前故去的阮瑀，"建安七子"到此"全军覆没"。中国文学史由辉煌期迅速走向一个低谷期，直到二十多年后的正始年间，随着"竹林七贤"的形成才有所改观。

刘备也罢，瘟疫也罢，总之曹操在孙权面前妥协了。孙权通过这次主动求和，也与曹操缓和了关系。站在孙刘联盟的立场看这是一种倒退，但站在孙权的立场看这不失为一种战略上的改变。在此前后，孙刘联盟还经历了另一个严重的打击：建安二十二年（217），孙吴的横江将军兼汉昌郡太守鲁肃病逝，年仅四十六岁。鲁肃的去世让孙权悲伤不已，他亲临鲁肃的葬礼，远在成都的诸葛亮也派人前来吊唁。

第四章｜公安（七至八月）

在三国时期涌现的众多谋士中，鲁肃是为数不多的几位可以称为战略家的人。战略是相对于战术而言的：战略讲的是全局、宏观，战术讲的是局部、微观；战略偏重于规划中长期目标，战术更着眼于当前的具体战役；战略往往更讲求通过军事手段达成政治目标，战术更多地关注每一战的输赢。在曹魏方面，荀彧是一位战略家，他很早就为曹操规划了未来的发展蓝图，并为这个蓝图的实现付出努力。在蜀汉方面，诸葛亮是一位战略家，他与刘备初次见面就提出了著名的"隆中对"，成为此后刘备集团发展的指导纲领。在孙吴方面，鲁肃就是荀彧、诸葛亮这样的人物，孙刘联盟，是他战略规划的最重要成果，为维护这个联盟他奋斗到了最后。战术可以灵活多变，战略却不能随意摇摆，战略一旦制定就应该努力去维护，去追求。在这一点上，鲁肃看得也比别人更远。但不管怎么说，对帝王来说，找到一位高水平的"战术家"较为容易，而要找到一位真正的战略家却比较困难，这正是鲁肃存在于孙吴的意义和价值。鲁肃为人方正，内外节俭，治军整顿禁令必行，善谈论，属文辞，思度弘远，有识人之明，大家都认为在江东人物中，"周瑜之后，肃为之冠"（《吴书》）。鲁肃主持荆州事务以来，竭力维持与刘备的同盟关系，基本保证了江东的西边相安无事，他的去世是孙权的一大损失。

周瑜临终前推荐的继任者是鲁肃，鲁肃临终前却没有向

| 建 | 安 | 二 | 十 | 四 | 年 |

孙权推荐继任者，大概鲁肃觉得自己的威望不足以与周瑜相比，或者他心目中还没有合适的人选。在众人眼中，这时候最合适的人当数吕蒙。鲁肃与吕蒙关系也非常好，但鲁肃并没有推荐他，这也许并非无意中的疏忽，而是二人在战略理念上有很大不同。鲁肃如果是孙吴的"鸽派"，吕蒙就是孙吴的"鹰派"，这大概是鲁肃不推荐吕蒙的主要原因。

鲁肃死后，孙权起初确定接替他的是一个叫严畯的人。严畯是徐州刺史部人，喜欢学习，精于诗、书、礼，文章写得好，避乱江东，和诸葛瑾、步骘这些一块儿来江东避难的北方人士关系很好。他性格质直纯厚，是个老实人，被张昭推荐给孙权，先后在孙权手下担任骑都尉、从事中郎。《三国志·严畯传》记载，听说孙权交给自己这么大一副担子，严畯傻眼了，他知道自己的能力和特长，知道自己根本带不了兵。众人向严畯道喜，他却苦笑着说："朴素书生，不闲军事，非才而据，咎悔必至。"严畯"发言慷慨，至于流涕"。但孙权还不放弃，坚持让他干。孙权想试试严畯的武功，就让他骑马，结果严畯"上马堕鞍"，孙权这才收回成命。后来，严畯一直担任文职，孙权称帝后，严畯做过孙吴的尚书令。

严畯不行，孙权这才改用吕蒙，任命吕蒙接任鲁肃的汉昌郡太守一职，屯驻于陆口，除吕蒙原来的人马外，还把鲁肃这些年积攒下来的一万多人交给吕蒙。鲁肃是孙刘联盟的

第四章｜公安（七至八月）

坚定支持者，无论多么困难，鲁肃都在维系着联盟不破裂，但吕蒙的想法截然相反。《三国志·吕蒙传》记载，在接替鲁肃之前，吕蒙就曾向孙权秘密进言：

> 征虏守南郡，潘璋住白帝，蒋钦将游兵万人，循江上下，应敌所在，蒙为国家前据襄阳，如此，何忧于操，何赖于羽？且羽君臣，矜其诈力，所在反覆，不可以腹心待也。今羽所以未便东向者，以至尊圣明，蒙等尚存也。今不于强壮时图之，一旦僵仆，欲复陈力，其可得邪？

吕蒙建议由征虏将军孙皎守南郡，潘璋守白帝城，蒋钦率一万人沿长江作为机动，他自己率兵占据襄阳，这样一来既不必忧虑于曹操，也不必看关羽的脸色了。吕蒙还阐述了谋取荆州的紧迫性，认为刘备、关羽虚伪狡诈，反复无常，绝不能信任他们。"现在关羽之所以没有进攻江东，只是因为您的英明及我们这些将领们还在。如果不在我们强壮时谋取荆州，一旦咱们都不在了，还有成功的可能吗？"吕蒙的这些话让孙权深受触动，孙权"深纳其策"。但是，对于马上与刘备刀兵相见，孙权还有犹豫，他提出是不是可以先取徐州，再取荆州。吕蒙认为这个战略不妥，理由是："现在曹操远在北方，被内部事务所牵制，暂时无力南顾。徐州的守兵虽然

|建|安|二|十|四|年|

不足虑,可以一鼓作气拿下。但那一带地势开阔,交通方便,适合于骑兵作战。我们拿下徐州,曹操没几天就会杀来,还得派重兵去守。不如先取关羽,占据整个长江防线,到那时我们进退就自如了。"吕蒙的这番见解同样打动了孙权,孙权认为他说得对。

吕蒙接替了鲁肃,以汉昌郡太守的身份进驻陆口,这里与关羽的防区相邻。尽管吕蒙已定下袭取荆州的决心,但他到任后表面上仍不露声色,反而与关羽更加亲热。吕蒙时刻观察着荆州的变化,寻找发起进攻的时机。而对这一切,关羽都被蒙在鼓里,在毫无防备的情况下开始了北伐。

第五章 洛阳、邺县和樊城（八至闰十月）

|建|安|二|十|四|年|

一、"威震华夏"

关羽率领大军一路北上，绕过襄阳，把主攻目标锁定在樊城。樊城外面有曹军大营，负责守卫的是于禁和庞德。由于汉水大涨，他们受淹情况严重。北方将士对于发洪水没有太多概念，面对突如其来的情况毫无准备，不知道怎么办。于禁等人仓皇避到高处，这时却发现有人乘着大船向他们袭来。来的正是关羽，他有水军，而曹军没有，所以这个仗简直没法儿打，于禁等人只能坐以待毙，最后只得向关羽投降。《三国志·于禁传》记载："建安二十四年（219），太祖在长安，使曹仁讨关羽于樊，又遣禁助仁。秋，大霖雨，汉水溢，平地水数丈，禁等七军皆没。禁与诸将登高望水，无所回避，羽乘大船就攻禁等，禁遂降。"

这也是"水淹七军"的由来。对于"七军"，一般容易理解为"七支军队"，但这并不严谨。按现代军队编组的方法，

第五章 | 洛阳、邺县和樊城（八至闰十月）

由上到下通常是军、师、旅、团、营、连、排、班，东汉军制里没有这些名目，但有类似的叫法，从上到下依次是军、营、部、曲、屯、队、什、伍。最下面的伍，就是五个人组成的战斗小组，是最基层的战斗单位，主官为伍长；二伍为一什，主官为什长；五什为一队，主官为队率；二队为一屯，主官为屯长；五屯为一曲，主官为军侯；二曲为一部，主官为司马。算下来，一曲的人数是五百人，一部的人数为一千人。司马往上，五部为一营，是五千人，主官为都尉或校尉；二营为一军，人数约为一万人，主官一般是各类杂号将军，之下还有裨将、偏将。这里的"七军"指的应该是"七个军"，也就是约七万人。《三国志·赵俨传》记载："太祖征荆州，以俨领章陵太守，徙都督护军，护于禁、张辽、张郃、朱灵、李典、路招、冯楷七军。"这里的"七军"就是七位杂号将军所统率的人马，是七个军，不是大小不等的七支军队。

不考虑襄阳的曹仁所部，仅于禁、庞德所率领人马的数量也相当可观，因为这一数字远超关羽带来的人马。关羽北伐究竟带来多少人马？史书没有明确记载，不过可以推测一下。刘表治荆州时"地方数千里，带甲十余万"（《三国志·刘表传》），那是极盛时期。到了赤壁之战后，"荆州荒残，人物殚尽"（《九州春秋》），已经达不到这样的规模了。更重要的是，原荆州七郡已被三家瓜分，关羽所控制的荆州不过是原来的南郡、零陵、武陵三郡，而南郡原郡治襄阳还不在此范围内。据《后汉书·郡国志》的统计，原荆州七郡中，南阳郡人口最多，一个郡约占全州人口的百分之四十，南郡、零陵郡、武陵郡三郡及江夏郡、桂阳郡、长沙郡三郡人口各占百分之三十左右。也就是说，关羽控制下的荆州就人口实力来看，只占荆州总人口的三分之一左右。参照刘表时期的军力标准，关羽仅能养兵三四万，努力一下的话，五万大概就是上限了。关羽还不能把这些人马都带到襄阳、樊城前线来，还要留下相

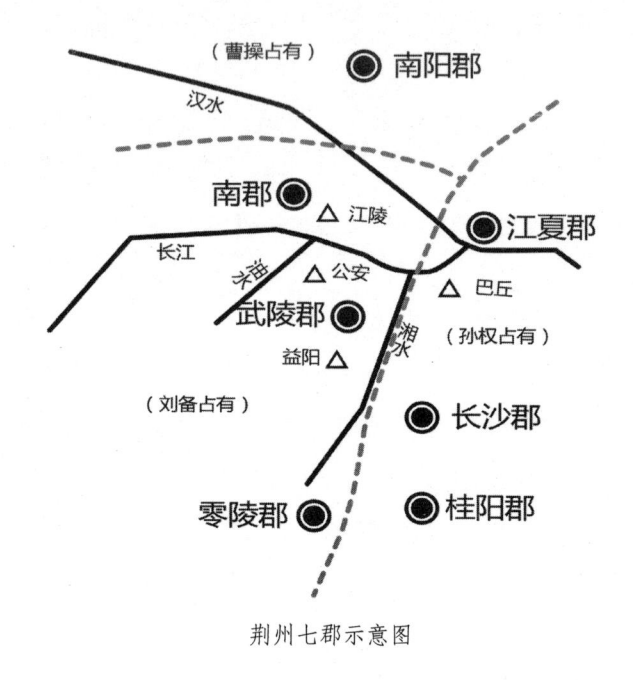

荆州七郡示意图

第五章 | 洛阳、邺县和樊城（八至闰十月）

当数量的人马守在后方，尤其对江东方向也不能放松。综合以上分析，关羽所带来的人马应该在三万左右。如果没有特殊的情况，不要说用这些人马去进攻樊城、襄阳这样的坚城，即便与敌军野战也没有多少取胜的把握。但暴雨帮了关羽的忙，这是于禁被关羽打败的原因。对此，当时的人们及同时代的历史学家都有共识，比如：

禁等为水所没，非战守之所失。（司马懿语）
于禁等为水所没，非战攻之失。（蒋济语）
樊城之败，水灾暴至，非战之咎。（王沈《魏书》）

于禁是曹军在樊城的最高指挥官，他的投降预示着曹军在这里的抵抗基本结束。可是，立义将军庞德却坚持不降。他在一个土堤上，披甲持弓，向敌人不断放箭，箭无虚发。从早晨一直战斗到中午，箭用尽了，就短兵相搏，越战越勇。这时，曹军投降的人越来越多，庞德手下的将领董衡、董超也要投降，被庞德杀了。庞德对身边的人说："宁死也不会毁节偷生，今天就是自己的死期！"水势越来越高，庞德身边最后只剩下两三个人，他们找到一条小船，打算乘船回樊城找曹仁。但水势很猛，船一下子翻了，庞德手里的弓也丢了，他扒着船泡在水中，最后被俘虏。庞德被带到关羽面前，关羽见

| 建 | 安 | 二 | 十 | 四 | 年 |

到他大概会下意识地摸摸自己的脸颊。关羽试图招降，但庞德誓死不从，关羽只得下令把庞德杀了。《三国志·庞德传》记载：

> 羽谓曰："卿兄在汉中，我欲以卿为将，不早降何为？"德骂羽曰："竖子，何谓降也！魏王带甲百万，威振天下。汝刘备庸才耳，岂能敌邪！我宁为国家鬼，不为贼将也。"遂为羽所杀。

关羽杀了庞德，从此庞、关两家也结下了仇。之后，庞德之子庞会随钟会、邓艾平蜀，庞会找到关羽的后人，把他们全杀了，给父亲报仇。王隐《蜀记》记载："庞德子会，随钟、邓伐蜀，蜀破，尽灭关氏家。"《蜀记》还记载，关羽杀庞德后，考虑到庞德与马超的特殊关系，将庞德的尸身运往益州安葬，"钟会平蜀，前后鼓吹，迎德尸丧还葬邺，冢中身首如生"。裴松之对此持怀疑态度，他在为《三国志·庞德传》作注时指出：

> 臣松之案，德死于樊城，文帝即位，又遣使至德墓所，则其尸丧不应在蜀。此王隐之虚说也。

这时，樊城外面的曹军主力已全军覆没，还在樊城内坚

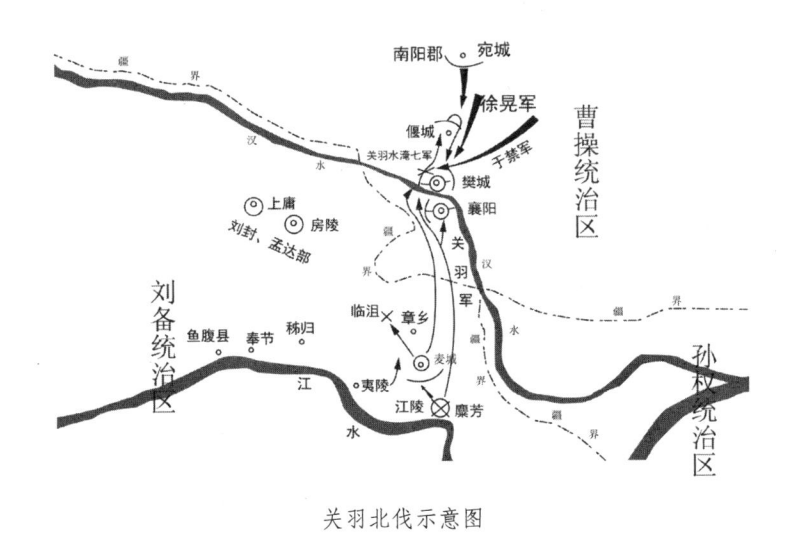

第五章│洛阳、邺县和樊城（八至闰十月）

关羽北伐示意图

守的曹仁岌岌可危。关羽猛烈攻城，城里到处是水，房屋大量崩坏，大家都很害怕。有人向曹仁建议，趁关羽还没把樊城全部围住，乘小船趁夜逃走。此时，也在樊城城内的汝南郡太守满宠认为不可。满宠是曹操挑选的第一任许县县令，有很强的行政才干，被曹操提拔为汝南郡太守，此时来到樊城，可能是亲自督运军粮来的。《三国志·满宠传》记载，满宠说出了自己的看法："山水速疾，冀其不久。闻羽遣别将已在郏下，自许以南，百姓扰扰，羽所以不敢遂进者，恐吾军掎其后耳。今若遁去，洪河以南，非复国家有也。君宜待之。"满宠认为，洪水来得快，走得也快，"现在关羽派人已经打到了颍川郡郏县，许县以南人心惶惶，但关羽还不敢轻举妄动，原因是我们在他的后面。如果我们现在逃走，关羽就将向北面大举进攻了，所以应当再等等"。曹仁一听有道理，的确不能撤退。于是让人找来一匹白马，效仿当年刘邦白马盟誓，也领着大家宣誓，"乃沉白马"，决心同心固守。

此时，樊城内仅有数千人，城里没有被水淹的地方很少。关羽率部乘船而来，把樊城围了好几重，城内与城外断绝消息，情况已经到了最危险的地步。驻守在襄阳的曹军是吕常所部，关羽派人把襄阳也围了起来。襄阳和樊城成为大水浸泡下的两座孤城，周边的驻军和官民纷纷投降了关羽，包括曹操任命的荆州刺史胡修、南阳郡太守傅方等高级官员。许县以南的梁县、郏县、陆浑县等地的百姓纷纷起事，他们杀害曹魏任命的地方官员，接受关羽任命的职务和印绶，与关羽遥相呼应。《三国志·关羽传》记载：

秋，大霖雨，汉水泛溢，禁所督七军皆没。禁降羽，羽又斩将军庞德。梁、郏、陆浑群盗或遥受羽印号，为之支党，羽威震华夏。

有人对《三国志》里关羽"威震华夏"的记载印象深刻，

认为这样的评价超出众人，是汉末三国绝无仅有的。当然，北伐至此，尤其是"水淹七军"，确实让关羽的声望达到了个人军事生涯的顶峰，但也不必对"威震华夏"这样的表述有过多解读。细读《三国志》及其他写汉末三国的史书，可以发现"威震某某"似乎更是一个时期内史家写作上的习惯。比如，在写到董卓、皇甫嵩、张温时都曾用过"威震天下"这样的词，写曹操更用过"威震四海""威震江表""威震南土""威震天下""威震海内"等，还有写周瑜用过"华夏是震"，甚至写曹爽也用过"声震天下"。《三国志》说关羽"威震华夏"，这并不是绝无仅有最高评价，只是对关羽发动的北伐所造成的巨大影响的一种形容而已。

二、不被原谅的于禁

荆州风云突变，曹操这时在哪里呢？这时，曹操正由长安返回，还在路上。听到消息，曹操加快了行军的速度。曹操听说于禁投降、庞德力战而死，非常感慨。《三国志·庞德传》记载，曹操流着泪对身边的人说："吾知禁三十年，何意临危处难，反不如庞德邪！"曹操下令封庞德的两个儿子为列侯。

曹操之所以如此伤感，是因为在此之前，他对于禁十分信任和倚重，相识相知也确实三十年了。于禁是兖州刺史

| 建 | 安 | 二 | 十 | 四 | 年 |

部泰山郡人,早年是破虏将军鲍信的部将。汉灵帝中平六年(189),鲍信参加了何进、袁绍主持的谋诛宦官行动,鲍信带着人去了洛阳,但董卓很快控制了局势。鲍信劝袁绍先发制人除掉董卓,袁绍不敢,鲍信于是又失望地回到了家乡。鲍信在家乡一带继续募兵,"收徒众二万,骑七百,辎重五千余乘"(《魏书》),在当时这是一支了不起的武装力量。"关东联军"起事后,曹操决心向董卓发起主动进攻,得不到其他人的支持,只有鲍信全力相助,将人马都交给曹操指挥。汉献帝初平元年(190),曹操指挥人马在汴水与董卓的凉州军交战,结果打了败仗,鲍信的弟弟鲍韬战死,鲍信负伤,但这并没有影响鲍信对曹操的信任与支持。后来,袁绍表奏曹操为东郡太守,表奏鲍信为济北国相,鲍信继续与曹操联合作战。

初平三年(192),青州的黄巾军前来攻打兖州,兖州刺史刘岱准备迎击。鲍信认为应当坚守,待其士气低落时再出击,但刘岱不听,结果兵败被杀。鲍信作为兖州刺史部的济北国相,在兖州有很大影响力。陈宫等兖州地方人士于是提出迎请曹操来接管兖州,鲍信给予支持。后来,鲍信、陈宫派州吏万潜等人前往东郡,迎接曹操就任兖州牧。所以,鲍信是曹操早期事业上最有力的支持者,曹操能开创出一番事业,鲍信功不可没。但在随后的寿张之战中,为掩护曹操撤退,年仅四十一岁的鲍信拼死力战,竟然战死。曹操极度伤心,鲍信

第五章｜洛阳、邺县和樊城（八至闰十月）

死后连尸首都没有找到，曹操下令悬赏寻找，仍然没有找到，只能让人用木头刻了一个鲍信的雕像来祭拜。曹操随后发起反击，指挥人马昼夜不停地攻击，并不断取得胜利，青州的黄巾军开始撤退。曹操指挥人马追击，青州黄巾军没有退路，只好请降。曹操接受了他们的投降，就地整编，组建了一支新的队伍。按照《三国志·武帝纪》的说法，曹操这次"受降卒三十余万"。这个数字如果没有夸张的话，那就是把所有战斗与非战斗人员都算进去了，因为黄巾军一向流动作战，走到哪里连家眷都会带上。但不管怎么说，即使是在这三十万人里挑选精壮士卒来组织队伍，这支人马也相当可观，人们习惯地称这支队伍为"青州兵"，它是曹军的一支重要力量。鲍信和他的弟弟鲍韬都已战死，为怀念他们，曹操把这支"青州兵"交给于禁指挥。在鲍信的旧部中，于禁的军职本不是最高的。他原来在一个叫王朗的将军手下，这个王朗与曹魏名臣王朗不是同一个人，但他很识才，觉得于禁能堪大任，就推荐给了曹操，曹操"召见与语"，很高兴，拜于禁为军司马。于禁在作战中很勇敢，善于打恶仗，经常充任"先登"。随着战功的增多，于禁的军职也逐渐提升，被任命为陷陈都尉、平虏校尉。曹操还依据于禁前后立下的功劳上表天子封于禁为益寿亭侯，此时曹军的将领们被封侯的还只是极少数。

建安五年（200），官渡之战爆发，当时袁绍兵力更强。《三

| 建 | 安 | 二 | 十 | 四 | 年 |

国志·于禁传》记载，于禁主动请缨为"先登"，曹操"壮之"，给他二千人马防守战略要地延津（今河南省延津县）。这时，刘备在徐州突然反叛，曹操不得不临时抽身东征刘备。袁绍趁机急攻延津，但由于于禁防守严密，袁绍未能得逞。于禁随后协同乐进率五千步骑反攻，击破袁军多处营垒，沿黄河一线共焚毁袁军的营垒三十多处，斩首及俘虏各数千人，招降了袁绍的下属何茂、王摩等二十多人，取得赫赫战绩。曹操随后命于禁领兵进驻原武（今河南省原阳县），攻击附近由袁军控制的黄河渡口杜氏津，于禁将其攻破，曹操临阵升于禁为裨将军。完成任务后，于禁回到官渡，曹军与袁军在此展开百日苦战。双方各起土山相对，袁军在土山上向曹营射箭，曹军士卒死伤很多，"军中惧"，于禁亲自督守土山，力战，鼓舞了士气，最终将袁军击垮。官渡之战结束时，曹操论功行赏，于禁虽然刚刚升过一级，但由于战功实在太多，又被曹操提升了一级，成为偏将军。

于禁出身行伍，参加曹操阵营相对较晚，他担任军司马时，曹军许多将领已是都尉、校尉，于禁的起点明显偏低。但因为于禁作战勇猛，善打硬仗、险仗，且战无不胜，取得了骄人的战绩，所以官渡之战结束时，于禁成为偏将军，与乐进、张辽、张郃、徐晃等名将同级或略高。官渡之战后，群寇出身的东海郡太守昌豨再次反叛，曹操命于禁率兵再去讨伐。

《三国志·于禁传》记载,昌豨跟于禁有旧交,于禁不念私情,率兵猛攻昌豨,昌豨抵挡不住,只得向于禁投降。就在不久前,昌豨还发动过一次叛乱,曹操曾派张辽等人前往征讨,昌豨已经投降过一次了,此次再降,于禁认为无法再宽恕。于禁的手下认为,可以把昌豨送到曹操那里,如何处置听凭曹操的发落。于禁说:"诸君不知公常令乎!围而后降者不赦。夫奉法行令,事上之节也。豨虽旧友,禁可失节乎!"于禁亲自去与昌豨诀别,"陨涕而斩之"。曹操听说这件事,叹道:"豨降不诣吾而归禁,岂非命耶!"通过这件事,曹操对于禁更加器重了。建安十一年(206),曹操着手考评各位将领的功劳,考评的结果是于禁、乐进和张辽三个人功劳最大,曹操于是上表汉献帝对他们三个人予以表彰。因为战功,曹操提拔于禁为虎威将军。

于禁与张辽、乐进、张郃、徐晃等人成了曹操手下最得力的将领,曹操每次征伐,他们要么担任前锋,要么负责后卫。于禁持军严整,缴获的财物从来不归于自己所有,所以曹操对他也格外厚待。《三国志·于禁传》记载,曹操手下将领朱灵原是袁绍的旧部,曹操想夺去其兵权,这是一件不好干的差事,弄不好就会引起哗变,因为于禁"有威重",曹操就派于禁去执行。于禁只带着数十骑,拿着有关文书直接赴朱灵的军营,朱灵和属下都"莫敢动"。朱灵被夺去兵权后,于禁建议任命其为自己的部下督，曹操同意，而"众皆震服"。

于禁后来又被升为左将军，成为当时曹营军职最高的将领之一。张辽、乐进、于禁、张郃、徐晃在《三国志》中合为一传，他们一生都战功显赫，立下无数功勋，堪称汉末三国的名将。后世有人把他们称为曹操手下的"五子良将"，以齐名于刘备手下的"五虎上将"。有趣的是，五人之中，张辽、张郃、徐晃都是降将出身，而于禁、乐进最初只是中下级军官，史书称曹操"拔于禁、乐进于行陈之间"（《魏书》），他们在曹营快速崛起，说明了曹操的知人善任，也说明曹操一向标示的"唯才是举"并不只停留在口头上。

于禁投降后被关羽送到江陵（今湖北省荆州市），不久孙吴的军队攻克了江陵，于禁又落入孙权手中。那时，孙权与刘备已经决裂，正要示好曹魏，所以没把于禁当成俘虏看，对他很不错，亲自与他相见，但没有放他回去。于禁除了没有人身自由外，其他方面都挺好，生活上被给予优待，孙权还时常邀他一同外出。《三国志·虞翻传》记载，有一次孙权和于禁骑马并行，被孙权的谋士虞翻看到，虞翻拦住于禁大骂："尔降虏，何敢与吾君齐马首乎！"意思是，你不过是个投降过来的俘虏，怎么敢跟我家主人并排骑马？不光骂，虞翻挥鞭还要打，如果不是被孙权呵斥住，于禁就得挨虞翻的一顿鞭子。还有一次，孙权在楼船上宴饮群臣，邀于禁出席，席间有人奏乐，乐声勾起于禁的思乡之情，不由得流下泪来，这一幕又让虞翻看到了，虞翻当场教训于禁说："汝欲以伪求免邪？"意思是，哭什么？你以为装可怜就能免除一死吗？不管怎么说于禁也是一代名将，曾叱咤风云，生死面前从不眨一下眼睛，现在却当面被人羞辱又无法反驳，其悲屈可想而知。

　　后来曹丕称帝，孙权立即上表称臣，同时把于禁送回曹魏。曹魏黄初二年(221)，于禁回到洛阳，曹丕亲自召见了他。《三国志·于禁传》记载，此时于禁已经须发皓白、面容憔悴。见到曹丕后，于禁很羞愧，不停地流涕叩首。曹丕倒没有当面责怪他什么，反而以荀林父、孟明视的事安慰他，还任命他为安远将军。荀林父是春秋时晋国将军，曾率军与楚军交战，大败，回来后晋景公依然重用他，三年后他又率兵出征，打了大胜仗。孟明视是秦国将军，在攻打郑国回军时被晋军俘虏，不久被释放回国，秦穆公仍然信任他，让他继续带兵，后来他率军击败了晋军。曹丕以他们二人为例，说明打了败仗被俘虏不算什么。在任命于禁为安远将军的诏令中，曹丕特别强调："昔荀林父败绩于邲，孟明丧师于殽，秦、晋不替，使复其位。其后晋获狄土，秦霸西戎，区区小国，犹尚若斯，而况万乘乎？樊城之败，水灾暴至，非战之咎，其复禁等官。"

| 建 | 安 | 二 | 十 | 四 | 年 |

如果于禁的结局就是这样的，那曹丕的胸怀也会让人钦佩。但曹丕在胸襟方面其实比他的父亲曹操差得远，因为他一边表面上安慰、厚待于禁，一边却在背后搞起了小动作。曹丕下诏让于禁出使孙吴，行前特意安排他到邺县（今河北省临漳县）敬谒曹操的高陵。于禁去了，在一间屋子里却发现挂着几幅画，画的是樊城之战的经过，包括"关羽战克、庞德愤怒、禁降服之状"（《三国志·于禁传》）。于禁看完大愧，不久就忧病而死，曹丕赐其谥号为厉侯。"厉"在谥法上有暴慢无亲、杀戮无辜之意，属于"丑谥"。后世有学者评论说，于禁率数万人败不能死，可以把他杀了，也可以从此不用他，但用这种办法羞辱他并不是为君之道。

在"五子良将"中，于禁的身上本来光环最多：每有大仗不是负责前锋就是负责断后，体现出曹操对他的绝对信任，所有硬仗、恶仗也都难不住于禁，所向无敌，关键时刻屡立大功；于禁还不徇私情，敢于从严治军，又不贪慕财富，个人品质为曹操所敬重。曹操在世时，于禁已被授予左将军的高位，成为曹魏一颗耀眼的将星。但一场失败改变了一切，于禁的完美形象顷刻坍塌，曹操不解，对手羞辱，自己也羞愧异常，在重名节甚于重生命的时代，被俘的于禁似乎只有一死才能配得上"良将"的称号。可是，这似乎又是讲不通的，因为汉末三国时代被俘求生的名将其实有许多，不仅张辽、张郃、徐晃是降将，被曹操称赞的庞德也曾是降将,还有关羽、姜维等人,甚至刘备也有投降的经历,至于名气小一些的将领那就更多了。

群雄相争,各为其主,在汉末三国这个特定的时代,投降如同"跳槽"一样频繁,有的因为原来的主人失败了,有的因为要寻找更好的"明主"。无论主动,还是被动,其实都无关民族大义,一般也是可以理解的,历史为什么独对于禁这么苛刻?这大概是因为,于禁投降后没能效忠于蜀汉或者孙吴,而又回到了原来效命的主国曹魏。无论对曹魏,还是对于禁本人,这都成了尴尬的事。再遇到一个心胸狭窄的曹丕,于禁只能以彻底的悲剧结束自己的一生。

于禁的经历十分复杂曲折,三国的降将里还没有其他人有过这样的经历,这注定了于禁的命运与众不同,这是他的悲哀。大概于禁投降关羽的时候没有料到会是这样的结果,否则他宁愿如庞德一样战死。对曹丕来说,杀于禁也是顺理成章的选择:曹丕与于禁的关系不如曹操,没有感情上的障碍;曹丕新登帝位,需要立威,如果能以合适的方式将于禁杀了,军中的将领自然对曹丕更忌惮;于禁临阵投降,如果回来还能继续做官,以后谁还拼死一战?杀于禁可以严明军纪。所以,于禁回归后面临的结果其实是注定的,只是曹丕做得很有技巧,没有直接下令处死于禁,而是将其逼死,这样不会连累于禁的子女家人,目的达到,副作用较小。总之,于禁不被

建安二十四年

曹丕原谅是形势演变的结果及人情人性的必然，于禁的悲剧早在他投降关羽的那一刻就已经注定了。

三、魏讽谋反事件

曹操大约是建安二十四年（219）八月离开长安的。刘备在汉中称王，一片"热烈气氛"，又派人抢占"上庸三郡"，曹操不仅郁闷，还有些担心，本想在长安多待上一阵，更好地处理西边的事务，同时防备刘备来一个"趁热打铁"，由汉中大举进攻关中。然而，荆州形势突然紧张起来，曹操没法儿再待下去了。

离开长安前，曹操对西线战场的人事进行了安排。曹操把曹彰留在长安，让他以代理越骑将军的身份总领西线战场的事务。《三国志·曹彰传》记载："太祖东还，以彰行越骑将军，留长安。"曹操还想再选一名留府长史，即以丞相长史身份留在长安，协助曹彰处理政务。有关部门拟定了几个人选，报给曹操，曹操觉得都不够满意。曹操想到了杜袭，他在汉中的表现令曹操印象深刻，于是曹操任命杜袭为留府长史。《三国志·杜袭传》记载，曹操在下达的命令中有这样一句话："释骐骥而不乘。焉皇皇而更索？"意思是，放着现在的千里马不去乘坐，何必急急忙忙向别处寻找呢？

第五章 | 洛阳、邺县和樊城（八至闰十月）

离开长安后，曹操没有直接回大本营邺县，而是往洛阳方向行进，之后打算取道许县前往荆州前线。还没有到达洛阳时，邺县方面突然又传了一个不好的消息。这一年九月，邺县发生了魏讽谋反事件。这次谋反比不久前发生在许县的金祎等人的谋反更有影响，不仅因为它发生在曹操的大本营邺县，而且钟繇、张绣、王粲、刘廙、繁钦、杨俊等曹操身边的一批重要人物都受到了牵连，他们要么因为此事被免官、降级，要么有亲属受到惩处。《三国志》中有十余处提到此次事件，《世语》《傅子》《魏书》《文章志》《博物记》等书也有记载：

讽字子京，沛人，有惑众才，倾动邺都，钟繇由是辟焉。大军未反，讽潜结徒党，又与长乐卫尉陈祎谋袭邺。未及期，祎惧，告之太子，诛讽，坐死者数十人。（《世语》）

太祖时，魏讽有重名，自卿相以下皆倾心交之。其后孟达去刘备归文帝，论者多称有乐毅之量。晔一见讽、达而皆云必反，卒如其言。（《傅子》）

太祖时征汉中，闻王粲子死，叹曰："孤若在，不使王仲宣无后。"（《文章志》）

魏讽反，廙弟伟为讽所引，当相坐诛。太祖令曰："叔向不坐弟虎，古之制也。"特原不问。（《三国志·刘廙传》）

|建|安|二|十|四|年|

初，虞弟伟与讽善，虞戒之曰："夫交友之美，在于得贤，不可不详。而世之交者，不审择人，务合党众，违先圣人交友之义，此非厚己辅仁之谓也。吾观魏讽，不修德行，而专以鸠合为务，华而不实，此直揽世沽名者也。卿其慎之，勿复与通。"伟不从，故及于难。(《刘虞别传》)

近济阴魏讽、山阳曹伟皆以倾邪败没，荧惑当世。挟持奸慝，驱动后生。虽刑于斧钺，大为炯戒。然所污染，固以众矣。可不慎与！……臣松之以为：文舒复拟则文渊，显言人之失。魏讽、曹伟，事陷恶逆，著以为诫，差无可尤。(《三国志·王昶传》)

文钦，字仲若，谯郡人。父稷，建安中为骑将，有勇力。文钦少以名将之子，材武见称。魏讽反，钦坐与讽辞语相连，及下狱，掠答数百，当死，太祖以稷故赦之。(《魏书》)

相国掾魏讽有盛名，同郡任览与讽友善。郑袤谓览曰："讽奸雄，必以祸终，子宜绝之。"后讽果败。(《晋书·郑袤传》)

初，王粲与族兄凯俱避地荆州，刘表欲以女妻粲，而嫌其形陋而用率，以凯有风貌，乃以妻凯。凯生业，业即刘表外孙也。蔡邕有书近万卷，末年载数车与粲，粲亡后，相国掾魏讽谋反，粲子与焉，既被诛，邕所与书悉入业。(《博物记》)

综合以上记载，可以大致了解这件谋反事件的前因后果。

魏讽是曹操老家豫州刺史部沛国人，很有口才，拿《世语》的话说就是"有惑众才"，在邺县很有名气。邺县不是一般的地方，那里各种能人都有，能在社交场所频频亮相并获得追捧，必然是精英中的精英，魏讽就属于这样的人。担任魏国相国的钟繇也受其蒙蔽，举荐了他，魏讽居然担任了钟繇手下负责人事工作的西曹掾。魏讽利用职务便利与邺县一批上层人士子弟拉上了关系，其中包括张绣的儿子张泉，王粲的两个儿子，刘廙的弟弟刘伟及曹操的老乡、曹魏后期的风云人物（但在这时还是一名小青年）文钦等人。

有人看出来魏讽有问题，王昶、傅巽、刘晔都对朋友或家人说过魏讽肯定会造反的话。刘廙也劝诫弟弟刘伟，说魏讽这个人不修德行，整天编织关系网，为人华而不实，喜欢沽名钓誉，必将扰乱社会，让刘伟小心些，不要再跟魏讽来往，但是刘伟听不进去。这说明，要么是魏讽魅力太大，蛊惑能力太强，要么是这些高干子弟缺少人生历练，又喜欢出风头，交朋友，稀里糊涂地卷了进去。他们之中的大多数人都不会有谋反的动机，有的人事后虽然被追究甚至被杀，但多是因为与魏讽来往太密切招致的。

魏讽的主要支持者是长乐卫尉陈祎，他手里有兵权。卫尉负责宫室的守卫工作，长乐卫尉负责长乐宫的安全保卫。邺县没有长乐宫，长乐宫通常指太后的寝宫。然而，无论汉室，还

|建|安|二|十|四|年|

是魏国，此时都没有太后或王太后，陈祎的这个长乐卫尉不知所司何职，不过他手里应该掌握一定兵权，所以魏讽把他作为重点拉拢对象。陈祎的其他事迹不详，魏讽跟他约好准备起事，恰在这时曹操率大军西征，曹丕留守邺县，正好是个机会。

还没等魏讽、陈祎等人动手，这件事就迅速被平息了。《世语》记载，陈祎临举事时产生了恐惧，将谋反的事向曹丕进行了告发。曹丕当机立断，实施紧急抓捕行动，魏讽下狱。经过对案件的审理，又有一批人被捕。曹丕不等曹操回来，先把魏讽诛杀，还杀了包括王粲两个儿子在内的其他一些人，有数十人之多。王粲这时已经故去，曹操听说王粲两个儿子受株连被杀，叹息说，如果自己在就不会让王粲绝后。

这一案件波及不少在任官员，魏国相国钟繇被免职"就家"，也就是在家中反省。当然，这只是暂时的，曹操对钟繇的信任没有改变，不久后，钟繇还会出来担任要职。直接负责邺县安全工作的中尉杨俊被降级。张绣死后被追封为定侯，由儿子张泉继承，食邑二千户，张泉被杀后这一封爵取消。多年前，曹操的长子曹昂就死于张绣之手，有人认为曹丕这么利索地杀了张泉，收回封爵，是为大哥报仇。刘廙受到弟弟刘伟的株连也下了狱，本来要连坐处死，但刘廙之前劝刘伟不要与魏讽来往，再加上刘廙的好朋友陈群竭力向曹操求情，曹操下令免刘廙死刑，恢复原来的职务。文钦被关在监

第五章 | 洛阳、邺县和樊城（八至闰十月）

狱里，先挨了几百板子，吃尽了苦头，但判决下来仍然是死刑。曹操听到后，考虑到他的父亲文稷曾经立下战功，就饶了文钦一命。文钦后来成长为一员猛将，曹魏后期担任过前将军、扬州刺史。他对曹魏感情很深，对司马氏专权十分不满，曾与毌丘俭联兵讨伐司马师，兵败之后逃到吴国，被吴国封为镇北大将军。与诸葛亮同族、在曹魏掌兵的诸葛诞发动反叛，吴国派文钦前去支援。文钦与诸葛诞意见不合，为后者所杀，不过这是三十多年后的事情了。

魏讽事件牵涉到的人员十分广泛，就连荆州知名学者宋忠的儿子也在内。汉末天下大乱，学术更难以发展振兴，郑玄、卢植等名士先后去世，学术上唯一的"亮点"是宋忠、司马徽、綦毋闿创立的荆州学派，其中宋忠知名度最高，为天下士人所敬重。《三国志·尹默传》注引《魏略》记载，宋忠的儿子也参与了魏讽谋反，伏诛。为了此事，曹丕还专门给王朗写信，信中道："昔石厚与州吁游，父碏知其与乱；韩子昵田苏，穆子知其好仁：故君子游必有方，居必就士，诚有以也。嗟乎！宋忠无石子先识之明，老罹此祸。今虽欲愿行灭亲之诛，立纯臣之节，尚可得邪！"从信中内容看，王朗似乎曾向曹丕求情，希望能看在宋忠的面子上网开一面，但曹丕拒绝了。

经过反思，曹操认为魏讽等人之所以敢生出叛乱之心，是因为要害部门工作不力，不能做到防患于未然，曹操为此发出

|建|安|二|十|四|年|

了"哪里能找到诸葛丰那样的人才来代替杨俊"的感叹。诸葛丰即诸葛亮的先祖，曾在汉元帝时期担任过司隶校尉，工作十分出色。负责魏国人事工作的尚书桓阶向曹操推荐了徐奕。徐奕担任过首任雍州刺史，后来改任魏郡太守。魏国建立后，徐奕担任尚书，后来被提拔为尚书令，是桓阶的顶头上司。

四、重游故地

魏讽谋反事件如果发生在平时，也许只是一次普通的未遂政变，这样的事情之前发生过多次，虽然有震动，但事后慢慢也就被人淡忘了。可这次不同，在关羽北伐、曹军在荆州的主力受到重创、余部尚被包围的情况下，魏讽谋反事件势必给人们带来更多的震动与想象。曹操因这一件事所引起的反思想必也是多方面的，除了加强对要害部门的管理外，曹操还会想到这些年轻的官员子弟居然站到了自己的对立面，究竟是为什么呢？曹操的脑子里尽管很烦很乱，但又不容他沿着这些思绪继续想下去，因为荆州的局势更让人忧心。

看到邺县那边已经没有危险了，曹操继续率兵向洛阳进发。建安二十四年（219）十月，曹操一行到达洛阳。洛阳曾是东汉的都城，也曾是东汉最大的城市。相较于长安，洛阳更居东汉王朝控制区域的中部，地理位置更加优越。洛阳经

第五章 | 洛阳、邺县和樊城（八至闰十月）

崤山向西可进入关中平原，向东可连通开封，渡过黄河向北可到达黄土高原，向东北则可通华北平原，向南可到达南阳平原、江汉平原，可谓四通八达。从地理形势看，洛阳位于河南、陕西交界群山中的三川谷地，处于盆地中心，四面皆山，山中可设置关隘把守：南部龙门山被伊河穿过形成伊阙关，北部有孟津关，西部有函谷关，东北部有虎牢关，嵩山之间有轩辕关，东南部有大谷关，南部有广成关。这些关隘拱卫着洛阳，使其成为一个相对安全的独立区域。明清时期的地理学家顾祖禹在《读史方舆纪要》中称洛阳为"中国形胜之冠"，这里的"形胜"有地理位置优越、地势险要、山川壮丽之意。

可惜的是，东汉末年，汉灵帝驾崩后时局陷入混乱，董卓趁乱控制了朝廷，引发群雄讨董卓。对战中，董卓不敌，只得放弃洛阳，临走前对洛阳进行了毁灭性破坏。董卓下令把洛阳一带所有富豪集中起来，胡乱安个罪名集体处死，财产全部没收。董卓下令在洛阳周围二百里范围内大行"烧光、抢光、杀光"，还命令士兵开棺掘墓，盗取珍宝。邙山一带密集地排列着本朝多位先帝的皇陵和许多贵族的墓地，大都无法幸免。董卓还下令把洛阳周围一带的百姓都迁往长安，《三国志·董卓传》说人数多达"数百万口"，这个数字也许有些夸张，但洛阳经此一劫已成人间地狱。更严重的是，董卓留吕布守洛阳，吕布临撤走前，一把火将洛阳城烧为灰烬，其

|建|安|二|十|四|年|

惨象令率先带队突入洛阳的孙坚忍不住伤心落泪。《三国志·孙坚传》注引《江表传》记载:"旧京空虚,数百里中无烟火。坚前入城,惆怅流涕。"洛阳从此残破,群雄争霸也不再将其作为重点,甚至一度成为"无人区"。汉献帝东归重返洛阳时,甚至找不到一个像样的住的地方,一些郎官只能在残垣断壁间凑合。

这时的洛阳已经没有太大的经济价值和军事价值,但曹操还是在此驻留了一下,并且进到城里,看了看自己年轻时生活和工作过的地方。曹操的祖父曹腾、父亲曹嵩都是朝廷高官,曹家在洛阳城内曾经有过府邸,曹操年轻时任议郎等职,就住在城中。曹操还特意去看了一个地方:洛阳北部尉。这里是曹操仕途的起点,也是令他印象深刻的地方,曹操在这里徘徊良久。

四十多年前的曹操才二十岁,与大多数高官的子弟一样进入洛阳太学学习,又被家乡举为孝廉,取得了做官的资格。毕业这年,洛阳令司马防升任河南尹,曹操特别渴望得到洛阳令这一职务。洛阳令虽是县令一级,却是其他任何县级行政长官无法相比的,因为它在帝国权力机构中占据着重要位置。要得到洛阳令,有两个人很关键,一个是原任洛阳令、现任洛阳令上司河南尹的司马防,另一个是主管二千石以下官吏选任的尚书台选部尚书梁鹄。司马防即司马懿的父亲,

第五章 | 洛阳、邺县和樊城（八至闰十月）

司隶校尉部河内郡人，士族大家出身，不怎么好说话。也许看不起曹操的出身，也许听说曹操学习成绩并不怎么样，司马防不愿意推荐曹操为洛阳令。但碍于曹家的影响力，司马防勉强推荐曹操为洛阳令下属的洛阳北部尉，品秩四百石。

就这样，曹操没有得到洛阳令一职，被任命为低一级的洛阳北部尉，归洛阳令管辖。一般的县，县令或县长之下设都尉一职，负责本地治安，相当于公安局局长。洛阳人口众多，地位重要，在东、西、南、北各设了一个都尉，洛阳北部尉是其中之一。曹操虽然没有达到目的，但没有气馁，而是努力在这个岗位上干出点儿成绩来，以期引起外界的注意。

一到任，曹操就把官署的四门修缮一新，还做了不少五色大棒悬挂在各门口，申明禁令，规定凡违反治安条例的，无论平民，还是权贵，一律五色棒伺候。东汉行政执法体系比较乱，尤其在执法环节，伸缩的余地很大，一个县都尉手里也可能握有生杀大权。曹操的这番做派，分明是要引起各方面的关注。当然，他也有另外的选择，比如在这个岗位上慢慢干下去，通过勤恳工作，搞好与辖区内群众的关系，做些好人好事，慢慢提高声誉，得到上面的认可，等待提升的机会。但这需要忍耐，也需要时间。曹操需要的是尽快向世人证明，自己既是治世的能臣，也是乱世中的英雄，他渴望建立功业，并且不是在漫长的未来，而是在眼前。

|建|安|二|十|四|年|

偏巧,这个机会很快就让曹操等来了。一天夜里,曹操带人巡查,突然遇到了一群违反夜间禁行规定的不速之客。黑暗中,曹操喝问对方是什么人,为什么违禁夜行。对方并不紧张,反而态度傲慢。曹操大怒,一声令下,手下的人一拥而上,将对方全部拿下。五色大棒就是给那些违禁的人准备的,曹操下令大棒侍候,领头的那位不经打,一顿棒子下去竟一命呜呼了。这一下,曹操捅了马蜂窝,因为被打死的不是普通人,而是当红大宦官蹇硕的叔父。

这是曹操刚上任几个月就做出来的惊人之举。在常人看来,这件事也太过生猛了些,毕竟对方是当时最有权势的人之一,结下如此深仇大恨,能饶过他吗?但是,经过思考和判断,曹操一定认为这件事不至于酿成太大危机,所以值得一试。曹操看出当时的形势对当权的宦官未必有利,对已经亲政的汉灵帝来说,平衡宦官、党人、外戚的关系本来已颇费脑筋,这时再因为一名宦官的叔父犯了罪遭受惩处而发起报复,必须考虑事件所造成的后果。曹操甚至想好了,最好因为此事自己落个撤职查办什么的,丢掉一个微不足道的四百石小官,收获的可能会更多。但这件事似乎不声不响地过去了,从蹇硕那边并没有传来要报复的消息,而曹操棒杀权贵的事情却瞬时在京师传开,曹操声名大振,以前没有听说过他的人,这一回也都知道了洛阳城里有个年轻的曹都尉。

《三国志·武帝纪》注引《曹瞒传》记载：

> 太祖初入尉廨，缮治四门。造五色棒，县门左右各十余枚，有犯禁，不避豪强，皆棒杀之。后数月，灵帝爱幸小黄门蹇硕叔父夜行，即杀之。京师敛迹，莫敢犯者。近习宠臣咸疾之，然不能伤，于是共称荐之，故迁为顿丘令。

蹇硕不实施报复计划，曹操心里反而有一丝失望。在他的计算中，蹇硕应该恼羞成怒，立即将他免职，投入北寺狱。如果是那样的话，曹操几乎可以相信，太学生们会第一个起来营救他，这些"学弟"会到北宫外集体上书，为他鸣冤。还有士人朝官，知道他与不知道他的，都会蜂起而奏，把他当成威武不屈、刚直不阿的英雄。这不是曹操的空想，当时有一股所谓的婞直之风非常盛行。所谓婞直，就是明知不是对手，也要站出来与权贵单挑，因为他们知道，背后有强大的舆论支持，尽管会面临受迫害的危险，但同时也会获得巨大的社会声望，知名度一夜暴升。所以，曹操棒打蹇硕叔父时，恐怕还会偷偷告诉手下往死里打——打而不死等于没把事情闹大，减弱了事件的影响力，反而不利。

面对这种情况，蹇硕只好按兵不动，也许想发作，却找不到发泄口。到了熹平五年（176），曹操任职满两年，按照

|建|安|二|十|四|年|

制度,有关部门将对他进行述职考核。结果出来了,他居然被考核为上等,意味着可以升一级。有关命令随后下达,曹操被任命为顿丘县县令,品秩提高到六百石。这个任命有什么背景不得而知,是蹇硕等人的阴谋,还是曹嵩为了使儿子避祸而争取的结果?似乎都有可能。这不是曹操希望的结果,只是没有办法,只好离开洛阳,告别父亲前往顿丘上任了。

现在,站在洛阳北部尉官署旧址前,曹操的思绪又回到自己的年轻时代。意气风发、敢作敢为,对未来充满期待,那是多么美好的岁月啊!曹操现在已经六十多岁了,身体也不是太好,加上最近以来遇到的都是烦心事,不是谋反,就是战败,荆州的危局依然未解,这些让曹操的心情更为沉重。曹操下令重修洛阳北部尉的官署,而且交代说要修得更气派,要超过以前的那个官署。《三国志·武帝纪》注引《曹瞒传》记载:

王更修治北部尉廨,令过于旧。

从心理学角度看,一个人突然喜欢忆旧是一种"回归心理"的表现,通常有两种情况:一是生活中的不得志或对处境充满焦虑,二是到了一定年龄,身体、精力都不如以前。在这两种情况下,人们常常不由自主地在对过去的回忆中寻找安

第五章 | 洛阳、邺县和樊城（八至闰十月）

慰。对曹操来说，这两种情况现在都存在着：一方面，有现实的挫败感、焦虑感；另一方面，曹操身体情况也大不如前，甚至有些糟糕。

曹操个子不高，长得也不气派，《魏氏春秋》说他"姿貌短小"。不过，曹操的身体素质却不错，这与他注意加强锻炼有关。曹操擅长骑马，经常亲自带兵出征，史书多次记载曹操亲率手下精锐的虎豹骑孤军深入作战，如果骑术不过关，难以做到这一点。《三国志·武帝纪》还记载曹操擅长骑射，能"手射飞鸟，躬禽猛兽"。曹丕在《典论》中回忆，在他五岁时，父亲就亲自教他射箭，后来又教他骑马。三十多岁时，曹操在讨董卓的大潮中起兵，此后打了三十多年的仗，几乎年年都在四处征战中度过，虽然一生战绩胜多负少，但也经常身处险境，肯定有巨大的心理压力。曹操经常感到头疼，《三国志·华佗传》记载："太祖苦头风，每发，心乱目眩。"头风是中医的称法，中医认为，头是诸阳交汇之处，五脏精华之血、六腑清阳之气都注于头，头痛如果经久不愈就是病症，病因可以分为外感、内伤及经络瘀阻等方面。如果按照现代医学来看，引起头痛的疾病可能是青光眼、脑肿瘤、脑血栓、脑供血不足及高血压等。

曹操初发头风时正值壮年，大约是在官渡之战前后。此后，曹操头痛的毛病一直伴随他二十多年，中间时断时续。

| 建 | 安 | 二 | 十 | 四 | 年 |

根据这些状况判断，曹操可能得了高血压。从病理上说，诱发高血压的原因有很多，既有家族遗传，又有环境诱发，劳累、精神紧张、情绪波动后都会发生血压升高，长期生活在这种状态下就会患上高血压病，曹操应该属于后一种情况。高血压是慢性病，一般不会无端突发，曹操的病应该早有征兆，这一点也有史书的记载来印证。《三国志·武帝纪》注引《魏略》记载，官渡之战前袁绍打败了公孙瓒，为了向曹操示威，特意命人把公孙瓒的人头装在一只木匣里送给曹操，曹操不知道是什么，打开一看，顿时"自视忽然耳"，也就是突然感到眩晕，以至于瞬时听不到也看不到了，这符合外力刺激下血压瞬间升高的症状。

官渡之战后，曹操的头风还经常发作，并有越来越严重的趋势，每次发病都心慌意乱，眼冒金星，治疗的效果不大。《三国志·华佗传》记载，曹操听说谯县老乡华佗是一位名医，就把华佗找来。华佗给曹操采取针灸疗法，扎背上的膈俞穴，病情立即减轻。曹操于是把华佗留在身边，成了专职"保健医生"。不过，《三国志》的作者陈寿也许不太懂医学，也许收集的资料也不够翔实。因为膈俞穴在背部第七椎节下面一侧的一寸五分处，扎这里通常是治疗咳嗽、反胃等病症的。要缓解头部的眩晕疼痛，扎的应该是通天穴或天柱穴。

五、沉醉不醒的曹植

身在洛阳的曹操无比焦虑，他现在最担心的是许县的安全。如果曹仁等人挡不住关羽的进攻，关羽就将趁势北上。南阳郡境内已经有很多地方归顺了关羽，要想守住宛县也十分困难。如果宛县再不保，许县以南就再无屏障了。许县原本只是一座县城，虽然经过一定的营造扩建，但规模总的来说很有限，难以抵抗敌人的长期进攻。

丢失宛县、许县也许并不可怕，但汉献帝落入关羽之手将是一场政治灾难：刘备集团的士气会空前高涨，孙权的态度也会发生改变，这将成为一个标志性事件——也许，自己辛辛苦苦建立起来的"魏王国"在敌人的进攻下将节节退缩，最后一败涂地。所以，许县可以丢，献帝不能丢。《三国志·关羽传》记载，曹操打算"议徙许都以避其锐"。曹操把这个想法提出来，让智囊们讨论。

郭嘉、荀攸、荀彧等人这时已相继故去，贾诩、程昱年事已高，通常留守在后方辅佐曹丕或曹植。在外征战时，曹操身边的主要智囊现在是刘晔、蒋济、司马懿等人，他们都在丞相府任职。其中，刘晔先任仓曹掾后任丞相主簿，蒋济任西曹属，司马懿先任文学掾后也任丞相主簿。蒋济和司马懿都表示不能迁都，他们认为，于禁等人是因为发大水才全

| 建 | 安 | 二 | 十 | 四 | 年 |

军覆没的,不是打不过关羽,现在的局面还没那么危险。他们还提出,刘备和孙权之间外亲内疏,关羽突然得志,孙权看了必然不高兴。可以派人劝孙权从关羽后面动手,事成之后,答应把整个江南割给孙权。如此一来,樊城之围必解。《三国志·关羽传》记载:

> 司马宣王、蒋济以为关羽得志,孙权必不愿也。可遣人劝权蹑其后,许割江南以封权,则樊围自解。

不久前,孙权曾主动派徐详来请和,这是一个信号,说明孙权跟刘备之间的联盟关系并不牢固。在当前情况下,孙权对关羽的担忧确实一点儿都不比对曹操的担忧少,利用孙权遏制关羽是可行的。曹操于是派人去联络孙权,同时命令徐晃率部增援樊城的曹仁。

虽然派出了徐晃,但曹操仍不放心。看到前线严峻的形势,想亲率大军增援曹仁、徐晃,这个想法得到很多人的赞同。大家认为,曹操如果不亲征襄阳,曹仁所部就将全军覆没。只有侍中桓阶有不同看法。桓阶先问曹操"曹仁等人能不能控制当前的局势",曹操想了想回答说"可以"。桓阶于是又问"是不是怀疑他们不尽力",曹操说"不是"。桓阶反问道:"那为什么还要亲自前往呢?"曹操说出了自己的忧虑:主要是担心敌兵太多，而徐晃等人力量不够。桓阶认为这个担心是多余的：曹仁等人身处重围仍然死守没有二心，是因为有大王在外面作为声援。居万死之地必有死争之心，内怀死争，外有强援，大王只需坐观就行，不必因为担心失败而要亲自前往。曹操于是打消了亲自南下的计划，而是火速就近调集人马增援前线。《三国志·桓阶传》记载：

> 曹仁为关羽所围，太祖遣徐晃救之，不解。太祖欲自南征，以问群下。群下皆谓："王不亟行，今败矣。"阶独曰："大王以仁等为足以料事势不也？"曰："能。""大王恐二人遗力邪？"曰："不。""然则何为自往？"曰："吾恐虏众多，而晃等势不便耳。"阶曰："今仁等处重围之中而守死无贰者，诚以大王远为之势也。夫居万死之地，必有死争之心；内怀死争，外有强救，大王案六军以示余力，何忧于败而欲自往？"太祖善其言。

这时，曹操突然产生了一个想法，想让曹植以南中郎将的身份代理征虏将军之职，率兵前往樊城解围。此时，曹丕的太子之位已经稳固，曹操不再担心曹植会对曹丕的地位产生威胁，所以想给曹植一个锻炼的机会，不想让他沉沦下去。《三国志·曹植传》记载："二十四年（219），曹仁为关羽所围。太祖以植为南中郎将,行征虏将军。欲遣救仁,呼有所敕戒。"命令下达,却到处找不到曹植。后来终于找到了,发现他喝得大醉,无法受命。曹操大怒,撤销了命令。曹操刚刚借故杀了杨修,曹植的内心既悲伤又恐惧,常常用酒来麻醉自己。不过,《三国志·曹植传》注引《魏氏春秋》记载,这其中是有文章的,曹植之所以喝醉是因为曹丕做了手脚。曹丕知道父亲要召见曹植,故意把曹植拉去喝酒,"逼而醉之",使曹植无法从命。

六、徐晃的"破汤罐"

徐晃接到增援樊城的命令时正驻守在宛县,是离襄阳最近的曹军主力部队。接到命令,徐晃立即率部南下。徐晃所部大多是新兵,考虑到这个因素,徐晃觉得不能直接与关羽争锋,就将营寨安扎在樊城北边的阳陵陂。关羽有一部人马驻守在附近的偃城,两军相对。

偃城位于樊城的北边,距樊城仅三里;阳陵陂在偃城西北方五里处,这两个地方都与樊城近在咫尺。如果徐晃不能取胜,危在旦夕的樊城势必不保。《三国志·徐晃传》记载,为保险起见,曹操给徐晃下达命令:"须兵马集至,乃俱前。"曹操调集附近的人马,由徐商、吕建等将领带着前来阳陵陂,统一听

第五章 | 洛阳、邺县和樊城（八至闰十月）

从徐晃的号令。等人马到得差不多了，徐晃才下达进攻的命令。

关羽在樊城外有三处主要营垒，分别是偃城、围头和四冢，这是一种常用的三角形布局，互呈犄角，敌人攻其一，另外两部可驰援。在这种情况下，曹军如果正面进攻偃城，就容易打成攻防战，将对曹军不利，因为关羽不必求胜，只要守住偃城即可，一旦陷入对峙，樊城之围就将无法化解了。《三国志·徐晃传》记载，徐晃命人绕到偃城的南面，不展开攻城，而是让人"作都堑"，也就是挖掘大壕沟，对外扬言要断偃城守军的后路。负责守偃城的将领不知是何人，但肯定不是关羽本人，居然被曹军的诡计吓着了，主动"烧屯走"。徐晃占据偃城，命人修筑营垒，并把营垒修得十分靠前，"去贼围三丈所"，意思是最前面的地方距离敌人的包围圈仅三丈远。但徐晃没有下令攻击，因为这时曹军的整体实力仍不如敌人，徐晃在等待更多援军的到来。然而，各位将领解围心切，对徐晃多有指责。《三国志·赵俨传》记载，以议郎身份任曹仁军事参谋的赵俨也在场，劝众将道：

> 今贼围素固，水潦犹盛。我徒卒单少，而仁隔绝不得同力，此举适所以弊内外耳。当今不若前军逼围，遣谍通仁，使知外救，以励将士。计北军不过十日，尚足坚守。然后表里俱发，破贼必矣。如有缓救之戮，余为诸军当之。

|建|安|二|十|四|年|

赵俨认为:"现在敌人围得很紧,而大水还没有完全退去,我军势单力薄,与曹仁将军又不通音讯,不能统一行动。不如慢慢靠前,设法与城内联络上,让城里知道我们来了,激励士气。我军的后续部队最多不过十来天就可到达,想必城内还能坚守。到那时内外齐发,必得破敌。"赵俨并且表示,将来如果被追究救援迟缓的责任,由他一个人承担。大家听后,这才不再说什么。不久,曹操以最快的速度调集了殷署、朱盖等十二营的人马来到前线,统归徐晃指挥。这样一来,就可以与关羽展开决战了。

徐晃让人对外宣称要强攻围头,其实真正攻击的目标是四冢,这是一个很聪明的战法。曹军虽胜一仗,但敌人仍然强大,偃城是对手主动放弃的,敌人在这里并没有折损有生力量。如果敌人守住围头、四冢两处营垒不战,短时间内解樊城之围仍然无望。徐晃是来救人的,这是第一任务,为此就不能跟敌人纠缠,采取声东击西的办法把敌人从营垒中调出来以寻机攻击不失为上策。关羽中计,看到四冢有危险,亲自率领五千人马来增援。结果被徐晃找到了机会,在半路进行伏击,关羽退走。徐晃指挥人马趁机杀入敌人的包围圈,关羽所部大败,不少士卒甚至自投汉水而死。

关羽曾经因战败而投降曹操,在曹营待过一段时间,尽管时间不长,却结识了两位好朋友,一个是张辽,另一个就

第五章 洛阳、邺县和樊城（八至闰十月）

是徐晃。在樊城前线，二人再次相见，并且在阵前有过一次交谈。他们不说公事，只唠家常。聊得兴致正高，徐晃突然回头向本营将士大喊："谁能取关云长的首级，重赏黄金千斤！"关羽大吃一惊，对徐晃说："兄弟，你这是什么话？"徐晃一脸正色，说："刚才咱们聊的是私事，现在是国事。"《三国志·关羽传》注引《蜀记》记载：

> 羽与晃宿相爱，遥共语，但说平生，不及军事。须臾，晃下马宣令："得关云长头，赏金千斤。"羽惊怖，谓晃曰："大兄，是何言邪！"晃曰："此国之事耳。"

徐晃指挥增援樊城的这一仗打得很精彩，用较小的代价，在极短的时间里就解了樊城之围，就连十分精通兵法的曹操对此也赞赏有加。曹操特地发布了一道军令，对徐晃予以表彰。表彰令说，敌人建立了层层包围圈，壕沟、鹿角多达十重，而徐晃将军最终获得了全胜，打破了敌人的包围圈，杀死大量敌人。曹操还特意说，自己用兵三十年，所看到的加上听到的古人善用兵的战例，还没有长驱直入攻进敌人包围圈仍能最后取胜的。曹操甚至说，樊城、襄阳的形势比当年莒、即墨之围还严峻，徐将军的战绩胜过了孙武、司马穰苴。《三国志·徐晃传》记载：

| 建 | 安 | 二 | 十 | 四 | 年 |

太祖令曰:"贼围堑鹿角十重,将军致战全胜,遂陷贼围,多斩首虏。吾用兵三十余年,及所闻古之善用兵者,未有长驱径入敌围者也。且樊、襄阳之在围,过于莒、即墨,将军之功,逾孙武、穰苴。"

轻易不说过头话的曹操,对徐晃的赞扬超过了对以往任何武将,这是因为此战实在太重要了,而徐晃打得堪称完美,关键时刻稳住了曹军的局势和军心。徐晃曾打过不少胜仗,但这一仗可谓他的巅峰之作,从战役谋划到临场指挥一气呵成。尤其与关羽临阵交谈时,徐晃关于私事、国事的一番话,更显示出他心中的情与义,为后人称道。

徐晃大破关羽的具体时间在十月底或闰十月初,这从钟繇所上的一份《贺捷表》中可以看出来。钟繇是汉末三国时代的著名书法家,也是曹魏重臣,一个多月前受魏讽谋反案牵连被免官。这份《贺捷表》又称《贺克捷表》《戎路表》《戎辂表》,写于钟繇六十八岁时,是为古代著名书帖之一,《宣和书谱》称:"楷法今之正书也,钟繇《贺克捷表》备尽法度,为正书之祖。"据明代书法家王铎由碑帖所临的作品,《贺捷表》全文如下:

臣繇言:戎路兼行,履险冒寒。臣以无任,不获扈从,企仰悬情，无有宁舍。即日长史逮充宣大令，命知征南将军运田单之奇，厉愤怒之众，与徐晃同势，并力扑讨。表里俱进，应期克捷，馘灭凶逆。贼帅关羽，已被矢刃。傅方反覆，胡修背恩，天道祸淫，不终厥命。奉闻嘉惠，喜不自胜。望路载笑，踊跃逸豫。臣不胜欣庆，谨拜表因便宜上闻。臣繇诚惶诚恐，顿首顿首、死罪死罪。建安廿四年闰月九日，南蕃东武亭侯臣繇上。

大意是：行军打仗，紧张艰苦。我已不能适应军旅生活，也因此不能获准上前线了，但挂念军情战况，日则跐足挂怀，夜则难以安眠。就在今天，长史来通报时，得悉奉魏王之命主持南方军务的征南将军曹仁运田单之奇谋，激励三军将士，与徐晃互相配合，并力作战。内线和外线同时进击，如期克敌制胜，斩获凶恶逆贼的首级。我南乡郡太守傅方和荆州刺史胡修投降关羽，正是"天之道，善者福之，淫者祸之"，使其不得善终。听到这样的喜讯，喜不自胜。但见街道之上欢声笑语，载歌载舞。臣不胜欣庆，便随着自己的心愿拜表上闻魏王。

《贺捷表》中有"贼帅关羽，已被矢刃"之句，有人认为这是关羽战败被杀后所作，由此推断关羽死于建安二十四年(219)闰十月九日之前，但这又与其他多处记载不相符。其实，

建安二十四年

这里的"已被矢刃"指的是当时关羽负了伤而非阵亡。战事激烈,两军厮杀,负伤是常事,关羽在此前不仅臂膀中过箭,而且面颊上也被庞德射过一箭。

徐晃力拒关羽,虽然没能将对手消灭,但顶住了关羽进攻的势头,缓解了襄阳城中守军的压力。徐晃为将,对人对己要求都很严:打了胜仗从不邀功请赏,平时练兵和打仗都不惜力,有时让大家感到吃不消,军中流传起"不得响,属徐晃"的话,意思是跟着徐晃打仗,想清闲片刻都做不到。这话传到徐晃耳朵里,他也不生气,跟部下开玩笑说:"我挝破汝钨錥哉!""钨錥"是破汤罐,这里指脑袋。

这一仗,徐晃打得固然出色,但关羽指挥失误也是一个重要原因。《三国志·廖立传》记载,刘备汉中称王后,被任命为侍中的廖立曾对此战有过评价:"是羽怙恃勇名,作军无法,直以意突耳,故前后数丧师众也。"这个评价虽然有些尖刻,但有一定道理。北伐以来,关羽打得都很顺手,难免有些大意,在指挥上不如徐晃谨慎、精细。此外,综合实力不足也是关羽落败的原因。徐晃本部兵力不详,但至少有一二万人,后续增援来的有十二个营,按当时兵制下每营五千人计算,仅援军总数就达到六七万人。在樊城一带,关羽的总兵力还不到对手的一半,难以取胜也就可以理解了。

第六章 建业(九至闰十月)

|建|安|二|十|四|年|

一、孙权的两难选择

突变的形势既考验着曹操,也考验着孙权。历史就是这样,重大关头机遇稍纵即逝,如果不能立即抓住,机遇不会再来。对孙权来说,关羽突然向曹操发难,如果应对得好,就是自己的一次机遇;如果应对得不好,就是一次危机。

其实,从刘备攻取汉中开始,孙权就一直很紧张。虽然站在盟友的立场,孙权在合肥方向有所行动,算是对刘备的呼应,但孙权考虑更多的,还是利用刘备的行动为自己获取好处。刘备在汉中得手,继而夺取了"上庸三郡",这让孙权很吃惊。赤壁之战后,三分天下的格局慢慢明显起来,总体上是"一强对二弱"的局面,但"二弱"之中也是有差别的。起初,孙权的实力远超刘备,这让孙权在"二弱"中处于主导地位。可是,当刘备拥有了汉中后,这种局面被打破了,如果以所占有的州郡来衡量,孙权已经不如刘备。

以下是当时三方所拥有的郡国情况:

曹操：约六十个郡国

司隶校尉部七个郡，豫州刺史部六个郡国，冀州刺史部九个郡国，兖州刺史部八个郡国，徐州刺史部五个郡国，青州刺史部六个郡国，并州刺史部九个郡。此外，凉州刺史部三至四个郡，扬州刺史部一至二个郡，幽州刺史部五至六个郡。

孙权：约九个郡

扬州刺史部中约四个郡，荆州刺史部中约三个郡，交州刺史部一至二个郡。

刘备：约十六个郡国

益州刺史部约十二个郡国，荆州刺史中约三个郡，凉州刺史部中约一个郡。

以上是按照天下分裂前，东汉十三个州原有郡国情况分析的。曹操、孙权、刘备在各自控制区内分别调整了原有的行政区划，增设了一些郡国。由于情况较为复杂和混乱，此处没有参照。荆州刺史部原有七个郡，目前为三方分别占领，

|建|安|二|十|四|年|

北部的南阳郡大部分在曹操手中，剩下六个郡，刘备、孙权约各占一半；刘备占有的凉州刺史部约一个郡，是指在占领汉中的同时向西部武威郡、阴平郡拓展的部分地区，"上庸三郡"多在原汉中郡范围内，不单独计算；扬州刺史部原六个郡，孙权占有江南四郡，江北的两个郡为孙权与曹操分别占领，各算约一个郡。除曹操、刘备、孙权三方外，幽州刺史部有公孙氏、交州刺史部有士氏，均为相对独立的势力。还有凉州刺史部的一些偏远郡国，目前也处在地方割据势力实际控制下，为三方所尚未涉及的地区。

刘备占领成都，继而占领汉中，加上荆州的一部分地区，实现了"跨有荆益"的目标。如果关羽再将襄阳、樊城占领，使其与"上庸三郡"连成一片，刘备就将控制长江上中游地区和整个汉水流域，无论在地盘上，还是在人口、经济实力上，都远超孙权。过去是"一强对二弱"，现在局势依然没变，但"二弱"中的格局却变了，孙权由主导者变成跟随者，这是孙权不希望看到的。正如蒋济和司马懿分析的那样，孙权固然忌惮曹操这只"猛虎"，但何尝放心刘备这头"狼"？孙刘联盟本就是在特殊局势下形成的，为的是互相借力，共同对付强敌，而现在原有的平衡被打破了，敌与友的界限也就变得模糊起来。

对孙权来说，现在面临着两难选择：如果继续站在刘备一边，帮助刘备、关羽来对付曹操，曹操很可能会延续败退的局面，至少会被挤出荆州，但曹操退出的地盘也将归刘备所有，刘备集团的总体实力将进一步上升，到那时，孙权不仅要面对曹操这个宿敌，还要防范刘备这个新崛起的敌人；如果背弃孙权联盟，站在曹操的一边，帮助曹操对付刘备、关羽，以目前三方在荆州地区的实力对比看，关羽将由胜转败，但那样一来，曹操的势力也将卷土重来。当然，孙权还有另外的选择，那就是坐山观虎斗，既不支持曹操，也不支持刘备，让他们继续杀得你死我活，待局势明晰后再做决定。但这是一种消极的做法，容易丧失机遇，换作刘表也许会这么选，但孙权不会。

分析了利弊后，孙权选择了后一种方案，即站在曹操一边对付刘备、关羽。之所以这样选，理由可能有三点。一是这种方案最有把握，如果联手曹操来对付关羽，其结果大概没有悬念，关羽必败；而联手关羽对付曹操，则胜负尚难预料。二是以目前曹操方面的状态看，考虑最多的还是解樊城和襄阳之围。两场大败之后，曹操大概没有更大的企图，不会在樊城、襄阳之围解除后立即在荆州用兵，那么打败关羽后，刘备在荆州的势力范围将尽归自己所有。三是曹操也有这样的打算和规划，主动派人来联系，并且"许割江南以封权"。对于这样的承诺，自然不能完全相信，但局势摆在那里，只要自己决心大，情势使然，到那时也由不得曹操不兑现承诺。

|建|安|二|十|四|年|

二、关羽的傲慢

孙权选择站在曹操一边,还有一个因素也很重要,这与关羽有关。刘备留关羽在荆州,孙权也曾想与关羽建立良好关系,尤其鲁肃在世时,孙权受鲁肃的影响对孙刘联盟颇为重视。为拉拢关羽,孙权甚至想跟关羽结成儿女亲家。利用婚姻达到政治目的是汉末三国流行的手段,孙权就曾把妹妹嫁给了刘备。可是,关羽对孙权的示好并不领情,不仅不答应这门婚事,还破口大骂,羞辱孙权派来的人,这让孙权极为愤怒。《三国志·关羽传》记载:

先是,权遣使为子索羽女,羽骂辱其使,不许婚,权大怒。

孙权有七个儿子,史书没有记载是为哪一个儿子求亲,但不管是哪一个,这样的事都是大事,不是儿戏,说明孙权很真诚,但关羽根本不给面子。就此,有人认为双方联姻对刘备集团来说同样是一件大事,关羽自己做不了主,所以拒绝。但这没有多少道理,关羽如果做不了主,可以请示刘备,即便刘备不同意,关羽也用不着骂人家。关羽拒绝孙权完全出于自己的好恶,原因可能有以下几点:

一是关羽性格高傲。 关羽一向看不起人,本阵营的马超、黄忠都瞧不上，何况孙权？关羽成名很早，早在官渡之战前后，就已经是朝廷正式任命的高级将领；此后力斩颜良，曹操都刻意拉拢，关羽那时便名扬天下。关羽独自镇守荆州多年，在此期间荆州总体形势不错，关羽成为"一方大员"，各方面的恭维、赞美之声想必不少，诸葛亮都写信夸赞他，关羽有些骄傲。

二是关羽缺乏战略眼光。关羽无疑是一流的猛将，但不是战略家，对维护孙刘联盟的重要性认识不够，不懂得利用婚姻手段维护盟友关系。在这一点上，关羽远不如孙权。孙权为维护孙刘联盟，不惜把妹妹嫁给大了她二十多岁的刘备。关羽只凭自己的好恶行事，在政治上不够成熟。

三是关羽对孙权有怨气。孙权为儿子求亲发生在偷袭荆州之前，再往前就是益阳城外的"单刀会"。关羽与鲁肃斗阵，按照关羽的脾气，他肯定想一刀斩了鲁肃，之后杀向江东，但那时刘备正准备攻打汉中，必须求孙权帮忙，所以让步了。"单刀会"的结果是刘备出让了荆州在江南的长沙等三个郡，算是"割地求和"，关羽作为荆州方面的负责人自然脸上无光。黄忠等人在别处攻城夺地，自己在这里"丧权辱国"，关羽把怨气都积攒到了孙权身上，对孙权自然没好气。

四是关羽对女儿的婚事或许另有打算。史书记载，关羽有两个儿子，分别是关平、关兴，至于有几个女儿则不详，有一至两个较为合理。如果关羽只有一个女儿，他肯定不愿意把女儿轻易嫁出去。刘备的长子刘禅慢慢成人，接班人的定位已经明确，如果自己的女儿能嫁给刘禅，未来就是蜀汉的王妃、皇后，关羽没准儿有这样的打算。当然，关羽的这个想法没有实现，刘备称汉中王后，立刘禅为王太子，同时让刘禅娶张飞的女儿为妻，张飞的女儿因此成为太子妃。刘备为什么这样选择？不太清楚，但那是另一回事了。

应该说，关羽是一个性情中人，也是一个性格非常突出的人，恩怨分明，重情重义，不会绕弯子，有什么说什么，心里怎么想，脸上就挂着什么。这样的人做朋友没问题，但不适合搞政治，也不适合独当一面。

三、示好与示弱

吕蒙是孙权指定的荆州事务负责人，之前就提出过突袭关羽的想法，只是那时时机并不成熟，所以一直没有行动。吕蒙为麻痹关羽，在主持荆州事务这一段时间里还刻意与关羽搞好关系。《三国志·吕蒙传》记载："及蒙代肃，初至陆口，外倍修恩厚，与羽结好。"等到关羽率主力北上，后方空虚，吕蒙认为时机终于到了，立即写信给孙权，提出建议：

第六章 | 建业（九至闰十月）

>羽讨樊而多留备兵，必恐蒙图其后故也。蒙常有病，乞分士众还建业，以治疾为名。羽闻之，必撤备兵，尽赴襄阳。大军浮江，昼夜驰上，袭其空虚，则南郡可下，而羽可禽也。

吕蒙认为，最好的办法就是突然发起攻击。鉴于关羽还留有一部分兵力布防在长江一线，可以考虑进一步麻痹关羽，让他把这一部分人马调走。孙权同意吕蒙的方案，以"露檄"的方式召吕蒙回建业养病。"露檄"即公开发布的命令，类似公告。大军主帅有变动，这本是机密，但孙权似乎怕关羽不知道似的。关羽很快知道了，他应该想想孙权为什么这样做，背后是不是有阴谋，关羽却没有多想。一方面，关羽此时的全部精力都用在了对付曹军上，其他的事情没有想得太多；另一方面，吕蒙的身体情况确实不好，一直有病，这在当时并不是秘密。

吕蒙离开荆州，确实让关羽松了一口气。周瑜、鲁肃逝世之后，江东最有能力的统兵将领就是吕蒙了。在孙权亲自选拔培养的年轻一代的将领中，吕蒙显得非常突出。除作战勇敢，吕蒙还很重视学习与思考，提高得很快。《三国志·吕蒙传》注引《江表传》记载，吕蒙开始并不喜欢读书，孙权有一回对他和另一位青年将领蒋钦说应该多读读书，这样有好处，吕蒙回答说军中事务繁忙，根本没有时间读书。孙权

|建|安|二|十|四|年|

于是耐心地给吕蒙上了一课,从自己的读书体会讲起,说明勤学的重要。这次谈话打动了吕蒙,改变了他对读书的看法,于是开始发奋学习,平时手不释卷,经过长期的坚持和积累,学问居然超过了一些文人。《江表传》还记载,鲁肃对吕蒙的进步感到不可思议,跟他开玩笑说:"现在你的学识这么好,既有武力又有谋略,再也不是过去的'吴下阿蒙'了。"吕蒙回答:"士别三日,即更刮目相待!"孙权也曾感叹:"人长而进益,如吕蒙、蒋钦,盖不可及也。富贵荣显,更能折节好学,耽悦书传,轻财尚义,所行可迹,并作国士,不亦休乎!"

《太平广记》中记述了一件事,说在吕蒙所潜心攻读的书中,《易经》是重要的一部。一次,吕蒙酒醉之后,睡在已故孙策的旧座上,沉睡中竟然将《易经》诵读了一遍,然后惊醒。众人问他怎么醒了,他说:"向梦见伏羲、文王、周公,与我言论世祚兴亡之事,日月广明之道,莫不穷精极妙;未该玄言,政空诵其文耳。"意思是,刚才梦见伏羲、周文王、周公,和我谈论世代治乱兴衰的事情,还有日月宇宙变化之理,无不精妙之极,我也忍不住诵读起文章来。众人听了,大为惊异。这件事虽然颇具传奇性,但从心理学角度看,一个人如果太专注于某件事,就会将它带入梦境中。吕蒙刻苦学习,到了手不释卷的程度,在梦中诵读经典也并非不可能,所以这个梦未必是后人虚构出来的。

对于吕蒙这样的对手，关羽自然不敢大意，而吕蒙夺取荆州三郡的手段让关羽印象更深刻。现在，吕蒙居然病得不轻，不得不离开荆州。关羽听到这个消息时，心中一定掠过"天助我也"的念头吧？不仅如此，在此前后，孙权方面还不断向关羽示弱与示好。孙权派人来见关羽，主动表示愿意出兵协助对抗曹军，关羽自然答应了。可是，孙权暗中下令给前去"支援"的人马，让他们不要行进得太快，这令关羽十分不满，对孙权派去的人大发雷霆。孙权得知后，赶紧亲自写信给关羽赔礼道歉，表示自己将亲自率兵前往。《三国志·关羽传》注引《典略》记载：

羽围樊，权遣使求助之，敕使莫速进，又遣主簿先致命于羽。羽忿其淹迟，又自己得于禁等，乃骂曰："狢子敢尔，如使樊城拔，吾不能灭汝邪！"权闻之，知其轻己，伪手书以谢羽，许以自往。

当然，这些都是孙权故意做出来的。先示好，再故意激怒关羽，再示弱。这一连串动作的目的只有一个，那就是让关羽相信自己是安分守己的，没有任何野心，让关羽放心大胆在前方作战，从而放松后方的戒备。在背后，孙权却在紧锣密鼓地策划着袭取关羽后方的行动。

|建|安|二|十|四|年|

四、陆逊走上前台

  吕蒙由陆口返回建业，路过芜湖（今安徽省芜湖市），守卫这里的是定威校尉陆逊。陆逊比吕蒙小五岁，虽然只是一名校尉，但资历并不浅。陆逊出身于吴郡陆氏家族，该家族号称吴郡"四大家族"之一。陆逊的祖父陆纡担任过城门校尉，父亲陆骏担任过九江郡都尉。陆逊十岁丧父，跟着爷爷的兄弟、庐江郡太守陆康一起生活。

  当年，袁术杀了扬州刺史陈温，占据淮南，向庐江郡太守陆康借三万斛米，陆康不给，袁术派孙策攻击陆康。这一仗打了两年，城陷，陆康发病而死。孙氏和陆氏虽同出吴郡，但自此结下了仇恨。孙策围城前，陆康预感不妙，让族人带着陆逊回到吴郡，陆逊那时只有十二岁。陆康的儿子陆绩年龄更小，只有六岁，陆逊便承担起家族门户的重任。孙权掌事后，为化解与陆氏的矛盾，争取吴郡大族的支持，便征陆逊、陆绩到自己身边做事。孙权担任讨虏将军时，陆逊在其将军府中任职，担任过东曹和西曹的令史，陆绩担任过奏曹掾。陆逊后来出任海昌屯田都尉，因功被提拔为定威校尉。陆逊表现出的突出才干受到孙权的器重，孙权经常找他讨论治国之策。两年前，费栈被曹操策反，在丹阳郡煽动山越起事，孙权命陆逊率兵征伐，之后便驻扎在芜湖。

听说吕蒙来了，陆逊专程去看望，二人做了一番长谈。谈话中，陆逊对吕蒙说："关羽大军压境，您怎么在此时离开？难道不担心吗？"因为涉及最高军事机密，吕蒙没打算告诉陆逊真相，只是说："你说得有道理，但是我确实病得很厉害。"陆逊不以为然，对吕蒙说："关羽正在气盛之时，一心北进，对我们没有防备，又听说您病了，更没了戒备心。如果现在出其不意，必将一战而擒，您见到主公时应该提出这样的建议。"吕蒙听完，吃了一惊，如今轮到他对陆逊刮目相看了。但吕蒙还不想把话挑明，而是对陆逊说："关羽一向勇猛，而且势力越来越大，并不是那么好对付的。"这是一次重要的谈话，让吕蒙对陆逊有了新的认识。《三国志·陆逊传》是这样记载的：

> 吕蒙称疾诣建业，逊往见之，谓曰："关羽接境，如何远下，后不当可忧也？"蒙曰："诚如来言，然我病笃。"逊曰："羽矜其骁气，陵轹于人。始有大功，意骄志逸，但务北进，未嫌于我，有相闻病，必益无备。今出其不意，自可禽制。下见至尊，宜好为计。"蒙曰："羽素勇猛，既难为敌，且已据荆州，恩信大行，兼始有功，胆势益盛，未易图也。"

看来，在孙权手下的主要将领中，"鹰派"已经占据上风，陆逊的见解与吕蒙完全一致。不仅陆逊持这样的看法，孙权的女婿、奋威校尉全琮也是这样看的。《三国志·全琮传》记载："建安二十四年（219），刘备将关羽围樊、襄阳，琮上疏陈羽可讨之计，权时已与吕蒙阴议袭之，恐事泄，故寝琮表不答。"孙权这样做是对的，这件事必须高度保密，一旦泄露，不仅计划将落空，而且会遭到关羽的报复，必须慎之又慎。

吕蒙回到了建业，孙权问谁可以替他负责荆州事务，吕蒙当即推荐了陆逊。《三国志·吕蒙传》记载，吕蒙对陆逊的评价是："陆逊意思深长，才堪负重，观其规虑，终可大任；而未有远名，非羽所忌，无复是过。若用之，当令外自韬隐，内察形便，然后可克。"一方面，陆逊的远见卓识让吕蒙欣赏。以陆逊代替自己还有另外的好处，那就是陆逊虽然很有能力，但名气这时还不大，不会引起关羽的警惕。吕蒙认为，陆逊如果前去接任，对外隐藏锋芒，对内则加紧备战，一定可以成功。另一方面，吕蒙还有更深的考虑。陆逊是孙权的侄女婿，孙权把哥哥孙策的女儿许配给了陆逊，因为这层关系，孙权必然对陆逊是完全放心的，推荐陆逊便没有任何顾虑。

孙权于是提拔陆逊为偏将军，同时担任右部督，进驻陆口。"右部督"即右部的都督，古人以东为左，以西为右，如"江东"也称"江左"，所以"右部督"可以理解为全面指挥孙权集团在西线各支部队的总负责人，这些部队主要集中在荆州地区。有人总结，孙权手下有所谓"四大都督"，分别是周瑜、鲁肃、吕蒙、陆逊。其实,"都督"在汉末三国之前很少被提及,汉末三国时才开始大量出现,情况也比较复杂,通常有两种:一个是所谓都督区的负责人,而都督区可大可小;另一个是临时的军事负责人,赤壁之战时,周瑜担任左都督,程普是右都督,相当于"前敌的总指挥"和"前敌副总指挥"。相对于过去的军衔体系,都督更加灵活。至于说"大都督",在史书的记载中,只有陆逊担任过,一次是在后来的夷陵之战中,另一次是在后来的石亭之战中,而史书并没有周瑜等人担任过大都督的记载。

陆逊担任右部督,便由芜湖前进至陆口,这里距关羽的后方基地南郡已经不太远了。《三国志·陆逊传》记载,一到陆口,陆逊就给关羽写了一封信,表达自己的敬仰之情,态度十分谦卑,信中写道:"前承观衅而动,以律行师,小举大克,一何巍巍!敌国败绩,利在同盟,闻庆拊节,想遂席卷,共奖王纲。近以不敏,受任来西,延慕光尘,思禀良规。"陆逊先猛夸关羽,说关羽瞅准曹操的破绽果断出击,没费多大力气就取得大胜,功劳何等巍然不凡。敌国的失败就是盟友的喜讯,所以自己一听到这样的好消息就不禁手舞足蹈,衷心希望关将军能横扫北方,共同扶助汉室。自己接受任命来到陆口,也是为仰慕将军的风采,渴望听到将军的教诲。这些话简直到了肉麻的程度,不仅如此,陆逊还写道:

| 建 | 安 | 二 | 十 | 四 | 年 |

于禁等见获,遐迩欣叹,以为将军之勋足以长世,虽昔晋文城濮之师,淮阴拔赵之略,蔑以尚兹。闻徐晃等少骑驻旌,阚望麾葆。操猾虏也,忿不思难,恐潜增众,以逞其心。虽云师老,犹有骁悍。且战捷之后,常苦轻敌,古人杖术,军胜弥警,愿将军广为方计,以全独克。仆书生疏迟,忝所不堪,喜邻威德,乐自倾尽,虽未合策,犹可怀也。傥明注仰,有以察之。

陆逊说:"自己只不过是一介书生,为人粗疏迟钝,没有能力担负现在的重任,幸而与将军您这样德高望重的人为邻。现在愿意把心里的真实想法都说出来,不一定对,提供您作为参考。并望将军多关照、多加指导。"关羽看到这封信,可能会品出陆逊是在有意向自己暗示什么的意思,比如有意向自己效忠以求有个好前程。关羽对吕蒙自然非常熟悉,也十分关注,但对于刚刚由校尉升为偏将军的陆逊,关羽了解得恐怕就少多了。面对陆逊异乎寻常的谦卑,关羽上当了。

在关羽看来,孙吴自周瑜、鲁肃以后,只有吕蒙还有两下子。吕蒙现在生病回了建业,那剩下的人都不是自己的对手了。对这个小自己二十多岁的陆逊,关羽自然没有放在眼里。身在樊城前线,正为战事不顺而烦恼的关羽,对后方已经完全放下心来。关羽下令,将留驻在南郡、公安等地的人马又调了一部分到樊城前线。

第七章　南郡（十一月）

| 建 | 安 | 二 | 十 | 四 | 年 |

一、"湘关取米"风波

陆逊密报孙权,认为时机差不多了,可以动手了。孙权立即秘密调集兵马,准备袭取关羽的后方。孙权原打算任命自己的堂弟、征虏将军孙皎为左部大都督,以吕蒙为右部大都督,但吕蒙对这个安排有不同意见。吕蒙向孙权提出,如果觉得孙皎可用就用他,觉得自己可用就用自己,不能二人都用。吕蒙还以赤壁之战为例,认为当初周瑜、程普分任左、右部督,虽决断权在周瑜,但程普自恃资格老,又都是都督,因此不团结,差点儿坏了国家大事。吕蒙说这些话也许会受到猜忌,但他仍站在战役胜负的角度敢于直言。孙权十分欣赏吕蒙的这种性格,向他道歉,撤回对孙皎的任命,让孙皎负责后勤,而让吕蒙成为唯一的战役负责人。《三国志·孙皎传》记载:

权欲令皎与蒙为左右部大督,蒙说权曰:"若至尊以征虏

第七章 南郡（十一月）

能，宜用之；以蒙能，宜用蒙。昔周瑜、程普为左右部督，共攻江陵，虽事决于瑜，普自恃久将，且俱是督，遂共不睦，几败国事，此目前之戒也。"权寤，谢蒙曰："以卿为大督，命皎为后继。"

下定决心后，孙权决定向曹操通报一下情况。《资治通鉴·汉纪六十》记载，孙权给曹操写了封信，通报自己将讨伐关羽，但同时请求曹操不要泄露这个机密，以免"令羽有备"。曹操征询众人意见，大家都觉得孙权如果从背后动手是一件大好事，为了保证孙权那边顺利得手，应该替孙权保密。

但董昭的看法不同，他认为用兵在于谋变，以追求最大利益为目标，可以许诺孙权替他保密，但不妨把这个情报透露出去，有意让关羽知道。关羽如果退兵自卫，樊城之围顿解，之后让孙权、关羽二贼相斗，他们可坐收渔利。董昭还认为，在樊城被围的于禁所部不知道外面正在营救，而且粮食不足，容易丧失信心，如果因而生变，情况将难以预料，可以把这个情报也告诉他们。至于关羽，此人"为人强梁"，即使得到情报，也不会马上退军。

曹操认为董昭的分析有理，就命令徐晃把孙权的信抄了若干份，故意射落到关羽营里，同时也射到樊城内。樊城的守军看到信，顿时士气百倍。《三国志·赵俨传》记载："诸将

|建|安|二|十|四|年|

皆喜，便作地道，箭飞书与仁，消息数通，北军亦至，并势大战。"关羽也看到了信，信中所言让关羽十分紧张。孙权会不会在背后举刀？关羽既不敢全信，但也不敢不信，果然犹豫不决起来。

孙权虽然下了决心，但又觉得孙刘联盟已为天下人所知，自己先翻脸必然在政治舆论上陷入被动，所以最好能找到一个出兵的借口。恰在此时发生了"湘关抢米"事件，给了孙权一个动手的理由。当年孙、刘两家以湘水为界，重新划分了江南各郡的势力范围，湘水以西归刘备，湘水以东归孙权。湘水成了双方的界河，为便于贸易和人员往来，双方在湘水上设了不少关口。关羽在樊城外一下子俘虏了于禁所部好几万人，军粮供应不上，关羽命令后方人员擅自渡过湘水，抢了孙吴的米。孙权听到报告，认为时机彻底成熟了，于是开始行动。《三国志·吕蒙传》记载：

魏使于禁救樊，羽尽禽禁等，人马数万。托以粮乏，擅取湘关米。权闻之，遂行。

关羽八月开始北伐，至十一月已三个月，考虑到本年闰十月，实际时间已长达四个月。大军北上，最头痛的问题依然是粮食。不仅关羽所部粮食紧张，而且在樊城外被俘虏的于禁以下数万曹军将士也要吃饭。《三国志·吴主传》记载:"会汉水暴起,羽以舟兵尽虏禁等步骑三万送江陵。"根据这条记载,关羽对数万名俘虏的处置办法是用船运回江陵。这里简单的一句话,却包含着太多需要克服的实际困难,因为即便有充足的船只,要完成数万人的转运也是一项浩大的工程。在古代,船只航行主要凭借风力及人力,故而航速有限。《唐会要》卷八十七记载:"水行之程,舟之重者。溯河日三十里,江四十里,余水四十五里。空舟溯河四十里,江五十里,余

湘关位置示意图

水六十里。"唐朝的航运水平肯定在东汉之上，而唐朝的一里也相当于汉朝的一点二七里，根据这个来测算，由襄阳沿汉水顺流而下，要进入长江就需要约九天，再沿长江逆流而上到达江陵，又需要约七天，加在一起需要至少半个月，这半个月里，数万人马的粮食消耗就是一个天文数字。由于襄阳、樊城及汉水沿岸的一部分地区之前并不在关羽的控制下，无法就地获取大量的补给，就需要关羽从前线将士的口粮中拨出一大笔来用于转运俘虏。所以，关羽所部的粮食供应确实紧张，而不是关羽为抢米故意找来的借口。大概考虑到这一点，所以《资治通鉴》将"托以粮乏"改为"粮食乏绝"。

关羽在情急之下，派人到湘关"取米"。如果当年湘水分界时，湘关已明确归孙权所有，那无论是什么原因，关羽擅自"取米"都是没有道理的，也是不明智的。因为这将使孙权有了向关羽动手的绝好的借口，至少会迷惑一些人，减轻孙权因背信行为而承担的舆论指责。

关羽这样做，是被"粮荒"逼急了，还是战略上缺乏远见呢？看来二者都有。但也有人提出不同看法，认为这是"亲孙派"史书伪造出来的。关于"湘关取米"事件，原始史料仅见于《三国志·吕蒙传》，其他史书及《三国志》的其他传记均未提。考察《三国志》的史料来源，可以看出，其《魏书》大量采用了王沈等人所撰的《魏书》、鱼豢所撰的《魏略》，而《吴书》则大量采用了韦曜等人撰写的《吴书》。韦曜是孙吴史官,《吴书》是孙吴官修的国史,自然存在美化孙吴的倾向。

为说明这一点,可以举一个例子。之前发生在益州城外的"单刀会",《吴书》的记载颇为详尽:"肃曰:'今日之事,宜相开譬。刘备负国,是非未决,羽亦何敢重欲干命!'乃趋就羽。羽曰:'乌林之役,左将军身在行间,寝不脱介,戮力破魏,岂得徒劳,无一块壤,而足下来欲收地邪?'肃曰:'不然。始与豫州观于长阪,豫州之众不当一校,计穷虑极,志势摧弱,图欲远窜,望不及此。主上矜愍豫州之身,无有处所,不爱土地士人之力,使有所庇荫以济其患,而豫州私独饰情,愆德隳好。今已藉手于西州矣,又欲翦并荆州之土,斯盖凡夫所不忍行,而况整领人物之主乎!肃闻贪而弃义,必为祸阶。吾子属当重任,曾不能明道处分,以义辅时,而负恃弱众以图力争,师曲为老,将何获济?'羽无以答。"《三国志》的作者陈寿参考了这一记载及其他史料,将其中尊鲁肃、贬关羽的色彩大为弱化,重新整理如下:

> 肃邀羽相见,各驻兵马百步上,但请将军单刀俱会。肃因责数羽曰:"国家区区本以土地借卿家者,卿家军败远来,无以为资故也。今已得益州,既无奉还之意,但求三郡,又不从命。"语未究竟,坐有一人曰:"夫土地者,惟德所在耳,

何常之有！"肃厉声呵之，辞色甚切。羽操刀起谓曰："此自国家事，是人何知！"目使之去。

正因为如此，有人怀疑所谓"湘关取米"其实是"亲孙派"史书捏造的。双方隔湘水而对，平时偶尔有些摩擦，也是正常的，但结果被夸大了。这件事也许关羽事先并不知情，更谈不上亲自指使了。这种观点也有一些道理，《三国志集解》中，赵一清引《方舆纪要》："湘口关在永州府北十里，潇、湘二水合流处也。"按照其位置，湘关或湘口关应在今湖南省永州市境内，距当时关羽所在的樊城前线十分遥远，关羽亲自指挥部下在这里抢米，似乎不合情理。

相对于刘备集团，孙权方面更注重舆论战，尤其重视利用修史和文艺作品打击对手。围绕曹操有许多负面事件，其中相当一些来自《曹瞒传》这部书，《旧唐志》署其撰人为"吴人作"，应是当时孙吴方面组织人员撰写的。孙权此次背弃长期以来所坚持的孙刘联盟，当然知道自己理亏，所以孙吴政权后来在这件事情的舆论宣传方面也下足了功夫。《晋书·乐志》记载，孙吴命韦曜后来制作了鼓吹十二曲，其中第七首名叫《关背德》，《古今乐录》称其"言蜀将关羽背弃吴德，心怀不轨，孙权引师浮江而擒之也"。从这些迹象看，"湘关取米"要么是孙吴方面虚构出来的事件，要么是孙权指使人故意激化出来的事件，以作为向关羽发难的借口。《关背德》曲词如下：

> 关背德，作鸱张。
> 割我邑城，图不祥。
> 称兵北伐，围樊、襄阳。
> 嗟臂大于股，将受其殃。
> 巍巍吴圣主，睿德与玄通。
> 与玄通，亲任吕蒙。
> 泛舟洪泛池，溯涉长江。
> 神武一何桓桓，声烈正与风翔。
> 历抚江安城，大据郢邦。
> 虏羽授首，百蛮咸来同，盛哉无比隆。

二、"白衣渡江"

大约在建安二十四年（219）闰十月底至十一月初之间，吕蒙悄悄抵达柴桑以西的寻阳（今湖北省黄梅县），在此组织精兵和船只，准备向关羽的后方发起突袭。临行前，吕蒙向孙权提出一个额外请求：让虞翻与自己同行。

虞翻是江东会稽郡人，虞氏是本郡大族。虞翻从小才气

|建|安|二|十|四|年|

很高,也很好学。与一般孩子相比,虞翻属于又好强、脾气又有些倔的一类。《三国志·虞翻传》记载,虞翻十二岁时,哥哥的朋友来家中做客,客人没搭理他,虞翻很不高兴。人家走后,虞翻马上给对方写了封信,信中写道:"仆闻虎魄不取腐芥,磁石不受曲针,过而不存,不亦宜乎!"意思是,听说琥珀不粘腐烂的草,磁石不去吸弯了的针,碰面连个招呼都不打,太不应该了吧!看到这样的话,大家都感到惊讶不已,虞翻的名气于是传开了。当时的会稽郡太守名叫王朗,是位名士,听说虞翻挺有名气,就聘请他当郡里的功曹。这时,孙策平定江东,会稽郡是孙策进攻的重点。孙策进兵的时候正值虞翻的父亲去世了,按礼制他要在家中守丧,不问政事,但听说大兵压境,虞翻顾不上那么多,穿着孝服就来见王朗。王朗传令见他,虞翻把孝服一脱,马上来到王朗面前。虞翻对王朗说,孙策势头很猛,不可与之争锋,最好的办法是撤出会稽郡,先找个地方躲避一下。但王朗不听,决意一战。果然,王朗不是孙策的对手,于是从海上逃亡,虞翻一路随行。他们逃到了侯官县(今福建省福州市),侯官县长闭城不受,一行人眼看进退无路。关键时刻,虞翻只身进城,一番话竟然说服了县令,城门打开,王朗等人才有了落脚之地。

后来,王朗还是被孙策俘虏了。孙策自任会稽郡太守,考虑到虞翻的能力和名气,加上虞氏在本地又有很大的影响

第七章 南郡（十一月）

力，孙策继续聘虞翻为郡功曹。这时，江东只有豫章郡还不在孙策手中，豫章郡太守华歆拒不投降。虞翻奉命劝降，他戴上葛巾，身穿便服，径直来到豫章郡见华歆，一番劝导，华歆竟然投降了。庆功宴上，孙策对虞翻说："中原那帮文士喜欢相聚谈论，想让您去趟许县，杀杀他们的威风。"虞翻不想去，半开玩笑地对孙策说："我的将军，您的宝贝，拿给人家看，如果被人家留下来不还，您就没有优秀的辅佐人才了！"孙策大笑，认为是这个道理。孙策死后，孙权接班，孙氏内部有人不服。孙权的父亲孙坚有个弟弟叫孙静，他的儿子孙暠担任定武中郎将，驻扎在乌程，打算拥兵自立，已经下达了命令，准备攻打附近的会稽郡。虞翻听到消息，向上面汇报已来不及，干脆直接跑去见孙暠。又是一番话下来，孙暠放弃了原先的打算。

孙权掌权后，改任虞翻为骑都尉，这是个军职，但不是很高。虞翻跟孙权的关系也大不如之前与孙策那样亲密无间。虞翻本事很大，但脾气更大，说话很直，"性不协俗"，意思是比较清高，不能跟大家打成一片。虞翻在孙权面前多次犯颜诤谏，有时让孙权下不了台，孙权一生气，把他关在丹阳郡泾县（今安徽省泾县）思过，虞翻在此度过了很长一段时光，直到吕蒙把他请出来。吕蒙有病，虞翻懂医术，这是吕蒙要人的理由。此外，吕蒙同情虞翻的遭遇，也想借此机会让他

|建|安|二|十|四|年|

重新开始。不过,这些还不是全部理由,吕蒙这时候想到虞翻,不仅看中他的医术和名望,更看中他出色的口才,这一点在后面将发挥极大作用。《三国志·虞翻传》记载:

吕蒙图取关羽,称疾还建业,以翻兼知医术,请以自随,亦欲因此令翻得释也。

准备工作做完后,吕蒙就组织精兵和船只沿长江西进了。为了保密,吕蒙下令把士兵藏在船舱里,让人穿着老百姓的衣服划船;还有些人扮作商人,昼夜不停地逆流而上。长江沿岸有关羽布置的驻军和哨兵,即"屯候",吕蒙把他们全都抓起来,所以关羽并不知道背后发生的情况。《三国志·吕蒙传》记载:

蒙至寻阳,尽伏其精兵䑠艚中,使白衣摇橹,作商贾人服,昼夜兼行,至羽所置江边屯候,尽收缚之,是故羽不闻知。

此处的"白衣"并非白色的衣服。虽然古人与今人生活习俗不太一样,但白色的衣服通常较少穿着,因为它比较醒目,又不耐脏,划船的时候穿白色的衣服显然不合适。更何况,那时已到了农历十一月,正是冬天,穿白颜色的衣服不符合季节特点。

第七章 | 南郡（十一月）

那么，"白衣"是什么呢？其实，这里的"白衣"指的是普通百姓的衣服，既不是官服，也不是军装，所以也有将"白衣""白身"指代无功名、无官位的老百姓的，如《汉书·龚胜传》记载："尚书使胜问常，常连恨胜，即应曰：'闻之白衣，戒君勿言也，奏事不详，妄作触罪。'"颜师古作注："白衣，给官府趋走贱人，若今诸司亭长掌固之属。"顾炎武在《日知录》中也有类似解释："白衣，但官府之役耳，若侍卫则不然。"

所以，吕蒙命将士换上"白衣"，并不是改穿白色的衣服，而是换上老百姓的服装，其中也包括"商贾人服"。当时，吴蜀之间表面上还是同盟关系，双方有正常的人员和商业往来，沿长江一线保持着通商，商人划船在江上行走并不容易引起怀疑。《三国演义》在这一点上的理解似乎有点儿问题，好像认为"白衣"就是白色的衣服："蒙拜谢，点兵三万，快船八十余只，选会水者扮作商人，皆穿白衣，在船上摇橹，却将精兵伏于船中。"不过，"皆穿白衣"也可以按照《三国志》的意思去理解，所以《三国演义》里的写法也可以自我辩护。但到拍电视剧的时候，一个个都穿着白色服装甚至还披着白色斗篷，这就显得多余了。这是秘密行动，怕的就是引人注目，反而在大冬天穿得如此惹人注意，这是违反常识的。

孙权之前曾向关羽表示，自己将率人马前往支援。既如此，吕蒙为什么还要搞出来一个"白衣渡江"呢？为什么不指挥人马大摇大摆前往呢？有人发现了这个问题，比如裴松之在为《三国志·吕蒙传》作注时就指出："臣松之以为荆、吴虽外睦，而内相猜防，故权之袭羽，潜师密发。按吕蒙传云：'伏精兵于䑠艨之中，使白衣摇橹，作商贾服。'以此言之，羽不求助于权，权必不语羽当往也。若许相援助，何故匿其形迹乎？"裴松之质疑的大概是孙权表示将前往支援的记载。但其实这些并不矛盾，如果孙权以支援关羽的名义前往，那只能向西北方向的襄阳、樊城进发，沿长江向西是关羽的大后方，孙权的军队想大摇大摆往那里去是没有道理的。

三、降将何其多

吕蒙指挥大军秘密进入南郡境内，而蜀军还毫无察觉。关羽留在后方负责军政事务的是南郡太守糜芳和将军傅士仁。《三国志》载有杨戏撰写的《蜀汉辅臣赞》，陈寿为其补注："糜芳字子方，东海人也，为南郡太守。士仁字君义，广阳人也，为将军，住公安，统属关羽。"这里记载的是"士仁"。尽管"士"也是姓氏，如汉末交州刺史士燮就很有名气，但这里可能是省略了姓氏，一般认为应该是"傅士仁"，《资治通鉴》也采用此说。史书关于傅士仁的情况记载较少，只知道他很早就追随刘备，时间可以上推到刘备还在幽州时，在刘备阵营里

第七章 南郡（十一月）

具备这样资历的人并不多，重要人物中只有关羽、张飞和赵云几位。糜芳是在徐州期间追随刘备的，他与兄长糜竺出身富豪之家，在刘备最困难的时候全力相助，帮刘备渡过了难关，还把妹妹嫁给了刘备，即刘备的糜夫人。

一个是刘备的老部下，一个是刘备的"大舅哥"，按理说跟关羽比较容易相处，情况却恰恰相反。关羽向来心高气傲，一直瞧不起这两个人。此次出兵，糜芳、傅士仁负责后勤保障。前方对粮食等物资需求量极大，要得也急，中间难免有供应不及时的地方，关羽很生气，威胁说回来后要收拾他们。关羽这个人做事不讲情面，糜芳和傅士仁知道他说到就会做到，因此忧心忡忡。《三国志·关羽传》记载：

> 又南郡太守糜芳在江陵，将军士仁屯公安，素皆嫌羽轻己。羽之出军，芳、仁供给军资，不悉相救。羽言"还当治之"，芳、仁咸怀惧不安。

吕蒙了解到有关情况，决定采取智取的办法。傅士仁驻守在公安，吕蒙让虞翻去劝降。虞翻口才一流，在劝降方面已连建数功，受到过实战检验，这是吕蒙专门把虞翻要来的最重要原因。吕蒙大概早就了解关羽所部内部的一些情况，因而提前计划了劝降的一招。

建安二十四年

虞翻前往公安，要见傅士仁，却被挡在了城门外。换成一般人此行就放弃了，见不着人，纵有三寸不烂之舌又对谁说呢？但虞翻不是一般人，他没有放弃，而是对守城的人说，自己有要紧的事要当面向傅将军说。守城的人还真的进去通报了，但傅士仁仍不肯见。虞翻确实很执着，他仍未放弃，现场写了一封信，让守城的人把信交给傅士仁看。这封信的内容载于《三国志·吕蒙传》所注引的《吴书》中，信中写道：

明者防祸于未萌，智者图患于将来，知得知失，可与为人，知存知亡，足别吉凶。大军之行，斥候不及施，烽火不及举，此非天命，必有内应。将军不先见时，时至又不应之，独守萦带之城而不降，死战则毁宗灭祀，为天下讥笑。吕虎威欲径到南郡，断绝陆道，生路一塞，案其地形，将军为在箕舌上耳，奔走不得免，降则失义，窃为将军不安，幸熟思焉。

虞翻在信中说，聪明的人防患于祸患未发生前，智慧的人在祸患即将到来时能知道得与失，智者懂得存与亡的道理，这样才能辨别吉凶。吴国大军到来之际，关羽连侦察兵都来不及派出，烽火也来不及点燃，这不是出于天命就是有内应。虞翻说：“将军您既不能预见大势，大势到来时又不去顺应，

第七章 | 南郡（十一月）

独自守卫被包围的孤城而不投降，死战下去将是毁灭，被天下人耻笑。"虞翻提出："虎威将军吕蒙要直接进军南郡，切断陆路。这条生路一旦阻塞，将军您的形势就危险了，到那时想逃走也逃不了，想投降又为时已晚。所以我私下为将军感到不安，希望您深思熟虑。"

傅士仁看完这封信，立即泪流满面，这话显然触动了他。傅士仁想了想，投降了。虞翻还想再利用一下傅士仁，对吕蒙说："此谲兵也，当将仁行，留兵备城。"于是把傅士仁带到南郡。南郡是一个郡，而非一座城，这里的南郡指的是该郡的郡治江陵（今湖北省荆州市）。南郡太守糜芳在此驻守，吕蒙把傅士仁叫出来，让糜芳见。糜芳见了，想了想，也投降了。

还有一种说法较为离奇：糜芳早已投靠了孙权，是孙权在荆州的内应。糜芳担任南郡太守期间，城中曾发生过一次火灾，烧毁很多军械。关羽责备糜芳，糜芳很害怕。孙权听说后，派人诱降，糜芳于是暗中跟孙权有了来往。待吕蒙大军来到南郡，根本没有再劝降，糜芳便让人准备了牛和酒，早早出来迎接了。不管是哪种情况，反正吕蒙没费太大周折就拿下了公安和江陵，关羽的大后方陷落了。《三国志·吕蒙传》注引《吴录》记载：

> 初，南郡城中失火，颇烧军器。羽以责芳，芳内畏惧，

| 建 | 安 | 二 | 十 | 四 | 年 |

权闻而诱之,芳潜相和。及蒙攻之,乃以牛酒出降。

作为刘备阵营的高级将领,麋芳、傅士仁连起码的抵抗都没有,仅凭一封信和几句话就做了叛徒,简直不可思议。汉末三国时代,各个阵营都有临阵或在其他情况下投降的人,曹魏有于禁等,孙吴有韩综等。但相比而言,刘备阵营里的叛徒不仅数量最多,而且地位也很重要,叛变后造成的损害也最大。孟达、麋芳、傅士仁、黄权、潘濬、张达、范强等都是蜀汉著名的叛徒或投降者。麋芳、傅士仁叛变,刘备失去了荆州;后来孟达叛变,刘备失去了"上庸三郡";再后来张达、范强叛变,刘备又失去了张飞。蜀汉由盛而衰,某种程度上也是由这些叛徒造成的。刘备以善于团结部下,会带队伍著称,为什么他的手下反而叛徒更多呢?

首先,刘备唱"红脸"行,但唱"白脸"不行。刘备出身于社会底层,了解基层的艰辛,加上情商很高,所以很会与人打交道。这一点,在刘备的青年时代就有突出的表现。《三国志·先主传》说,刘备年轻时"少语言,善下人,喜怒不形于色。好交结豪侠,年少争附之"。刘备除了跟关羽、张飞"恩若兄弟",跟诸葛亮"如鱼得水",还吸引和团结了一大批人来追随他。《三国志·先主传》说"士之下者,必与同席而坐,同簋而食,无所简择,众多归焉",意思是,即使你是陌

第七章 │ 南郡（十一月）│

生的朋友，又第一次上门，刘备也会邀请你一起吃饭，用一口锅吃饭。"篹"就是北京篹街的那个"篹"字，有人戏称是中国最早的火锅。这说明刘备完全没有架子，对人从不挑剔，所以众人都愿意归附他。刘备的这个优点保持了终身，可以举出许多这方面的生动事例。这样的人很仗义，但往往也有缺点，那就是在朋友面前拉不下脸来。刘备很少当面批评人，更不要说处罚、诛杀手下了。刘备认为马谡不行，但也只同诸葛亮说说。跟随刘备出生入死的那些老战友，刘备几乎没杀过一个。

其次，刘备阵营没有惩治叛徒的机制。将领在前线带兵打仗，如果出了问题损失会很大，所以自古以来就有很多机制来制衡、约束前线的将领。魏明帝后来任命司马懿为大将军，随同任命书一起下达的是征司马懿儿子为郎官的诏书，不仅要把人留在洛阳，还要放到身边，表面上是照顾你家孩子给个官当当，其实是更好地看管起来。这几乎是一种普遍规则。刘焉到益州任职，四个儿子中，有三个在朝廷做事，只有一个儿子因为有"狂疾"，也就是精神病而得以留在自己身边，那几个儿子都有职务，而且不算低，但其实是人质的角色。将领在外面打仗，家里的人一般都会留在后方当人质；将领在前方有什么想法，必须考虑后方家人的安危。沮授在官渡之战中被曹操抓住，曹操爱才，想收降他，但沮授坚持不肯投降，不仅不降，而且被绑住后还"大呼曰：'授不降也，为军所执耳！'"（《献帝传》）。沮授为何"大呼"，这其实是一种保护家人的举动，万一有人回到了袁绍那里报告说沮授投降了，那就会危及家人的生命。沮授临死前故意"大呼"，是告诉世人"我没有投降"。有迹象表明，刘备在对将领的制衡、防范方面较为"开通"。比如孟达，肩负着"上庸三郡"的安危，家眷却不在成都。孟达的家庭情况不太清楚，但他至少有一个儿子叫孟兴，在后来孟达投降曹魏后，被曹魏那边任命为尚书郎。还有后来的黄权，投降后，曹魏那边马上传言刘备"诛权妻子"。在曹魏，大概这是常规举动，但黄权"知其虚言，未便发丧"。黄权还说"臣与刘、葛推诚相信，明臣本志。疑惑未实，请须后问"（《汉魏春秋》），一问之下果然没有。刘备不仅没有追究黄权的家人，还允许黄权的儿子继续在蜀汉当官。后来，黄权的儿子与诸葛瞻一起战死于绵竹。

再次，蜀汉内部有一定的"叛徒基因"。刘备不太追究部下叛变，除了性格上的因素外，还与刘备集团的历史有一定关系。在刘备创业的过程中，包括刘备自己在内就有过多次"叛变"的经历。刘备初投公孙瓒，后离公孙瓒改投陶谦，虽算不上"叛变"，但也是改换了门庭。后来，刘备又投吕布、叛吕布，投曹操、叛曹操，投袁绍、叛袁绍，不断地改换门庭。刘备知道自己这样做都是迫不得已，所以当部下出现类似情况时，刘备一般不会那么痛恨。关羽也有过叛而复归的历史。

关羽到了曹操那里，杀了袁绍的大将，再回头投刘备，而刘备那时刚投靠袁绍。按理说，关羽归来后必被追究，但刘备若无其事，提也不提，因为他认为这没有什么。

最后，刘备一生大起大落也催生了部下的叛变。说到底，形势的变化才是催生叛徒的重要原因，早期情况即如此。刘备一路坎坎坷坷，这才造成他本人及关羽的叛来叛去。到了后期，刘备取益州、占汉中后，本来形势一片大好，但随即又急转直下，刘备接连遭遇战略性失败，这种戏剧性的变化在曹魏、孙吴方面基本上没有发生过。刘备集团的大部分叛徒都出现在这种急速失利的过程中，严峻形势面前，人人都有自保、求生的欲望，这也是叛徒频频出现的重要原因。

四、吕蒙的心理战

吕蒙在南郡得手，非常高兴。《三国志·虞翻传》记载，吕蒙命人摆下庆功宴，地点不在江陵城里，而是城外的江边上。虞翻看出了问题，对吕蒙说："今区区一心者麋将军也，城中之人岂可尽信，何不急入城持其管籥乎？"虞翻认为，关羽经营荆州多年，尽管队伍的凝聚力不强，但也有誓死效忠的人，仅凭麋芳一人归心，无法保证不出乱子，为今之计应该火速进城，立即控制住局面。吕蒙听完大悟，赶紧下令进城。

|建|安|二|十|四|年|

虞翻的提醒十分及时,"时城中有伏计,赖翻谋不行"。

吕蒙进城后,除稳定住局势外,还见到一个重要人物:于禁。关羽将于禁及数万曹军将士押往江陵,吕蒙的到来又使这些人重获自由。不管怎么样,孙权现在竭力向曹操靠拢,以汉臣自居。对曹军被俘的将士,孙权只能予以释放,不仅不能再关押起来,而且也不敢在这个时候试图将他们编入自己的队伍中,那样等于跟曹操翻脸。而把这些人送回曹操那里,是又落了一个大大的人情。

吕蒙下令将关羽及手下将士的家属控制起来,但不为难他们。吕蒙严明军纪,"约令军中不得干历人家,有所求取"(《三国志·吕蒙传》),即不得骚扰城中百姓,不得拿百姓的东西。吕蒙有个手下是他的同乡,擅拿了老百姓家一顶斗笠用来盖铠甲。吕蒙认为,铠甲虽然是公家的东西,但也触犯了刚颁布的命令。为严肃军纪,吕蒙流着泪将其斩首。于是军中震动,江陵城出现了路不拾遗的景象。《三国志·吕蒙传》记载:

蒙麾下士,是汝南人,取民家一笠,以覆官铠,官铠虽公,蒙犹以为犯军令,不可以乡里故而废法,遂垂涕斩之。于是军中震栗,道不拾遗。

吕蒙派手下不停地慰问抚恤地方长者,询问他们有什么

第七章 | 南郡（十一月）

需求；对生病的百姓及时送医送药，对饥寒中的人及时发给食物；关羽存在江陵的钱财宝物，吕蒙都下令贴上封条，等候孙权来处理。吕蒙的这些措施很快收到效果，人心稳定下来，吕蒙迅速控制了南郡的局势。

关羽听说南郡丢了，如五雷轰顶，无心再战，立即下令撤军。襄阳城内，曹仁召集徐晃等众人开会讨论对策，大家都认为应该趁机发动追击，可以把关羽擒获。《三国志·赵俨传》记载，赵俨不同意这种看法，他认为："孙权利用关羽出兵的机会发难，抄了他的后路，但关羽必然回击，孙权担心的是我们趁他与关羽互斗而从中取利，所以才'顺辞求效'。如果攻击过急，孙权'则改虞于彼'，也就是把对付关羽的手段改为对付我们。关羽如今撤回，应该留着他，让他与孙权互斗。"曹仁认为有理，下令不要追击。关羽撤退的消息传到曹操那里，曹操的第一反应就是不能追击，他特别担心曹仁等人追出去，所以赶紧下达了加急命令予以制止，命令中阐述了不能追击的理由，与赵俨说的完全一样。

关羽为救江陵的将士家眷，连派多名使者来见吕蒙。吕蒙厚待来使，让他们在城里到处走动，挨家问候，有的家人还写信让使者带回去。这些使者回去，把城里的情况给大家一说，众将士知道家人无恙，江陵城的情况比平时还好，一个个都没有再打下去的斗志了。《三国志·吕蒙传》记载：

| 建 | 安 | 二 | 十 | 四 | 年 |

羽还，在道路，数使人与蒙相闻，蒙辄厚遇其使，周游城中，家家致问，或手书示信。羽人还，私相参讯，咸知家门无恙，见待过于平时，故羽吏士无斗心。

这时，孙权亲自赶到了江陵。对吕蒙袭取南郡等地的功劳，孙权给予了奖赏，任命吕蒙为南郡太守，封孱陵侯。孙权还对吕蒙进行了物质上的赏赐，赐钱一亿、黄金五百斤。所谓"赐钱一亿"，指赏赐给一亿钱，也就是一亿枚当时通用的五铢钱。在汉代，黄金是比较珍贵的，也可作为货币流通。秦汉初年，一斤黄金值一万五千钱左右，五百斤黄金相当于七百五十万钱。据《后汉书·食货志》记载，汉桓帝时，一石米的价格是五十钱，汉代一石相当于现在的三十千克。按普通的米每千克约七元人民币计算，汉代五十钱相当于今二百一十元人民币的购买力，汉末每钱与现在人民币之间的"比率"约为一比四。也就是说，吕蒙得到的赏赐约相当于四亿多人民币。

然而，吕蒙这时真的病倒了。由于近期策划了这么大的一场行动，吕蒙精神高度紧张，因此加剧了病情。吕蒙病重，孙权缺了一个重要帮手，荆州的重要事务无不由他亲自去处理。孙权问吕蒙谁能接替他，吕蒙推荐的是朱然。《三国志·朱然传》记载，吕蒙评价朱然"胆守有余"，故"以为可任"。朱然原名施然，是江东早期的功臣朱治的外甥，因朱治无子嗣而被过继并改名。朱然年轻时曾与孙权一同读书学习，友情颇深，但现在仅为偏将军。孙权考虑再三，升朱然为昭武将军，封西安乡侯，命他镇守江陵，而未成为吕蒙的继任者。

为了彻底夺取刘备在荆州原有的地盘，孙权升陆逊为抚远将军，代理宜都郡太守，让他率部继续西进，攻占宜都、秭归、枝江、夷道等地，得手后还屯兵于夷陵，对付刘备可能发起的报复性攻击。刘备任命的宜都郡太守樊友望风而逃，

孙权夺取荆州示意图

|建|安|二|十|四|年|

郡中官吏及少数民族部落首领都向陆逊投降。陆逊命部将李异、谢旌等率三千人马分守要塞,切断与益州方向的联络。

但是,在秭归遇到了麻烦。当地大族文布、邓凯等人联合夷兵数千人声称仍效忠刘备,陆逊命谢旌前往讨伐。文布、邓凯不敌逃走,陆逊派人前往招降,二人率众投降。在不长的时间里,陆逊指挥所部前后斩获数万,成功占领了荆州西部地区。当然,这一数字并非全是士卒,还包括蜀汉任命的各级官吏。宜都、秭归、枝江、夷道的失守不但断了关羽的归路,而且也阻断了长江上游方向援军的来路。上述战事多发生在建安二十四年(219)十一月间,地点集中于南郡的西部地区,皆由陆逊指挥,史书对此多有记载:

陆逊别取宜都,获秭归、枝江、夷道,还屯夷陵,守峡口以备蜀。(《三国志·吴主传》)

权乃潜军而上,使逊与吕蒙为前部,至即克公安、南郡。逊径进,领宜都太守,拜抚边将军,封华亭侯。备宜都太守樊友委郡走,诸城长吏及蛮夷君长皆降。逊请金银铜印,以假授初附。是岁建安二十四年十一月也。(《三国志·陆逊传》)

逊遣将军李异、谢旌等将三千人,攻蜀将詹晏、陈凤。异将水军,旌将步兵,断绝险要,即破晏等,生降得凤。又攻房陵太守邓辅、南乡太守郭睦,大破之。秭归大姓文布、

第七章 | 南郡（十一月）

邓凯等合夷兵数千人，首尾西方。逊复部旌讨破布、凯。布凯脱走，蜀以为将。逊令人诱之，布帅众还降。前后斩获招纳，凡数万计。（《三国志·陆逊传》）

十一月，汉中王备所置宜都太守樊友委郡走，诸城长吏及蛮君长皆降于逊。逊请金、银、铜印以假授初附，击蜀将詹晏等及秭归大姓拥兵者，皆破降之，前后斩获、招纳凡数万计。权以逊为右护军、镇西将军，进封娄侯，屯夷陵，守峡口。（《资治通鉴·卷第六十八》）

这一系列行动显示出陆逊杰出的军事指挥才能，孙权于是升陆逊为右护军、镇西将军，拜娄侯。镇西将军是四镇将军之一，在各类杂号将军及四安将军、四平将军之上。陆逊代吕蒙去接管陆口时，刚被破格提拔为偏将军，这意味着他在一年多的时间里至少升了三级。这表明，孙权已明确由陆逊来接替吕蒙，负责今后的荆州事务。

既然孙权没有接受吕蒙建议的朱然，为什么还要问吕蒙继任者的事呢？这多半出自一种习惯，或者是对前任者的尊重。在孙权阵营中，早期负责过荆州事务的人先后是周瑜、鲁肃、吕蒙和陆逊。周瑜临终前，孙权向他征询由谁来接任，周瑜推荐了鲁肃。鲁肃临终前，孙权又向他询问继任者，鲁肃出于种种考虑，没有推荐具体的人。孙权先有意于严畯，

| 建 | 安 | 二 | 十 | 四 | 年 |

严畯坚决推辞，于是任命了吕蒙。现在吕蒙病重，孙权出于对其尊重，也来让他推荐继任的人，这似乎成了孙权选拔荆州事务负责人的一种习惯。

吕蒙为什么没有推荐陆逊呢？也许是觉得陆逊资历还有些浅，毕竟一个月前，他还只是一名偏将军，有些难以服众。可是，孙权的不同之处就在于用人上的不拘一格。当年赤壁之战前，周瑜才是中郎将，比偏将军还低一级，军职比周瑜高两三级的将领大有人在，但孙权看好的就是周瑜，让他指挥这场大战。为便于管理，特意任命周瑜为都督，相当于"前敌总指挥"。现在，孙权仍然按照能力与贡献来用人，为了让陆逊名正言顺地接手荆州事务，不惜给他"连升三级"。

孙权攻占公安后得到了一个重要人才，成为他处理荆州事务的帮手，这个人名叫潘濬。潘濬是荆州武陵郡人，曾拜名士宋忠为师。《三国志·潘濬传》注引《吴书》说他很聪明，"建安七子"之一的王粲在寓居荆州期间对他评价很高，由此知名，担任了郡里的功曹。不到三十岁时，潘濬被荆州牧刘表任命为荆州部江夏从事。州政府里对各郡分别设一个部门进行管理，"部江夏从事"就是专管江夏郡那个部门的负责人，经常要到分管的郡里检查指导工作。潘濬在任上干了一件事，让他的名气更大了。一次，他到沙羡县检查，发现县长贪赃枉法，潘濬直接将其诛杀，一郡震竦。刘表后来改任潘濬为

第七章 南郡（十一月）

湘乡县县令，很有政绩。

刘备占领荆州后，任命潘濬为州里的治中从事；刘备入蜀后，又留潘濬协助关羽处理州中事务。《三国志·潘濬传》注引《江表传》记载，孙权占有荆州后，刘备任命的将吏纷纷归附，唯独潘濬称病不见。孙权派人送去一张床，并且派车去接他，潘濬趴在席上不肯起，涕泣交横，哀不能胜。孙权于是亲自来看望，叫着他的表字说："承明，昔观丁父，鄀俘也，武王以为军帅；彭仲爽，申俘也，文王以为令尹。此二人，卿荆国之先贤也，初虽见囚，后皆擢用，为楚名臣。卿独不然，未肯降意，将以孤异古人之量邪？"孙权对潘濬说："过去有个观丁父，是被俘虏的鄀人，楚武王任命他为军帅；还有个彭仲爽，是被俘虏的申国人，楚文王任命他为令尹。这两个人都是您老家荆州的先贤，开始虽然被囚禁，但后来都得到了重用，成为楚之名臣。您偏偏跟他们不一样，不肯投降，这不是说我没有古人的度量吗？"孙权一边说，一边让随从用手巾为潘濬擦拭眼泪。潘濬大为感动，起身下拜。孙权当即任命潘濬为治中，"荆州诸军事一以谘之"。孙权为什么格外器重潘濬？因为潘濬不仅有才能，而且是荆州本地人，长期在郡、州两府任职，熟悉当地情况，历经刘表、刘备时代，有相当大的影响力。为了稳定荆州政局，治理荆州事务，孙权最需要这样的人。

|建|安|二|十|四|年|

　　果然，还没过多久，潘濬就发挥了重要作用。《三国志·潘濬传》注引《江表传》记载，武陵部从事樊伷暗中勾结武陵郡少数民族部落首领，妄图占领武陵郡后联络刘备。事情发生后，大家认为应该派一员大将率万人前去才能讨平。孙权就此听取潘濬的意见。潘濬说，派五千人马就足以捉拿樊伷。孙权为什么对樊伷这么轻视？潘濬说，樊伷是南阳郡的土豪，善于搬弄是非，但无实际才能。自己之所以知道这些，是因为过去樊伷曾请州里同事吃饭，到中午还没吃上，十几个人只好走了。这就好比观人，看到他身上一部分就知道他的模样了。孙权大笑，接受潘濬的建议，干脆派潘濬去，任命他为辅军中郎将。结果潘濬果然把叛乱平息，把樊伷斩首。孙权升任潘濬为奋威将军，封常迁亭侯。孙权对潘濬一直很信任也很倚重，潘濬后来成为孙吴重臣之一，官至太常卿。

第八章 临沮（十二月）

建安二十四年

一、败走麦城

孙权在南郡，一方面，指挥陆逊等人向西边不断发起进攻，控制了南郡的西部地区，这里与益州相接，巩固这一带，是为了防范刘备增援荆州；另一方面，调集各路人马对关羽展开合围，务求将关羽彻底消灭。战事进展较为顺利，但能不能抓住或者杀了关羽才是关键。关羽虽谋略不足，但治军有一套，敢做敢干，如果让他有了喘息之机，今后荆州仍然不稳。

虞翻在夺取荆州中立下大功，孙权对他的成见也少了很多，经常把他带在身边。孙权信天命与鬼神，他知道虞翻精通占卜，就把他叫来，让他占一卦，看看能不能抓住关羽。虞翻卜了卦，结果是"兑下坎上"，合在一起就是《易经》里的节卦，到第五爻的时候又变成临卦。虞翻解卦说，不出两天关羽必然被捉。《三国志·虞翻传》记载：

第八章 | 临沮（十二月）

关羽既败，权使翻筮之，得《兑》下《坎》上，《节》，五爻变之《临》，翻曰："不出二日，必当断头。"

关羽这时率部已从襄阳、樊城前线回撤，退至麦城，此地在今湖北省当阳市境内，当年的长坂坡之战就发生在附近。从地理位置看，麦城位于襄阳、江陵之间，关羽显然是在襄樊战役失败后率军南下，企图夺回南郡。对于关羽的这个决定，有人认为不够明智。从当时的形势看，离关羽最近的友军在"上庸三郡"，位于襄阳、樊城的西北方向，关羽应当向那里突围，成功的可能性很大。不过，从关羽的性格来看，他又不愿意做这样的选择，因为那样一来就等于承认把荆州全丢了。关羽想的仍然是拼死反击，要夺回失去的南郡等地。更何况，将士们的家眷在敌人手中，如果就这样逃走，对将士们也难以交代。

麦城曾是东周时楚国的重要城邑，据清朝同治年间编撰的《当阳县志》记载，麦城在县东南五十里，沮、漳二水之间，相传为春秋时楚昭王所筑。周敬王十四年（前506）吴人伐楚，伍子胥为攻此城，于其左右筑驴、磨两城，故有"东驴西磨，麦城自破"的谚语。然而，到了汉末三国时期，麦城的重要性和军事上的防御能力已经下降了，其规模和坚固程度都低于附近的当阳县城。有些史志记载，关羽在败走麦

|建|安|二|十|四|年|

城之前,曾杀到了江陵城外,无奈已无力攻城,只好来到麦城。唐代李吉甫所撰《元和郡县图志》记载:

> 州城本有中隔,以北旧城也;以南,关羽所筑。羽北围曹仁于樊,留糜芳守城。及吕蒙袭破芳,羽还旧城,闻芳已降,退住九里。曰:"此城吾所筑,不可攻也。"乃退保麦城。

关羽在驻守荆州期间,对江陵城进行了整修、加固,使之成为一座难以攻克的坚城,没想到此时却难住了自己,这一点颇像商鞅临死前发出的感叹。除《元和郡县图志》外,清代顾祖禹所撰《读史方舆纪要》卷七十八也记载:"掷甲山在府城西,龙山门西北隅,相传关壮缪还救南郡,闻糜芳已降,愤而掷甲于此。"清代乾隆年间编纂的《江陵县志》记载:"松甲山,位于东北城垣上,传为关公曾在此地松甲小憩。"清代还改掷甲山为余烈山,以喻关羽"死有余烈",并在余烈山建有祠庙以纪念关羽。

关羽退至麦城,希望在此得到短暂休整,但孙权调集的多路人马随后也向这里逼近了。《三国志·吴范传》记载,孙权派人向关羽劝降,而关羽答应了。吴范与虞翻一样,也是江东会稽郡人,精通历数,投奔在孙权麾下。孙权迷信,凡是遇有灾吉的征兆就让吴范来推算预言,而吴范的预言大多被验证，因而深得孙权的器重。在吴范的各次预言中，最神奇的一次是建安十七年（212）所作预言："岁在甲午，刘备当得益州。"（《三国志·吴范传》）甲午年是建安十九年（214），吴范提前两年就预言了刘备将占有益州的事。可那时吕岱刚从蜀地返回，路上遇到过刘备，回来说刘备打了败仗，部队离散流落，不可能占有益州。孙权以此诘问吴范，吴范说自己所言是天道运行的规律，而吕岱见到的只是人事现象。后来，刘备果然得到了益州。

此次袭取荆州前，孙权也犹豫再三，反复权衡，自然也请吴范来预言一下。《三国志·吴范传》记载："权与吕蒙谋袭关羽，议之近臣，多曰不可。权以问范，范曰：'得之。'"吴范的预言又一次被验证。现在关羽答应投降，孙权吃不准，又让吴范预言，看看关羽是真投降还是有诈。吴范占了一卦，认为关羽有诈。孙权相信吴范的预言，于是派潘璋率所部提前做出防范，截断关羽出逃的道路。合围还没有形成，有人回来报告，说关羽率所部已经逃出了麦城。《三国志·吴范传》记载：

后羽在麦城，使使请降。权问范曰："竟当降否？"范曰："彼有走气，言降诈耳。"权使潘璋邀其径路，觇候者还，白羽已去。

如果关羽坚守麦城，情况会不会更好一些呢？比如有没有可能等来益州方面的援军呢？在冷兵器时代，固守城池数月甚至一两年的情况并不少见，在汉末群雄逐鹿时期就有臧洪守东武阳、张邈守雍丘等战例，都坚守了几个月甚至更长的时间。如果关羽能在麦城坚守三四个月以上，相信能等到刘备派来的援军。那么，关羽为什么没有这样做呢？分析一下，有以下原因。一是麦城并非坚城，难以与雍丘、东武阳相比。如上所述，麦城连县城都不是，只是一处要塞，加之关羽率部仓促而来，城中没有提前进行物资储备，难以坚守太长时间。二是关羽所部实力有限。北伐时的总兵力尚不到五万，作战期间有大量战损，又因为后方陷落、家眷被敌人控制，所以士气低落，将士无心力战到底。三是从臧洪、张邈及历史上其他长期困守孤战的战例看，都有一个共同特点，那就是退无可退，只得死守。而关羽所部在麦城尚未形成孤军绝地，还有机会突围。在这种情况下，关羽即使有死守下去的想法，手下将士也不会同意，因为绝处求生是人的本能。

二、命丧临沮

关羽从麦城突围，之后可供选择的方向其实只有一个，那就是西北。如果想回益州，走南郡西部更便利，但那里有陆逊指挥的各路兵马，已将益州与荆州间的道路阻断了。关

第八章 | 临沮（十二月）

羽这时不得不向西北方的"上庸三郡"突围，以求与在那里的刘封、孟达部会合。

事实上，关羽早就关注过"上庸三郡"的人马。《三国志·刘封传》记载，关羽"连呼封、达，令发兵自助"。但令人不解的是，二人根本没听，他们还给关羽陈述了理由，说"山郡初附，未可动摇"，所以"不承羽命"。一般认为，这是二人的借口，他们出于自身安全的考虑不愿意出手相救。甚至还有人从"阴谋论"的角度去分析，认为刘备其实对关羽有所不满，而刘封是刘备的养子，如果刘备有除掉关羽的意图，刘封就更不可能去救了。

其实，不然。"上庸三郡"的确刚刚建立，这是实情。此地被称为"山郡"，秦岭、巴山横亘其间，长期控制该地区的是申氏等大户，虽然臣服刘备，但难免不生二心。况且，关羽北伐以来，前期打得一直很顺手，那时大概并没想过要刘封、孟达增援，后来徐晃援军开到，关羽这才要刘封来，但时间已经来不及了。上庸距襄阳虽然只有数百里，但都是山路和水路，大的军事行动又都得有一个准备过程，部队集结、粮草准备、行动路线规划都需要时间，刘封和孟达即使愿意出兵，等他们准备好，又在崇山峻岭间急行军多日，赶到樊城时恐怕也找不着关羽了。

所以，不能怪刘封和孟达，而只能怪关羽自己。如果关羽事先考虑到兵力不足的问题，就会在行动前做好协调和沟通，与"上庸三郡"来一个南北夹击，那将是另一个局面。关羽有些自信，原想一个人"包打天下"，结果遇到了问题，这时候再去催，谁能保证呼之即来呢？

然而，军人以服从命令为天职，无论客观情形如何，关羽既然下达了命令，刘封和孟达就应该无条件执行，不执行就是抗命。刘封和孟达算不算抗命呢？仔细分析一下，还真不算，因为这里有一个重要问题：刘封和孟达其实并不归关羽直接指挥，他们不是关羽的部下，而是友军，关羽要让他们参战，只能由刘备下命令。"上庸三郡"主要是从汉中郡等地分出来的，传统上，汉中郡归益州刺史部管辖，而非荆州刺史部，刘备让关羽"董督荆州军事"，"上庸三郡"不在关羽的管辖范围内。刘备取汉中后设汉中都督，与州刺史部平级，"上庸三郡"是否归汉中都督管辖不详，但其从未归荆州方面管辖是确定的。

关羽不能以"董督荆州军事"的身份直接给刘封下命令，那能不能以前将军的身份指挥他们呢？也不能。前将军不同于大将军、车骑将军、骠骑将军和卫将军，理论上，它只是某方面军的总指挥，类似于"军区司令"，是不能以这个身份调动所有人马的。关羽要调动刘封和孟达，只能按照正常的程序向成都方面提出请求，由刘备下达命令。

第八章　临沮（十二月）

刘封和孟达突然接到关羽的求救要求，想必他们考虑最多的并不是个人得失，而是困惑：如果执行，多少有些不顺，事后会不会被追究？如果不执行，真的造成了严重后果，又如何交代？在这种矛盾心理下，刘封和孟达能做的大概就是先找个理由应付着，表明对关羽的要求他们并不反对，只是情况特殊不能成行；同时，他们一定会向成都方面报告，等待进一步指示。由于"上庸三郡"的特殊性，再加上"条块分割"的影响，刘封、孟达至今仍未向荆州方面进行实质性救援。但现在已无路可去，关羽离开麦城后只得向"上庸三郡"突围。

得知关羽从麦城突围而走，孙权有些着急，他仍下意识地去问吴范。吴范说关羽肯定逃不了，并且说明天中午前必可擒住关羽。孙权马上让人搬来一个漏壶，在那里看时间，以验证吴范说得准不准。次日，已近中午，还没有消息。孙权急了，催问吴范，吴范说现在还没有到正午，不要急。过了一会儿，风吹帷帐，吴范拍着手说关羽抓住了。话音刚落，外面有人高呼万岁，关羽确实被抓住了。《三国志·吴范传》记载：

范曰："虽去不免。"问其期，曰："明日日中。"权立表下漏以待之。及中不至，权问其故，范曰："时尚未正中也。"顷之，有风动帷，范拊手曰："羽至矣。"须臾，外称万岁，传言得羽。

为围攻关羽，孙权除派潘璋所部外，还调动了朱然所部，继续实施围追堵截。潘璋部下的一个名叫马忠的司马在章乡俘虏了关羽及他的儿子关平、部将赵累等人。关于具体地点，史书有的写的是临沮，有的写的是章乡或漳乡，这几个地名其实是有关联的。《水经·漳水注》记载："漳水又南历临沮县之漳

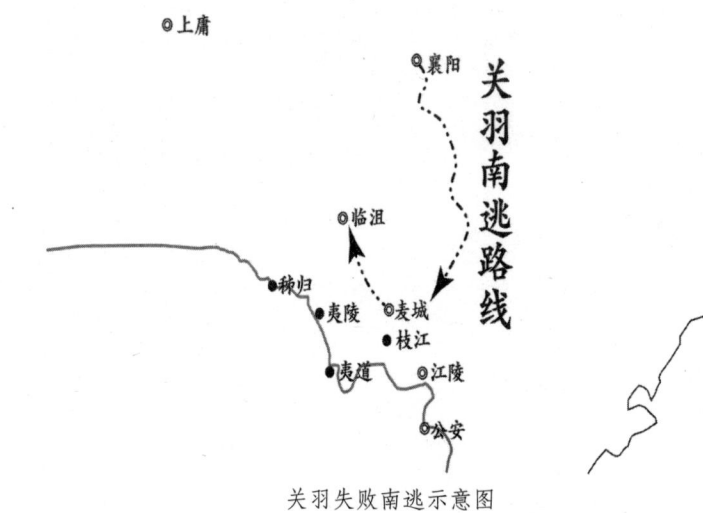

关羽失败南逃示意图

乡南。昔关羽保麦城，诈降而遁，潘璋斩之于此。"据此，临沮县为荆州刺史部南郡所辖的一个县，而漳乡是临沮县下的一个乡，"漳乡"在一些史书里又被写作"章乡"。所以，说关羽在临沮境内被俘是正确的，说他在漳乡被俘则又更精确一些。

关羽被俘，孙权松了一口气。如何安置关羽呢？孙权想了想，居然有了一个天真的想法。孙权打算把关羽招降，用他对付刘备和曹操。但手下都来劝孙权，认为关羽有狼子野心，如果不杀，以后必为所害。曹操当初不杀他，结果终成大患，以至于前不久到了要迁都的地步，现在怎能不杀他？孙权于是下令将关羽父子斩杀在临沮，此地在今湖北省远安县境内。《三国志·关羽传》注引《蜀记》记载："权遣将军击羽，获羽及子平。权欲活羽以敌刘、曹，左右曰：'狼子不可养，后必为害。曹公不即除之，自取大患，乃议徙都。今岂可生！'乃斩之。"对于孙权有过不杀关羽的想法，裴松之认为并不可能。原因是孙权那时在江陵，距临沮较远，所谓"不杀之议"只不过是说给天下人看的：

臣松之按《吴书》：孙权遣将潘璋逆断羽走路，羽至即斩，且临沮去江陵二三百里，岂容不时杀羽，方议其生死乎？又云"权欲活羽以敌刘、曹"，此之不然，可以绝智者之口。

|建|安|二|十|四|年|

那么,孙权究竟有没有产生过不杀关羽的念头呢?应该说,这样的想法或许曾在孙权脑子里闪过,毕竟关羽是天下公认的"虎将""万人敌",在荆州一带有许多追随者,孙权对一个潘濬尚且求才若渴,如果关羽能归顺自己,那将是一件多么有价值的事。可是,这种念头也只不过在孙权脑海中一闪而已,孙权很快便冷静下来,看清自己目前的处境:与刘备已经彻底闹翻,杀不杀关羽都无法得到刘备的原谅。几乎所有人都能看出来,下一步刘备将会穷全部之力来报仇。在这种情况下,孙权只能紧紧拉住曹操不放,杀关羽是向曹操"表忠心"的一个好办法。况且,孙权对关羽想必也是很了解的,关羽对刘备的感情坚不可摧,再高的官爵、再大的富贵也动摇不了,即便关羽当面向孙权保证效忠,孙权也不敢相信。如果稀里糊涂信了,给关羽一支人马,让他去打刘备或曹操,关羽恐怕一出城就会掉转枪头对准自己。还是算了吧,把关羽杀了才是最保险、最省心的决定。

关羽当初兴兵北伐时曾经做过一个梦,梦到有猪啃食自己的脚,醒来后觉得这个梦很不吉利。《三国志·关羽传》注引《蜀记》记载,关羽对儿子关平说:"吾今年衰矣,然不得还!"结果梦果真应验了。古人善解梦,就关羽做的这个梦,清代学者、《三国志旁证》的作者梁章钜的解释是:

第八章 | 临沮（十二月）

吕蒙，"蒙"字下为"豖"，啮足，则袭后之兆也。

这个解释十分牵强，卢弼在《三国志集解》中虽加以引用，但写下按语："此说近于迷信。"《三国志·吴主传》《三国志·关羽传》等均未明确关羽被杀的具体日子，通常来说，只有帝王的本纪才会将时间记得更准一些。根据《三国志》中的相关记载来推断，关羽被杀的日期应该在建安二十四年（219）十二月上旬。元代巴郡胡琦所撰《关羽年谱》称，关羽卒于这一年十二月七日。清代徐观海《圣迹纂要》也认为是在这一天。另有《关圣帝君世系考证》记载："圣帝姓关讳羽，字云长，出夏大夫龙逄之后，生于汉桓帝延熹三年（160）庚子岁六月二十四日，终于献帝建安二十四年（219）十二月七日。"需要指出的是，这里的日期都是农历，换算成公历则到220年1月了。关羽的准确出生年月不详，有人认为他大约出生在160年前后，这样就比刘备还要大一岁，这与大家的印象有所不同。上海辞书出版社2020年第七版《辞海》是这样记述关羽的：

关羽（约160—220），三国蜀汉大将，字云长，本字长生，河东解县（今山西运城西南人）。东汉末，从刘备起兵，建安五年（200）刘备为曹操所败，他被俘，极受优礼，封汉寿亭

|建|安|二|十|四|年|

侯,后仍归刘备。十九年(214),镇守荆州。二十四年(219),围攻曹操部将曹仁于樊城,又大破于禁所领七军,震动中原。因后备空虚,荆州为孙权袭取,他败走麦城(今湖北当阳东南),被擒杀。宋代以后事迹被神化,尊为"关公""关帝"。

关羽去世后,被民间尊为"关公""关帝",历代朝廷对他也多次褒扬、追封,被崇为"武圣",与"文圣"孔子齐名。但从军事的角度看,关羽一生的真实战绩却并不佳,这一点与文艺作品的描述很不一致。比如,梳理一下《三国演义》中关羽参加过的战役和战斗,可以发现有三十二次之多,总体战绩是二十三胜、五平、四败,剔除平局因素,关羽的胜率高达百分之八十五。这不仅在三国时期,放在整个中国古代战争史上都是相当值得骄傲的。但根据对《三国志》《后汉书》等史书的梳理,关羽亲自参加的战役和战斗大约有十七次,总体战绩是四胜、一平、十二败,剔除平局因素,其胜率仅为百分之二十五。获胜的四次中,曹操指挥的有两次,周瑜指挥的有一次,关羽自己指挥的仅一次;战败的十二次中,关羽有两次被俘虏。这并不奇怪,因为关羽一生大部分时间追随刘备,事业起伏波动很大,经常处在逃命之中,打败仗情有可原,而这并不影响关羽成为一代名将。

关羽被后世尊为"武圣",显然与他真实的战绩无关,而更多的是他的勇敢及他忠义的精神。比如，他能在万马军中毫不畏惧地冲向敌阵，将敌人的主将斩于马下；再比如，他一生坚定地追随刘备，无论遇到什么样的险恶处境都不改初心。当年在许县，他受到曹操的厚遇仍不忘刘备，冒着风险去追寻，正是这种勇敢与忠义，关羽才受到后人的推崇和称道。

三、马超该不该负责

关羽的谥号是壮缪侯，是刘备死后由后主刘禅追谥的。在刘备生前，仅有法正一个得到过谥号。就在关羽死后几个月，深为刘备所倚赖的法正因病去世，这件事对刘备打击也很大，《三国志·法正传》记载："先主为之流涕者累日。谥曰翼侯。赐子邈爵关内侯。"

关羽谥号中的"壮"，按照周朝的谥法有以下含义："威德刚武曰壮；赫围克服曰壮；死于原野曰壮；胜敌克乱曰壮；好力致勇曰壮；屡行征伐曰壮；武而不遂曰壮；武德刚毅曰壮；非礼弗履曰壮。"纵观关羽一生事迹，这里面似乎有好几个都可以适用于他。而对"缪"字，在理解上却有些分歧。谥法称："名与实爽曰缪；伤人蔽贤曰缪；蔽仁伤善曰缪。"蔡邕《独断》称："名实过爽曰缪。"总之，"缪"的意思是名与实相爽，即名气和实绩不相符，有盛名之下其实难副的意思，与"壮"合谥，

可以理解为是"壮"的补充。正因为如此,后世将关羽的"壮缪侯"改为"忠义侯"。《三国志集注》引梁章钜所言:

> 壮缪并非美谥,不知当时何以取此。今殿本改为"忠义",传末刊载乾隆谕旨云云。

如果关羽得到的是"恶谥",那又如何理解《三国志·赵云传》所载"于是关羽、张飞、马超、庞统、黄忠及云乃追谥,时论以为荣"的话呢?所以,有人提出"缪"与"穆"其实经常是通用的,"壮缪侯"其实也是"壮穆侯",而"穆"的意思就好多了。明代学者程敏政指出:"按'缪''穆'古通用,若秦穆、鲁穆在《孟子》,汉穆生、晋穆彤在史皆为'缪',宋岳飞谥'武穆',意与此同。今乃以为恶谥,如谥法'武功不成曰缪',蔡邕《独断》'名实过爽曰缪',岂理也哉!若果为恶谥,则史不应云追谥之典,时论以为荣矣。考谥法'布德执意曰穆,中情见貌曰穆'。《礼记·大传》'以序昭穆',古本'穆'作'缪',左传'穆'多作'缪',是'穆''缪'古今皆通。"《三国志集解》的作者卢弼支持程敏政的说法,认为:"程说极允,梁说非是。后代易谥,原无不可,更易本传,则不可也。"

除留下这桩"谥号争论"外,关羽死后还留下另一桩公案,竟与马超有关。《三国志·潘璋传》记载:"璋与朱然断羽走道,

第八章 | 临沮（十二月）

到临沮，住夹石。"从这条记载可以看出来，关羽奔往临沮去，大概临沮方向就有刘备手下的驻军。而关羽后来还没有到临沮就被俘虏了，刘备手下在临沮方向的驻军自始至终也没有来救。之所以判断临沮方向有刘备的驻军，与另一条记载有关。《三国志·马超传》记载：

> 先主遣人迎超，超将兵径到城下。城中震怖，璋即稽首，以超为平西将军，督临沮，因为前都亭侯。

这里说的是，马超依附刘备后被任命为平西将军，刘备让他"督临沮"。马超死于蜀汉章武二年（222），时年四十七岁，比关羽死得晚。也就是说，如果马超仍在"督临沮"，那么关羽就是奔着他去的，那时马超仍然健在。正因为有这条记载，所以也有人认为在关羽被擒前，马超曾经见死不救。不过，刘备事后追究关羽被杀的责任，处置了一些人，里面却没有马超。

怎么解释这件事情呢？其实，问题出在"督临沮"的记载上，这里有几个疑问：一是马超当年"以穷归备"，刘备也只是想利用他的名气对刘璋集团打心理战，所以不可能让马超远离益州到遥远的荆州去担任要职；二是临沮属荆州，该州已由关羽镇守，马超被刘备拜为平西将军，关羽当时仅为荡寇将军，马超军职高于关羽，刘备不会做出这样混乱的人事安排；

|建|安|二|十|四|年|

三是马超投奔刘备后还发生了许多事,在史书中都有记载,都显示他一直住在成都或附近,不可能到遥远的临沮去任职。

可"督临沮"又白纸黑字地明确写在《三国志·马超传》中,这又该做何解呢?这的确很令人费解,分析起来此处可能是"督临邛"之讹误。临邛在成都近侧,位于成都西南不远,刘备那时还不可能设个"临邛都督区"。马超从汉中大约也带了少数人来,刘备让他"督临邛",其实只是让他在那里驻留一段时间。马超后来参加了第二次汉中之战,与张飞共同行动。关羽北伐的时候,马超应该在汉中或益州北部一带驻防,而不会出现在荆州西北部的临沮。

还有一件事,也能证明马超不可能分身到荆州来驻防,这就是彭羕事件。彭羕本是刘备和诸葛亮都看好的益州本土人才,刘备提拔彭羕担任治中从事。彭羕白手起家,一朝大权在握,颇为自得,说话做事流露出嚣然之态。诸葛亮经过观察,发现彭羕不可重用,于是向刘备进言,说彭羕心大志高,放在重要岗位上,难免会做出什么不好的事情来。在人事安排上,刘备很重视诸葛亮的意见,于是把彭羕调任为江阳郡太守。《三国志·彭羕传》记载,彭羕听说自己被远调,很不高兴,私下里跑去见了马超。彭羕是如何与马超相熟的不得而知,对于彭羕的遭遇,估计马超至多客气地安慰几句。谁知彭羕心中的怨气越来越多,最后竟然对刘备破口大骂:"老

第八章 临沮（十二月）

革荒悖，可复道邪？"马超闻听吃了一惊，不敢再说话。彭羕没完，继续道："卿为其外，我为其内，天下不足定也。"前面只是发发牢骚，现在就要造反了，性质变了，马超内心翻腾不已。马超自来到益州后一直小心谨慎，以他的政治智慧，根本不可能相信一个小小的彭羕就能打倒刘备。马超也知道，对这件事情也不能装聋作哑，否则事后追究的话，自己就是知情不报。马超于是把情况写下来，向刘备书面举报了彭羕。

刘备见信大怒，立即让有关部门把彭羕抓起来。到了监狱里，彭羕才认真反省了自己。为了保住性命，他给诸葛亮写了一封长信，表示反省悔过，又说自己之所以脱口而出"老革"那样的话，是"颇以被酒"。还辩解说，他给马超说"卿为其外"的话，本意是促请主公重新起用马超，让他到北方建功立业。彭羕是庞统生前看好的人，他知道诸葛亮与庞统关系很好，于是在信中回忆起他与庞统的交往，希望以此打动诸葛亮。这封信到了诸葛亮手上，他思考再三，站在惜才角度也想保彭羕一命。但仔细想了想，觉得彭羕不能留。因为彭羕辱骂的不是一般人，而是刘备，这是很严重的事。有当事人的举报，彭羕自己也承认，尽管有辩解，但比较苍白。最关键的是，彭羕拉拢马超，试图造反，此事触碰了刘备的红线。于是，诸葛亮建议刘备将彭羕处死，以儆效尤。这件事情已经过去了一段时间，但从中可以看出，马超除领兵在外，其余大多数时间与刘备、诸葛亮等人在一起,不会到荆州来驻守。

四、关羽北伐再思考

关羽北伐以胜利为开局,以惨败而结束,是建安二十四年(219)发生的最重要的一件事。关羽也算一代名将,在当时便享有盛名,经过二十多年的摸爬滚打,积累起丰富的战场经验,即便在战略部署和临阵指挥方面有不足,但仍不至于眼看前面有一个大坑还要拼命往里跳。那么,关羽北伐决策的依据究竟是什么呢?关羽的底气到底从何而来?

由于史料有限,这个问题也许只能作为历史之谜而永远无解,留下的是一些看似不太合乎逻辑的史实。不过,这并不妨碍我们对历史真相的探究与推测,分析关羽北伐的动机和规划。可以将视野扩大,跳出荆州一隅,结合当时天下总体形势和各主要势力的动向去看,也许能理出一些逻辑上的线索来。关羽北伐发生在汉献帝建安二十四年(219),起于当年夏秋之交,终于冬季,前后仅三四个月。这一年里,天下还发生了许多重大事件,按时间顺序分别排列如下:

三月,曹操亲赴汉中与刘备交战;

第八章 | 临沮（十二月）

五月，曹操在汉中失利后撤退；

七月，刘备在汉中称王；

七月，孙权出击曹魏占据的合肥；

八月，关羽开始北伐；

十月，曹操从长安返至洛阳；

十一月，孙权命吕蒙突袭荆州；

十二月，关羽失败被杀。

这一年的主战场由上半年的汉中，转为下半年的荆州，中间还穿插着合肥。上述三大战场，分西、中、东三路，其基本格局贯穿于三国全过程。以后三国鼎立，各方互攻，主战场多在这三个方向。三方之中，曹魏势力最大，但仍难以统一，其中一个重要原因就是由这三个战场所形成的：曹魏经常在不得已的情况下同时在这三个战场作战，再强大，想同时打赢三场大战也难以做到。刘备与孙权自赤壁之战前即结盟，他们之所以走到一起，就是看中了这种"二弱战一强"的特殊格局。孙刘联盟的核心在于，曹魏无论攻击联盟中的任何一方，另一方必须参战，所做的不是直接来救援，而是出击曹魏的其他方向，令其首尾不能相顾。

如果从上述孙刘联盟的视角看，孙权一开始是按照正确的思路去做的。刘备是在上一年出击汉中的，当时孙权并未

|建|安|二|十|四|年|

行动，这是因为曹操及其主力那时还在中原，孙权不能轻举妄动。待曹操本人到达汉中后，孙权立即抓住机会，出击曹魏占据的合肥。此次合肥之战不过是前次逍遥津之战的翻版，孙权的作战目的就是配合刘备，战役选定的时间和地点都是准确的。此次出击合肥也表明，孙权尽管对关羽有一些不满，但直到这时仍明白联盟的存在对自己很重要。

盟友都行动了，关羽为什么不展开规模行动呢？从常情分析，关羽此时应当行动，至少将主力北移，对曹魏的襄阳、樊城一带施加压力，但关羽似乎没有这样的安排。关羽如果行动，最佳时间是在当年三月。这时曹操已至西线战场的汉中，关羽可以放手在中线战场出击。但一直到了七月下旬，盟友孙权都已经在合肥城外与曹军交上手了，关羽仍然身在公安，在这里接见了刘备派来的使者，接受了前将军的任命。

第二次汉中之战期间，关羽没有任何行动，这可以理解为，刘备认为不需要关羽的配合也能打赢汉中之战。此时，汉中与荆州间还有另一场战事同时进行，即刘封、孟达抢占"上庸三郡"。这一仗难度不大，但关羽如果能从公安、江陵向北用兵，对刘封、孟达也是一个有力支援。可关羽也没有这方面考虑，是他在战略上太保守了吗？当然不是，关羽哪里是保守的人？他其实是想北伐的，而且不干则已，要干就干一场大的。送走费诗，时间到了这一年八月，关羽这时候突然

第八章 | 临沮（十二月）|

兴兵北上，开始了北伐。

这一年的荆州的确需要一场北伐，无论是呼应汉中和合肥，还是策应上庸，荆州方面都应有所行动，这是关羽考虑发动北伐的出发点。问题是，关羽选择的时机大有问题。关羽开始北伐的八月，汉中已定，上庸已平，孙权在合肥已撤军，西面、东面两大战场都归于平静，关羽却突然在中线战场异军突起。这只能理解为，此战既不为配合别人，也不用别人的配合，是单打独斗，摆的却又是大决战的阵式，这样的决策确实令人匪夷所思。

关羽开始北伐后，一路高歌猛进，斩获甚丰，但随即急转直下，失败之迅速又令人瞠目结舌。其实这是符合逻辑的：关羽北伐之始，西线、东线两大战场均刚刚结束战事，曹操、孙权将主力转向中线战场尚需部署的时间，这让关羽钻了个空子，凭借威勇和特殊天气的帮忙，关羽走上了"威震华夏"的人生巅峰。但当时总体格局仍是"二弱对一强"，关羽突然北伐并屡屡得手，意外地造成了两个严重后果：一方面，曹操不得不在极短的时间内倾尽所有精锐来对付关羽；另一方面，这让孙权看到了危机。刘备在汉中得手，关羽如果再在荆州得手，三方的强弱平衡格局将被打破，对孙权而言这也是不能接受的。

后面的形势变化仍合乎逻辑：一方面，随着曹军精锐陆续向襄阳、樊城集中，关羽实力不足的问题充分暴露，锋芒不再，由攻势转为守势；另一方面，严重不安中的孙权做出重大调整，亲手瓦解了联盟，在关羽没有预料的情况下突然给予其致命一击，被两路夹击的关羽即便再勇猛也扛不住了。

复盘建安二十四年（219）下半年重要事件及其时间节点，可得出以下结论：关羽发动北伐符合形势的需要，在某种程度上说，只有来上这么一场北伐才符合历史的逻辑。然而，关羽北伐的时间选择却有严重问题，该行动的时候错过了最佳时机，不该行动的时候却行动了。一件正确的事做在了错误的时间点上，其后果比不行动要严重得多。

五、失荆州并非"大意"

提到关羽失荆州，人们总喜欢将原因归结为"大意"，事实果真如此吗？其实，造成关羽失荆州的原因是多方面的，并不是一个"大意"所能总结完的。荆州之失，与刘备集团在内部管理方面存在的许多问题有关。

首先，对"一把手"缺少有效监督。关羽在刘备阵营中资历最老，与刘备的感情也最深，二人情同兄弟，关羽成为"四方将军"之首也是众人预料之中的事。但关羽并不因此满足，因为与黄忠同列而觉得受到委屈，还需要上级来安抚。作为镇守荆州的"一把手"，这些缺陷无疑是要命的。关羽总揽荆州军事大权,手下的傅士仁、糜芳、马良、廖立等人均与其在职级、资历方面相差甚远。这些人平时对他只有唯命是从,发现问题也没有人敢去提醒。比如孙权提亲,这绝不是关羽个人的一件私事,应该放在全局战略的高度来考虑。但关羽凭一己好恶便粗暴地处理了这件事,而周围却没有人出来提醒和劝阻。

其次,遇有重大决策不请示。对于北伐,诸葛亮曾有过详细规划,列出了北伐的先决条件。但是,关羽没等这些条件具备,就仓促北伐。关羽北伐有抢抓战机的考虑,如前面的分析,还有应对敌人进攻方面的考虑。但是,当战役越打越大,关羽应该冷静下来,认真思考一下诸葛亮在隆中对策中的分析了。关羽把荆州搅得天翻地覆,汉中、成都方面似乎都"鸦雀无声"。从战役发起的时间、进程及最终结果等各方面情况分析判断,刘备、诸葛亮的确没有什么动作,这说明关羽的行动极有可能事先没有请示过。关羽把仗越打越大,会不会有点儿立功心切呢?这种心理又会不会促成了一系列决策呢?这些可能性显然是存在的。

再次,存在着糟糕的上下级关系。尽管北伐的决策有些仓促,但关羽的军事素质还是相当过硬的,加上天气因素帮忙,所以初期进展顺利。然而,胜利表象下潜伏着危机,这个危机主要来自后方。主力北上、后方空虚是兵家大忌,为防范后方遭袭,必须做出周全的安排,关羽的安排却出了问题。负责留守的糜芳、傅士仁是刘备集团军政方面的高级官员，他们责任重大，理应是可靠且具有能力的人，但关羽对二人根本信不过。"用人不疑"是建立在"疑人不用"基础上的，信不过没关系，但要及时做出人事调整，而关羽没有这样做。刘备阵营中，这种糟糕的上下级关系被孙权敏锐地捕捉到，于是秘密派军队"白衣渡江"，没有发生激烈战斗，仅一番劝说，傅士仁、糜芳竟然都投降了。假如后方是稳固的，关羽即便在前线遭遇挫折，后来也有退身之路，起码原来的地盘不会如雪崩般丢失。

最后，危机处理时却遇到"条块分割"。关羽听到后方被袭的消息，立即退兵。此时关羽仍有一线生机，因为"上庸三郡"有刘备的一支人马。如果刘封、孟达能及时由"上庸三郡"出兵，虽未必能挽回荆州败局，但救出关羽是有可能的。在生死存亡关头，刘封、孟达却"不承羽命"（《三国志·刘封传》）。如前所述，其中一个重要原因是刘封、孟达并不归关羽管辖。刘备以会带队伍著称，能以情待人、以诚感人，在乱世里凝聚起一支力量，成就了帝王之业。但情感不能代替管理，爱护太多、宽容太多就变成了纵容，该有的规矩必须有，该执行的纪律必须执行，唯有如此才能获得真正的战斗力。

以上分析了失荆州的必然性。在失荆州的危害性方面，有人认为，这对刘备集团形成了根本性的打击，关羽如果不失荆州，刘备将很快统一天下。其实这种看法也难以成立，即使荆州仍控制在刘备手中，蜀汉仍然难以统一天下。这是因为，在敌我双方都不出错的情况下，综合实力是取胜的最终决定因素。在这方面，蜀汉、孙吴均劣势明显。假如关羽不失荆州，鼎立三方的总实力对比是：曹魏占有十三个州中的约十个州，孙吴、蜀汉各占一个半，司马懿在曹操晚年曾做出"殿下十分天下而有其九"（《魏略》）的判断，这个判断大体上是没有错的。

从地盘大小分析三方实力，可能有人不以为然，认为蜀汉地盘虽不大，但益州是"天府之国"，支撑战争的经济能力更强，其实这是错觉。益州面积虽然广大，但占面积一大半的南中地区经济并不发达，真正的"天府之国"仅是成都附近的蜀郡、广汉郡等而已。据东汉最后一次人口统计，益州总人口为七百万，也仅占当时全国的百分之十三。为维持一支能与曹魏抗衡的军事力量，益州百姓必须承受更重的负担。即便如此，蜀汉也只能保持十万人左右的常规军，再多就无法承受了。所以，从支撑战争的经济能力看，蜀汉和孙吴也都容易先崩溃，而曹魏的战争后劲儿更足。

为说明这一问题，可以从货币这个相对微观的角度来看。魏、蜀、吴三方一开始都用五铢钱，但在通货膨胀下，蜀汉首先扛不住了，发行"直百五铢"。这是一枚铜钱，但铸上"直百"，就当一百枚铜钱使，等于滥印钞票。孙吴的情况也好不到哪里去，推出了"大泉五百"。一枚当五百枚使，后来干脆铸"大泉当千"。反观曹魏，因为受战争影响，经济也面临很多困难，但曹魏有屯田的传统，又占据北方广大适宜农耕的土地，内部缓冲能力相对较大。面对通货膨胀的压力，曹魏曾于黄初二年（221）至太和元年（227）实行了一段时间"实物交换"的货币政策，但很快又恢复了五铢钱的地位。尽管曹魏在经济上也在"死扛"，但好歹是扛住了，而蜀汉和孙吴都没有这样的能力。如果继续鼎立下去，时间并不站在蜀汉或孙吴的一边，曹魏或由曹魏所衍生出的政权统一天下是迟早的事。

六、马与刀的传说

关羽被杀，留下了另一个悬念是"赤兔马到哪里去了"。三国有几匹名马，曹操的绝影、刘备的的卢，它们都很知名，名字都见诸史书，留名于后世。不过论名气，它们又都不如另一匹马的名气大，这就是赤兔马。说起赤兔马的来历，一般人都会认为它原来的主人是董卓。《三国演义》第三回"议温明董卓叱丁原　馈金珠李肃说吕布"中写道：

卓曰："汝将何以说之？"肃曰："某闻主公有名马一匹，号曰赤兔，日行千里。须得此马，再用金珠，以利结其心。

第八章｜临沮（十二月）

某更进说词，吕布必反丁原，来投主公矣。"卓问李儒曰："此言可乎？"儒曰："主公欲取天下，何惜一马！"卓欣然与之，更与黄金一千两、明珠数十颗、玉带一条。

按照《三国演义》的说法，李儒后来把这匹马送给了吕布。吕布太喜欢这匹马了，就动了心，杀了自己原来的上司丁原，倒戈到了董卓麾下。董卓能够把持朝政，吕布是第一功臣。此后，赤兔马就成了吕布的坐骑。董卓自凉州来，凉州产好马，说赤兔马原是董卓的心爱之物，这倒也在情理之中。但是，上面说的这件事在史书并无任何记载。从情理上推断，用一匹名马就能诱使吕布反水，这样的情节只能在小说中出现。在那种重要的历史关头，吕布再没有头脑，再喜欢战马，也不会做出如此草率的决定。事实上，董卓吸引吕布的是他与吕布以"父子相称"的承诺。董卓没有儿子，这样一来，吕布就有可能取得董卓的继承权，这才是吸引吕布的地方。

赤兔马第一次出现在史书里是在《三国志·吕布传》注引《曹瞒传》中。吕布逃出长安投奔袁绍，袁绍安排他攻打黑山军的首领张燕。吕布干得很漂亮，声名进一步远播。《三国志·吕布传》记载："布有良马曰赤兔。"裴松之引《曹瞒传》作注："时人语曰：'人中有吕布，马中有赤兔。'"赤兔，从字面上看是说马像红色的兔子一样，但仔细想想这种比喻并

|建|安|二|十|四|年|

不贴切,因为用"红色的兔子"说一匹马实在不知道想说什么。如果说跑得快,兔子未必一定能跑过马;如果说威猛,大家都知道兔子是最温顺、最可爱的动物,所以兔子和马的威猛根本不沾边儿。其实,这匹马在史书上还有另外一个名字叫赤菟。《后汉书·吕布传》记载:

> 有顷,布得走投袁绍,绍与布击张燕于常山。燕精兵万余,骑数千匹。布常御良马,号曰赤菟,能驰城飞堑,与其健将成廉、魏越等数十骑驰突燕阵,一日或至三四,皆斩首而出。

"菟"是一种植物,开着一种淡红色的花,"赤菟马"就是像"菟花"一样颜色的马。古时人们把老虎称为"於菟",《左传》记载:"楚人谓虎於菟。""赤菟马"就是红色的,像老虎一样威猛的马,《后汉书》的这个记载显然更贴切。

赤兔马出现在史书里,也仅有上面《曹瞒传》《后汉书》的这两次。至于说吕布死后它的主人又换成了关羽,直到关羽死时仍然骑着它,这个说法不仅没有史料依据,而且更不符合常识。战马出生一个多月可以觅食,两个月后脱去乳毛,四到六个月断奶,一年后成长为一岁驹,两岁半之前发育成熟骨头封闭,达到最佳骑乘年龄,这种状态可以一直保持到十岁左右。再往后,它的循环系统变差,关节开始肿胀,步

第八章 | 临沮（十二月）

入暮年期。如果这匹马是吕布杀丁原前夕董卓送给吕布的，它当时至少三岁，吕布骑着它到被杀整整十年，假如后来到了关羽手里，关羽死时它就至少二十五岁了，即使还活着，也一定载不动关羽了。

除了传说中的赤兔马，在人们印象中，关羽还有一件不离身的兵器，那就是青龙偃月刀。但根据史料记载，小说和传说中提到的关羽所使的青龙偃月刀在汉末并无此物，与此相关的名称最早出现在唐代。北宋的《武经总要》记载有一种"刀八色"，有八种刀形，其中有"掩月刀"，刀头阔长，形似半弦月，背有歧刃，刀身穿孔垂旄，刀头与柄连接处有龙形吐口，长杆末有鐏，后世则基本以"偃月刀"通称这一类带背刃的长柄大刀。作为重兵器，偃月刀劈砍的威力很大，但也过于笨重，且制造成本高，所以在战场上并不普及，更多用在演武、阵列和操练时显示军威之用。不过，关羽随身也佩有心爱的刀，而且是两把，直到被俘前仍然带在身边。《古今刀剑录》记载："关羽为先主所重，不惜身命，自采都山铁为二刀，铭曰万人敌。及羽败，羽惜刀，投之水中。"

第九章 成都(十二月)

一、廖化"千里走单骑"

关羽被杀，南郡等地被占，刘备在荆州辛苦多年才打下的地盘几乎一夜被"清零"。刘备、关羽所任命的荆州官吏大多投降了孙权，他们之中有傅士仁、糜芳那样被劝降的，也有潘濬那样不得不降的，还有一些将士战败被俘。荆州发生巨变后，能逃回益州的少之又少。但也不是没有，廖化就是其中的一位。

廖化是襄阳人，刘备在荆州期间，荆襄士人纷纷加入刘备集团，廖化也是其中之一。一开始，史书没有写廖化担任什么职务，到刘备称汉中王时，关羽被任命为前将军，廖化是他的主簿。"主簿"是《三国志》中经常提到的一个职务，它是各级主官属下掌管文书的佐吏。《文献通考》记载："盖古者官府皆有主簿一官，上自三公及御史府，下至九寺五监以至州郡县皆有之。"也就是说，上至三公，下到县官，在其下都可以设置这一职务，是辅佐主官的，主要负责公文往来。这个职务有点儿类似"办公室主任"，其级别可大可小，具体视主官级别而定。

孙权夺取荆州后，关羽手下的官员们纷纷报私，廖化迫于无奈也跟着投降了。《三国志·廖化传》记载，廖化一心"思归先主"，总想逃到益州去。廖化当时应该在荆州的公安或江陵，距离成都十分遥远，可称"千里之外"，要回去，中间需越过数百里孙吴控制区，谈何容易？更何况，廖化还有一个自身困难。他的老母亲尚在，他不能抛下母亲一个人去益州，要去就得把母亲带上。尽管困难重重，但廖化最后还是义无反顾地逃回了益州。《三国志·廖化传》记载：

羽败，属吴。思归先主，乃诈死，时人谓为信然，因携持老母昼夜西行。

廖化通过诈死的办法骗取人们相信，让大家不再注意他，然后悄悄逃出荆州，还带上了母亲。母子二人不分白天黑夜地赶路，这样的情节或许不如关羽"过五关、斩六将""千里走单骑"看起来那么轰轰烈烈，但其中的执着与坚贞丝毫不差，甚至更加感人和悲壮。廖化和母亲在路上走了很长时间，走到秭归时，遇到了率大军前来伐吴的刘备。刘备深为廖化的忠义精神所感动，在与廖化交谈后"大悦"，任命廖化为宜都郡太守。廖化随后参加了刘备伐吴之战。廖化携母西进益州，于公为忠，于私为孝，其忠孝精神同样可歌可泣。廖化后来位至蜀汉右车骑将军，封中乡侯，是蜀汉后期最重要的将领之一。

说起廖化，有两件事令人关注。一个是廖化的年龄。有人认为，廖化是三国时代活得最久的人。但这是不确切的。《三国志》没有给出廖化死时的具体年龄，但有过一些交代：蜀汉有一位大臣名叫宗预，原来是张飞的手下，最后官至征西大将军，他跟廖化之间有过一次对话。其中，宗预对廖化说"吾等年逾七十"，也就是"我和你现在年龄都超过了七十岁了"。这句话说完三年后，廖化就去世了。根据这个推断，廖化实际年龄的下限是七十四岁，上限是八十三岁，他在三国算是比较长寿的人之一，但要说长寿冠军，他还不是。曹操手下的大臣高柔活到了八十九岁，司马懿的弟弟司马孚活到了九十二岁，孙权手下将领吕岱活到了九十五岁，蜀汉大臣来敏活到了九十六岁。上面这几位都活得更久，但这个榜单的冠军是一个叫张臶的人。张臶是一名文士，有一些名气，袁绍征召他不去，曹操征召他也不去，曹操的儿子曹丕征召他还不去，曹操的孙子曹叡征召他又不去。他不愿意当官，只愿意做一个布衣百姓，结果活到了一百零五岁，是汉末三国的"长寿冠军"。

人们关注廖化，还有一个是因为"蜀中无大将，廖化作

第九章 | 成都（十二月）

先锋"这句话。这句话并非出自《三国志》，也不是出自《三国演义》，而是出自一部名为《扫迷帚》的书。该书出版于清末，是一部反对迷信风俗的书，书中全面论析了中国迷信风俗的源流及危害。该书第二十四回"修志书独出心裁，施棒喝顿开茅塞"中有这样一段话：

不期一日正挥毫缮写间，突来一不知姓名、宽衣博袖、满脸腐气的老儒。那人跨进书室，并不向主人致礼，便坐在那靠东椅子上，嗤的（地）一笑道："好，好，'蜀中无大将，廖化作先锋'，你这少年，公然充起著述名家来，怪极，怪极。"一面说著（着），一面伸手向衣襟上又旧又污的布袋内摸出一京料鼻烟壶，且倾且嗅，旁若无人。

现在对"蜀中无大将，廖化作先锋"一句的理解，多认为是指蜀汉后期人才凋零，连能力平庸的廖化都能担任先锋。其实，《扫迷帚》中的有些话出自"老儒"之口，虽然也有些贬义，但强调的不是廖化平庸，而是廖化年老，且有调侃之意，与人们现在的理解有很大不同。《三国志·廖化传》仅一百余字，对廖化的事迹记述得十分简单，但廖化绝非平庸之辈。《三国志·王平传》注引《华阳国志》记载："时人语曰：'前有王句，后有张廖。'"时人将廖化与镇北大将军王平、左将军句扶、

建安二十四年

左车骑将军张翼并称。

而廖化携母由荆州前往益州，又是一场真实版的"千里走单骑"。说到"千里走单骑"，人们想到的是关羽。官渡之战前，刘备、关羽战败失散，关羽身陷曹营，刘备去投奔袁绍。后来，关羽得知刘备的下落，单枪匹马保护二位"皇嫂"千里寻兄，先后连闯五关，斩杀了六员曹将，最后在古城实现了兄弟、君臣和夫妻的相会。但这些情节是《三国演义》虚构出来的，真实的历史上不可能发生这样的事情。官渡之战期间，刘备在袁绍那里，袁、曹双方已经短兵相接，刘备与关羽相距不远，最多走几十里路就到了。"千里走单骑"的故事却说关羽此行极为不易，是连闯曹军若干关隘，连杀若干曹军守将才得以通过的。其中，先过东岭关杀孔秀，再过洛阳城杀韩福、孟坦，过汜水关杀卞喜，过荥阳杀王植，过黄河渡口时杀秦琪，这就是所谓"过五关，斩六将"。上述这些地名所勾勒出的是一条较为混乱的轨迹，这里甚至还包括距官渡前线数百里远的洛阳，已远远脱离了当时的主战场。小说这么写，大概是想进一步彰显关羽义归刘备的不易，将洛阳也算进来，可能是想凑"千里"这个数。

二、刘备的怒火

关羽被杀的消息很快传到了益州。这时，刘备已经回到

第九章 | 成都（十二月） |

成都，听到这样的噩耗，一定极度震惊、愤怒、悲伤与焦虑。震惊的是，孙权这个"大舅哥"居然背弃了多年来形成的孙刘联盟，与死敌曹操携手，在自己的背后突然捅了一刀，这一刀是如此令人意外，刘备毫无思想准备。令他愤怒的是，孙权不仅杀了关羽，还抢占了自己在荆州的地盘，那是辛苦多年打下的基业，就这样被孙权轻易得去了。悲伤的是，关羽就这样死了，自己与关羽相识三十多年，结成了牢不可破的兄弟情谊，二人就这样天人两隔了。焦虑的是，荆州对自己的事业有着特殊意义，失去荆州，统一天下之路将变得更加艰难，而自己手下有很多人的家乡就在荆州，那里有他们的亲人和祖业，荆州一夜之间成了"敌占区"，这将极大影响本阵营的人心与士气。

尽管史书中没有"桃园三结义"的记载，那也是小说虚构出来的，但刘备与关羽之间的确"恩若兄弟"。刘备本质上是性情中人，重感情、讲义气是他最大的特点。面对关羽之死、荆州之失，刘备怎能就此忍下？诸多思绪最后汇聚成复仇的烈火：打回荆州，为关羽报仇，刻不容缓！

这正是曹操所希望的。如果刘备此时就举全力杀向荆州，曹操一定会从梦中乐醒。从战略全局考虑，刘备不应该这样做，虽然他有很多向孙权复仇的理由，但在曹操这个强大的敌人面前，他仍然需要克制。所以，看到刘备复仇的烈火越燃越旺，

|建|安|二|十|四|年|

不少人都出来相劝。《三国志·法正传》记载，此时"群臣多谏"，但刘备"不从"。反对最坚决的是赵云，《三国志·赵云传》注引《云别传》记载：

> 孙权袭荆州，先主大怒，欲讨权。云谏曰："国贼是曹操，非孙权也，且先灭魏，则吴自服。操身虽毙，子丕篡盗，当因众心，早图关中，居河、渭上流以讨凶逆，关东义士必裹粮策马以迎王师。不应置魏，先与吴战；兵势一交，不得卒解。"

赵云认为，当前最大的敌人是曹魏，而不是孙权，应该先灭曹魏，到那时，孙权不用打自会臣服。赵云还进一步建议：当前应当进图关中，占据黄河、渭河的上游，从那里征讨曹魏，关东义士必将响应。千万不能把曹魏搁置起来去伐吴，一旦与孙吴交兵，不能马上能见分晓。

赵云的见解与诸葛亮隆中对策中的指导思想一致，那就是把北伐中原作为统一天下的第一步。为实现这个目标，诸葛亮提出需要与孙权联合。赵云知道，在现在的情形下联合孙权不合时宜，所以没有再提。还有一些话，赵云大概没有明说，那就是能不能打败孙权、夺回荆州呢？在赵云看来，这恐怕是没把握的事，只是他说得很委婉。与关羽、张飞不同，赵云遇事一向有自己的见解，很谨慎也很冷静，不唯命是从，

第九章 | 成都（十二月）

在关键时刻曾多次劝谏刘备，不管刘备是否爱听。事实证明，赵云的这些重要意见都有先见之明。可是，刘备已被愤怒占据了头脑，对赵云的这番话也采取了"不听"的态度。《三国志·黄权传》记载，偏将军黄权也坚决反对刘备亲自率兵伐吴，不过，他劝谏的话与赵云不一样："臣请为先驱以尝寇，陛下宜为后镇。"在黄权看来，此战也并无多少胜算，与其倾举国之力去赌，不如先尝试一下再说。这些话要是换一个人说，刘备肯定得翻脸，但黄权是他深为器重的将领之一，他一直在刻意栽培黄权。所以，尽管不接受黄权的建议，刘备也没有说什么。

刘备执意东征孙权，并立即着手各项准备工作。刘备如此固执己见，除心中的愤怒外，还有对战局的判断，他的结论与赵云、黄权等人有所不同。上半年的汉中之战让刘备信心大增，或许认为曹操都不是自己的对手，孙权更不在话下。占领益州、汉中后，刘备的军事实力确实增长很快，虽然荆州丢了，但此时的整体军力并不弱于孙权。孙权占领了南郡等地，但立足未稳，自己在荆州毕竟经营了多年，只要亲率大军前往，那些暂时投降了孙权的人必然响应支持，民心应该在自己这一边。

在这个事关蜀汉生死存亡的重大问题上，刘备身边最重要的智囊——诸葛亮在做什么呢？他是什么态度？清代乾隆皇帝读《资治通鉴》，读到这一段时也发出了"诸葛亮在干什么"

|建|安|二|十|四|年|

的疑问。乾隆皇帝在《御批通鉴辑览》中写下了这样一段话:

> 赵云数语,深切事势,独怪诸葛亮隆中之对已云吴可为援,而不可图,何此日东伐竟不能止,至事后乃追思法正乎?

乾隆皇帝的不解也是后世很多人共同的疑问,那就是以诸葛亮的智慧,伐吴这样显而易见的战略错误,就连赵云都能洞若观火,他怎么可能看不到呢?如果看到了,那为什么史书上没有关于他阻止这件事的任何记载呢?乾隆皇帝所说事后"追思法正"一事是《三国志·法正传》的记载。那是到了后来,刘备果然兴兵东征孙权,结果失败了,诸葛亮说过一段颇为耐人寻味的话:"法孝直若在,则能制主上,令不东行;就复东行,必不倾危矣。"从这些话里似乎可以看出诸葛亮在讨伐孙权之事上有难言之隐。表面上看,诸葛亮好像说自己没有能力劝阻刘备,刘备更信任法正,如果法正去劝,结果肯定不一样。这有两种可能:一种是诸葛亮也劝了,刘备没听,所以有这样的感慨;另一种是诸葛亮考虑到他去劝刘备也不会听,所以没有劝。

但是,这两种情况都是说不通的。说诸葛亮也劝过刘备,那应该留下记载,刘备即使不听,也会有解释。如果是后一种情况,那就更不应该了。这么重大的事情,事关生死存亡,怎能以一己之私而废公呢？这不是诸葛亮的风格。

其实，如果放在那个时候，设身处地站在诸葛亮的角度看的话，也许会理解诸葛亮内心里的苦衷。在联合孙权一事上，诸葛亮是坚定的支持者，不管有多少人反对，也不管刘备心里是不是产生过动摇，诸葛亮都坚定不移地支持，倡导与孙权和平相处，这一点与鲁肃颇为相像。所以，当孙权背叛同盟，阴谋夺取荆州后，诸葛亮面对了很大的尴尬和压力。刘备虽然不会就此质问他，但上上下下对于联吴战略是否正确肯定有一些闲话。在这种情况下，诸葛亮还要大张旗鼓地坚持原来的看法，就有点儿不合时宜了。更为重要的一点，随刘备从荆州来到益州的有一大批人，荆州是他们的老家，荆州有他们的亲人、故旧和家产，对他们来讲，一定要"打回老家去"，孙权不仅是他们的国恨，更是他们的家仇。可以想见，除了赵云这样的有识之士外，劝刘备不要讨伐吴的应该多是益州本地人，黄权、秦宓就是他们的代表。而踊跃出兵的多是荆州人，这从刘备后来所组建的东征大军的组成上就能看出来。

三、刘封该不该杀

尽管刘备心中很急，恨不得立即就出兵，但东征这么大的事情，又是在荆州大败、益州上下人心不稳的情况下，想马上发兵也是不可能的。为此，刘备还要进行一些准备工作，这些工作涉及政治、经济及军事的各个方面。刘备虽然是性情中人，容易受感情因素支配，但他并不是一个头脑简单的武夫，知道这些准备工作是必不可少的，所以没有立即发兵。就在这时，又有一个不好的消息传到成都："上庸三郡"也丢了，孟达投降了！

关羽被杀前，刘封、孟达对出兵支援要求采取了拖的办法，他们向成都方面进行了紧急报告，等待进一步指示。令刘封和孟达没想到的是，荆州前线的战事竟急转直下，关羽迅速被消灭。这也实在太快了，刘封、孟达立刻紧张起来。刘封紧张，是因为不知道该怎么向义父交代；孟达紧张，是担心自己恐怕在劫难逃。

孟达在这段时间里一直感觉不好，平定"上庸三郡"中，他的功劳最大，本来他一个人就能把这些事情搞定，可刘备非要派个义子来督阵，明摆着是对自己不信任。现在关羽死了，刘备一定会要个说法。刘封是刘备的养子，不至于怎么样，而自己无根无基，关羽被杀、荆州丢失的这个黑锅看来得自己背上了。

刘封到上庸后对孟达不够尊重，二人常有内斗。《三国志·刘封传》记载刘封与孟达时常相争，"封寻夺达鼓吹"。"鼓吹"是军用的乐器仪仗，蔡邕解释："军乐也，黄帝岐伯所作，

第九章 | 成都（十二月）

以扬德建武，劝士讽敌也。"它属天子卤薄仪仗，或缭绕于天子宴飨群臣之宴，或赏赐于天子所亲重的宠臣爱将。东汉时，一般只有大将军、骠骑将军、车骑将军、卫将军才被赐予鼓吹，以示地位在诸将之上。孟达的鼓吹，可能是刘备称汉中王之后赏赐的。以孟达的地位，这个赏赐似乎有些重，但在当时也并非无先例，如西晋王范所撰《交广春秋》记载："交州治嬴陵县。元封五年（前106），移治苍梧广信县。建安十五年（210），治番禺县。诏书以州边远，使持节，并七郡皆授鼓吹，以重威镇。"孟达的鼓吹，应该属于"郡给鼓吹，以重城镇"一类。刘封是"上庸三郡"的实际负责人，但孟达有鼓吹，申耽、申仪比他职级高，这些都让刘封不快。刘封夺孟达的鼓吹，大概是想强调"在这里只有我说的话才算数"。

孟达进行了激烈的思想斗争，对外怕刘备追责，对内又愤恨于刘封的侵凌，于是决定投降曹魏。孟达先给刘备写了一封信，说明自己的无奈，然后率手下四千余人投降。曹魏方面立即任命孟达为散骑常侍、建武将军，封平阳亭侯。此时，上庸郡和西城郡还在刘封手中，曹魏方面派夏侯尚、徐晃率军帮助孟达进攻他们。《三国志·刘封传》记载，孟达给刘封写了封长信，对刘封进行招降。信中说：

古人有言："疏不间亲，新不加旧。"此谓上明下直，谗

建安二十四年

愿不行也。若乃权君谲主,贤父慈亲,犹有忠臣蹈功以罹祸,孝子抱仁以陷难,种、商、白起、孝己、伯奇,皆其类也。其所以然,非骨肉好离,亲亲乐患也。或有恩移爱易,亦有谗间其间,虽忠臣不能移之于君,孝子不能变之于父者也。势利所加,改亲为雠,况非亲亲乎!故申生、卫伋、御寇、楚建禀受形之气,当嗣立之正,而犹如此。今足下与汉中王,道路之人耳,亲非骨血而据势权,义非君臣而处上位,征则有偏任之威,居则有副军之号,远近所闻也。自立阿斗为太子已来,有识之人相为寒心。如使申生从子舆之言,必为太伯;卫伋听其弟之谋,无彰父之讥也。且小白出奔,入而为霸;重耳逾垣,卒以克复。自古有之,非独今也。

夫智贵免祸,明尚凤达,仆揆汉中王虑定于内,疑生于外矣;虑定则心固,疑生则心惧,乱祸之兴作,未曾不由废立之间也。私怨人情,不能不见,恐左右必有以间于汉中王矣。然则疑成怨闻,其发若践机耳。今足下在远,尚可假息一时;若大军遂进,足下失据而还,窃相为危之。昔微子去殷,智果别族,违难背祸,犹皆如斯。今足下弃父母而为人后,非礼也;知祸将至而留之,非智也;见正不从而疑之,非义也。自号为丈夫,为此三者,何所贵乎?以足下之才,弃身来东,继嗣罗侯,不为背亲也;北面事君,以正纲纪,不为弃旧也;怨不致乱,以免危亡,不为徒行也。加陛下新受禅命,虚心

第九章 | 成都（十二月）

侧席，以德怀远，若足下翻然内向，非但与仆为伦，受三百户封，继统罗国而已，当更剖符大邦，为始封之君。陛下大军，金鼓以震，当转都宛、邓；若二敌不平，军无还期。足下宜因此时早定良计。《易》有"利见大人"，《诗》有"自求多福"，行矣。今足下勉之，无使狐突闭门不出。

为写这封信，孟达下了很大功夫，这封信写得情理俱在。孟达在信中说："人一旦涉及权势和利益，亲人都会成为仇人，更何况还不是真正的亲人呢？现在你跟汉中王只是普通的关系，没有骨肉之亲，自从在汉中宣布刘禅为太子以来，大家都为你鸣不平，感到寒心。从前，如果申生听取了子舆的劝告，必定会像太伯一样开辟出新的天地；卫伋如果听了弟弟的建议，也不会让他的父亲遭受天下之讥；公子小白逃出本国，后来却回国建立了霸业；重耳跳墙逃到外国避难，结果也恢复了君主的位子。上面这类事情，自古都有啊！"

看来，为说服刘封，孟达查了不少书，引用了好几个典故来说明人应该识时务，尤其是公子小白和重耳的故事更有诱惑力，他们都在本国遇到灾祸时逃到他国避难，最后又东山再起，分别成为齐桓公和晋文公。孟达劝刘封效仿他们，先投降再说，今后的事慢慢来。在这封信中，孟达还为刘封分析："现在汉中王对你可能已经产生了怀疑，担心你会起兵

建安二十四年

造反。而你平时在人情世故方面不注意，由此结下不少私怨，我担心汉中王的左右会对你进行离间。现在你远在他方，还能有一丝苟且，如果我们大军前进，你只能逃回益州，到那时就危险了。"

孟达劝刘封，以他的才干弃身东就，不仅能继嗣寇氏罗侯的爵位，而且会得到更大的封地，让刘封三思。刘封本姓寇，他的父亲曾被封为罗侯，孟达所以这么说。刘封不听孟达之言，还想一战，但申仪也投降了，刘封只得败走。曹魏方面下令将房陵、上庸、西城三郡合并为新城郡，以孟达兼任领新城郡太守，把曹魏整个西南方向的事务都交由孟达负责。这样，刘备失去荆州之后又失去了"上庸三郡"。

刘封逃回成都，刘备十分生气。刘备不仅恨刘封没有出兵救关羽，更怨他与孟达没有处理好关系，激起孟达反叛。《三国志·刘封传》记载："先主责封之侵陵达，又不救羽。"前一条刘封实在有些冤枉，但后一条他的确有责任。刘封年轻气盛，又是刘备的养子，礼贤下士方面还没有养成习惯，不把降将孟达放在眼里，结果酿成大祸。

如何处置刘封呢？刘备征求了诸葛亮的意见。一向做事谨慎的诸葛亮却向刘备提出了一个激进的建议：把刘封杀掉。诸葛亮之所以这么想，主要考虑是刘禅刚被立为王太子，刘备登基称帝的准备工作已经展开，刘禅就是将来的皇太子，刘备驾崩之后，刘禅将继任。而刘封性格刚烈勇猛，这样的人容易冲动，什么事都会干出来。诸葛亮考虑到刘禅继位之后很难驾驭刘封，故而提出了这样的建议。《三国志·刘封传》记载：

> 诸葛亮虑封刚猛，易世之后终难制御，劝先主因此除之。于是赐封死，使自裁。封叹曰："恨不用孟子度之言！"

刘封被杀，刘备对此十分难过。《三国志·刘封传》记载，刘备"为之流涕"，这个眼泪是真心的。刘备四十多岁时才有了刘禅，在此之前，刘备认为自己可能永远无后了，所以收养刘封为义子。刘封本是罗侯寇氏之子、长沙郡刘姓人家的外甥，家境应该不错，如果不被刘备收养，即使人生没有大富大贵，但也足以平安一生。想到这些，刘备心里肯定更难受，刘封追随自己以来并无大的过失，如果因最后这件说不太清楚的事情而丧命，实在冤枉。刘备也算是个厚道人，此时他如果想起刘封的亲生父母一定会觉得愧疚。

再者，刘封并不是平庸之辈。《三国志·刘封传》说他"有武艺，气力过人"。刘备在葭萌关起兵时，刘封二十多岁，随诸葛亮、张飞等溯流西上，"所在战克"，因战功被任命为副军中郎将。第二次汉中之战时，刘封已经成长为一名出色的将领。如前所述，在曹操眼里，刘封可与他的虎将儿子曹彰匹敌。蜀汉人才短缺，刘备正在用人之际，却不得不杀了刘封，刘备很心痛。对刘封之死，后世有人表示惋惜，认为其即便有罪也不至于当处死，因为刘封的过失与傅士仁、糜芳、孟达投敌完全不同。明代学者李贽评论说：

刘封虽不出救，其罪正与糜芳同科，俱是情有可原者也。若傅士仁、孟达，则反国之贼也，罪不容诛矣。凡读史者，定须原情定罪，方不冤枉了人也。

李贽主张"原情定罪"，是指审理案件单靠有限的法律条文是不够的，还应衡量犯罪的情节和行为人的动机、目的，应因情以求法，对情有可原者应予以宽免。李贽对比了刘封与糜芳的遭遇，更为刘封鸣不平。糜芳投敌给家人带来了大麻烦，他的哥哥糜竺让人把自己绑起来，到刘备那里请罪。刘备对他进行了安慰，说弟弟犯罪不能追究到哥哥，对他仍然信任如初。只不过，这件事情对糜竺打击很大，他很羞愧，得了病，一年后就去世了。

四、有没有"借刀杀人"

对刘备来说，从建安二十四年（219）八月关羽北伐，到

第九章 | 成都（十二月）

这一年的年底关羽失败，这几个月简直是他人生中最黑暗的时刻。关羽被杀，荆州和"上庸三郡"先后丢失，孟达投降，刘封赐死，这一连串的事件接踵而至，对刚刚称汉中王的刘备造成了沉重打击。

应该说，形成这样的局面既有必然性也有偶然性。在必然性方面，如前所述，随着刘备势力近年来的急速膨胀，孙权和曹操都不会坐视不理。尤其孙权，心态会更为复杂。刘备一直不如他，一度形同于他的附庸，后来却一再得势，先益州、后汉中，势头如日中天，又在曹操之后第二个称王，赶在了孙权的前面。孙权的心里既有焦躁和妒忌，也有不安。在这种情况下，如果有机会削弱刘备的势力，孙权一定不会迟疑。在偶然性方面，关羽借雨季发动樊城战役，居然一举给曹军以重创，气势如虹。在这种情况下，尽管没有做好充分的准备，刘备和诸葛亮也无法突然叫停关羽的行动。更何况，益州和荆州之间隔了千山万水，情报和军令传达难以及时，而战场形势又瞬息万变，所以一切都只能交给关羽临机决断。

总体来说，这是一场突然发起的战役，在曹操和孙权临时联手，而刘备和诸葛亮又无法掌控战场局面的情况下，关羽的失败是情理之中的事。只是，史书对这场决定三方势力消长的重要战役记载得并不详细，尤其对成都方面如何看待这场战役，如何支援和策应关羽的军事行动缺乏记载，因此留下了很多让人想象的空间。人们注意到，在关羽发动战役的几个月时间里，刘备和诸葛亮都没有任何作为，既没有派一兵一卒前来支援，也没有下达过什么命令。如果把这些情况还原到当时紧张激烈的气氛之中，似乎是难以想象和不合常理的。

除非有一种可能：刘备和诸葛亮故意这样做的。问题是，他们为什么会这么做？有人于是提出了"阴谋说"，近代国学大师章太炎就提出了"诸葛亮借刀杀人"的说法。章太炎的《訄书》一书中有一篇《正葛》，文中提出关羽之死是刘备、诸葛亮借孙权之手造成的，其中诸葛亮的意见占主导。在章太炎看来，诸葛亮是一位深谋远虑的政治家，为避免集团内部可能发生的内讧，会不惜一切手段消除这些隐患，而关羽正是蜀汉未来的"隐患"。章太炎认为，诸葛亮是杀关羽的"罪魁祸首"，综合起来，其理由有以下几条：

首先，关羽危难之时，诸葛亮并没有派兵相助。章太炎认为"昧者讥其无远略，而或解以败问之未通"，意思是不明白的人讥笑诸葛亮没有远见，而有的人则用诸葛亮想借失败问罪关羽来解释，这些说法是讲不通的。章太炎为什么认为讲不通呢？因为诸葛亮见识卓群，不会看不到关羽面临危机，以上都不是不发兵的理由。章太炎认为，诸葛亮不去救关羽的真实理由是关羽"功多而无罪状，除之则不足以压人心，不除则易世所不能御，席益厚而将掣挠吾大政"，也就是关羽已经成为"虎臣"，不好掌控，所以诸葛亮才决心除掉他。

其次，诸葛亮曾用同样的理由除掉了刘封。对刘封之死，章太炎认为："葛氏特以刚猛难任，不可用于易世，劝先主除之。是杀之以罪，杀之之情则不以其罪也。"在章太炎看来，刘备并没有要杀刘封的意思，完全是由诸葛亮竭力怂恿的。而这是一个冤案，杀刘封的理由不是公开说的那些，而是背后另有盘算。既然刘封因易代之后不可控制而应清除，那么关羽也一样。

再次，诸葛亮年轻时喜欢吟诵《梁父吟》，这首诗大有文章。《梁父吟》讲的是"一朝被谗言，二桃杀三士"的故事，核心是假借他人之手除掉政治对手，看来诸葛亮早就对此道十分谙熟，对可能构成政治隐患的人，无论是谁都不会手软。章太炎后来还说："诸葛治蜀，赏信必罚，彭羕、李严皆纵横之魁杰，故羕诛而严流。"彭羕的情况前面已经说过，而李严是刘备后来在白帝城托孤时指定的另一位辅政大臣，这两个人都很有本事，但也都被诸葛亮"整治"过。章太炎的意思是，诸葛亮在政治斗争方面是一个"狠人"。

正是有以上这些理由，章太炎提出了诸葛亮借他人之手除掉关羽的结论。这个观点很惊悚，论据及推理过程却相当勉强。说诸葛亮没有出兵救关羽，看起来似乎是事实，但这里有客观方面的原因，而章太炎却没有仔细去分析。说诸葛亮除刘封，这也是事实。但在这件事情上，诸葛亮的确也有充足的理由，所以能说服刘备。关羽不同于刘封，不会从血统上对刘禅形成挑战，"尾大不掉"只是猜测。以关羽对刘备的感情，这种可能性非常小，诸葛亮不会因此而有杀关羽的念头。即使诸葛亮有，刘备也难以同意。最重要的是，借他人之手除掉关羽，势必付出失去荆州的代价，无论刘备还是诸葛亮都不会有这种疯狂的念头。对刘备来说，失去荆州的代价实在太大了；对诸葛亮来说，这个代价不仅大，而且意味着痛苦和牺牲——诸葛亮有许多亲友仍在荆州，难道为了一个关羽就果断地放弃他们吗？

　　章太炎的《正葛》一文充满了猜测的成分，并没有太大的说服力。然而，章太炎是著名学者，史学方面的造诣也十分深厚，他为什么抛出了一个并不靠谱的观点呢？载有《正葛》一文的《訄书》初刻于1900年，此时的中国正处在风云激荡之时，章太炎不仅是著名学者，更是一位著名的革命家，他青年时代告别诂经精舍，投身于改良和革命活动，此后多次坐牢和流亡。章太炎投身革命的年龄正好与诸葛亮出山的年龄一样，都是二十七岁，诂经精舍某种程度上相当于隆中的草庐，所以章太炎对诸葛亮有着特别的关注。只是，章太炎年轻时对诸葛亮多持批评态度，他写《正葛》一文，目的其

第九章 | 成都（十二月）|

实是以古讽今，想表达的是，有些人为了巩固政权可以不惜采取各种手段，其做法是值得批判的。这一阶段的章太炎对黄兴等革命者就多有批评，对袁世凯则充满好感。章太炎的这种思想，核心在于对中国革命的复杂性和长期性缺乏认识。《正葛》一文抛出的惊世之论，发泄的是章太炎对当时混乱政治形势的愤懑之情。

《訄书》出版十五年后的1915年，章太炎对该书做了较大修正，改名为《检论》重新出版，其中《正葛》是章太炎重点修正的一篇文章。在修订这篇文章时，章太炎一开始想把《正葛》改名为《评葛》，后来又觉得不合适，遂改为《议葛》，快要出版时，他又改为《思葛》。从这些改动中可以看出，章太炎对诸葛亮的看法在不断发生改变。就"刘备、诸葛亮借他人之手杀关羽"的观点，章太炎进行了认真反思，他说："少时所称云尔，晚涉季世，益窥古人用心。"承认自己当初阅历不够，臆猜了古人。章太炎认为，关羽虽然未能较好地落实蜀吴联盟，但"其才可辅而用也"，刘备、诸葛亮没有除掉他的理由。章太炎早年对诸葛亮多有批评，这时也修正了看法，他说："武侯本布衣诸生，规在救民。"还认为诸葛亮北伐是得到人民支持的，章太炎说诸葛亮"始出斜谷，则三郡响应，屯田渭滨，而百姓按堵，其以抚和黎庶，远倾敌国，道至弘矣"。应该说，章太炎晚年的这些观点更为成熟，对诸葛亮的评价也更客观。章太炎年轻时抛出了"刘备、诸葛亮借他人之手杀关羽"的不成熟观点，但他又能本着实事求是的精神对这个观点进行了彻底修正，今人应该学习章太炎这种严谨求学、自我批判的治学精神，而不是乱引他的那些并不成熟的观点。

总之，根本不存在"借刀杀人"，诸葛亮不曾有，刘备也不曾有。至于战役从开始到结束的这几个月时间里，成都方面没有大的动作，结合前面的讲述，大致可以总结为以下几点：一是因为益州和荆州间道路阻隔，联系不便。关羽坐镇荆州期间，大本营在南郡的公安，与成都之间最便捷的联络通道是长江，但须逆流而上，乘最快的船也需要十余日。关羽率军北上以后，战场又移向长江以北几百里的襄阳、樊城一带，信息交换一来一去最快也得论月计算，刘备、诸葛亮难以及时了解前方的情况。二是如前所述，关羽发动此役事先并没有跟刘备、诸葛亮认真商量研究，没有形成战役的整体方案和规划。关羽北伐是在形势变化和天气因素相叠加情况下决定的，属于仓促起兵。而北伐初期，刘备又在由汉中回成都的路上，诸葛亮不在刘备身边，刘备只能走一步看一步，造成反应不及时的问题。三是关羽北伐战役虽然于这一年的八月开始发动，但转折点出现在十月以后。开始阶段，关羽一路高歌猛进，气势压倒对手，不存在紧急救援的问题，关羽大概也没有想到要向成都方面求援。刘备回到成都后，跟

第九章 成都（十二月）

诸葛亮即使收到了荆州方面传来的消息，那也都是捷报，对关羽可能产生的危机或许有认识，但不会那么急迫，不会想到转眼之间关羽就会陷入绝境。四是战役成败的关键是孙权的背后一击。当时孙权是盟友，曹操是敌人，对孙权会背后一击的事任何人都无法预知，孙权的一举一动只有在荆州的关羽最清楚，远在益州的刘备和诸葛亮是很难把握和预料的。正是由于以上原因造成了成都方面救援不及时的问题，这都是客观情况造成的，而没有主观故意。

但不管怎么说，荆州丢失、关羽被杀，对正在鼎盛时期的刘备集团而言都是一个沉重打击。这也改变了曹操、孙权和刘备三者之间的关系，以往传统意义上的孙刘联盟看起来已无法继续。过去"二弱"联合起来尚能抗"一强"，现在孙权似乎变得越来越强了，又站在了曹操一边，对刘备而言岂不成了"一弱"对"二强"？

第十章　公安（十二月）

|建|安|二|十|四|年|

一、吕蒙之死

孙权夺取了刘备在荆州的地盘，原荆州七郡中，只有南阳郡及江夏郡的一部分地区、南郡的北部地区在曹操手中，孙权拥有了至少五个郡，可谓大获全胜，志得意满。至于刘备方面的报复，孙权也想好了，那就把曹操紧紧拉住，共同对付刘备，相信这一关也并不难过。为显示对抗刘备的决心，孙权不再回建业，而是在荆州寻找新的大本营。关羽在荆州期间，重点经营的是江陵和公安，江陵距益州有些近，而距离江东有些远，不便于荆州与扬州之间的协调。公安在赤壁之战前的名字还叫油江口，是油江汇入长江的地方，只是一座镇子，连县城都算不上，还是刘备改的名字，并将附近孱陵县的部分地方划过来成立了一个公安县，作为新的大本营，其基础条件并不怎么好。

孙权最后看中了武昌。这个武昌，并不在今湖北省武汉市，

第十章 公安（十二月）

而是湖北省鄂州市。这里的自然条件非常好，三面环山，一面临水，其东南方的幕阜山余脉，山势险峻，是天然的军事屏障。武昌临近江边的西山景色十分秀美，环城绕郭有洋澜湖和三山湖，让古武昌城显得景色宜人，适于居住。附近的西山还自古出铁，离武昌不远的汀祖、碧石和大冶的铜绿山一带铜矿丰富，冶炼业在这里早有一定规模。武昌城西有樊川，可停泊水军船只。与樊川相连的有长达百里的梁子湖，湖面很宽，水量足，终年不枯，是操练水军的理想处所。由樊川还可轻松进入长江，其交汇处就是三国时期著名的军事要塞樊口，这里已经成为孙权水军最重要的基地之一。要与强大的魏军争衡，水军是孙权的制胜法宝。孙权一向重视水军建设，大本营放在武昌，可以在这里大力发展造船业，造出更多更大的战船。武昌后来正式成为孙权新的指挥中心，而其造船业也得到迅猛发展。在这里造出的大批战船中，有一艘最大的战船取名"长安"。该船造好后，孙权下令在钓台圻试航，他本人亲自登船参加了首航。

在武昌城没有建好之前，孙权仍把大本营临时放在公安。在这里，孙权不仅见到了被关羽俘虏的于禁，还见到另一位汉末的风云人物——原益州牧刘璋。建安十九年（214），刘备率兵攻至成都城下，刘璋被迫开城投降。之后，刘备自任益州牧。刘璋原来还有一个振威将军的头衔，是曹操以汉献

|建|安|二|十|四|年|

帝名义授予的，刘备将振威将军的印绶归还给刘璋，意思是仍承认他拥有此头衔。当然，这只是个虚名。刘璋有两个儿子，长子刘循，次子刘阐。刘璋曾多次命刘循率兵抗拒刘备，但刘循又是庞羲的女婿，庞羲在益州势力很大，刘备占有益州后也得与他合作，故而刘璋把刘循留了下来，只带刘阐在身边。刘备后来继续重用庞羲，并任命刘循为奉车中郎将。《后汉书·刘璋传》记载："备迁璋于公安，归其财宝。"推测起来，刘璋父子到荆州后，先驻秭归，为了安全，后来迁到了公安。刘璋带着小儿子刘阐到公安过起了"寓公"生活，虽然没有自由，倒也平静。孙权觉得刘璋仍有利用价值，又把他迁到秭归，在那里设立了自己控制下的益州"流亡州政府"，刘璋任益州牧。《三国志·刘璋传》记载："孙权杀关羽，取荆州，以璋为益州牧，驻秭归。"后来，刘璋死了，孙权改任刘璋之子刘阐为益州刺史，成为对付刘备的一张牌。

在公安，孙权置酒大会，以示庆贺。《三国志·全琮传》记载，席间，孙权专门来到全琮的面前，对他说："君前陈此，孤虽不相答，今日之捷，抑亦君之功也。"孙权下令提升全琮为偏将军，封阳华亭侯。全琮是江东早期名将全柔之子，深得孙权信赖，是孙权重点培养的年轻将领之一，孙权还把大女儿孙鲁班嫁给了他。

在这次盛大的宴会上，如果安排有乐舞助兴，那有一支鼓吹曲最合适不过了，这就是与《关背德》同列入"吴鼓吹曲十二曲"中的《通荆门》。这首曲子也是吴人所作，曲词共二十四句，其中五字十七句、三字四句、四字三句，《古今乐录》称其内容为："《通荆门》者，言孙权与蜀交好齐盟，中有关羽自失之愆，戎蛮乐乱，生变作患，蜀疑其眩，吴恶其诈，乃大治兵。"总之，将孙、刘交恶的责任都推给关羽，将其称为"谗夫"，同时宣扬孙权一方的赫赫军威。《通荆门》曲词如下：

> 荆门限巫山，高峻与云连。
> 蛮夷阻其险，历世怀不宾。
> 汉王据蜀郡，崇好结和亲。
> 乖微中情疑，谗夫乱其间。
> 大皇赫斯怒，虎臣勇气震。
> 荡涤幽薉，讨不恭。
> 观兵扬炎耀，厉锋整封疆。
> 整封疆，阐扬威武容。
> 功赫戏，洪烈炳章。
> 邈矣帝皇世，圣吴同厥风。
> 荒裔望清化，化恢弘。
> 煌煌大吴，延祚永未央。

| 建 | 安 | 二 | 十 | 四 | 年 |

在这次庆功会上,却没有夺取荆州第一功臣吕蒙的身影,他病了,病得很厉害。《三国志·吕蒙传》记载,孙权下令赏赐吕蒙时,吕蒙固辞,孙权不许。孙权封吕蒙侯爵的命令还未送达,吕蒙即旧病复发,孙权赶紧把他接到自己在公安的住所休养,用各种药方为他治病,广求名医进行诊疗。孙权下令,有能治好吕蒙的赏赐千金。吕蒙要扎针,孙权每次看到心里都难受,想常去探望,又怕吕蒙为此劳神,所以经常隔着墙探望,看见吕蒙稍微能吃点儿东西就很高兴,回头就跟左右有说有笑,反之则叹息,睡不着觉。《三国志·吕蒙传》记载:

会蒙疾发,权时在公安,迎置内殿,所以治护者万方,募封内有能愈蒙疾者,赐千金。时有针加,权为之惨戚,欲数见其颜色,又恐劳动,常穿壁瞻之,见小能下食则喜,顾左右言笑,不然则咄唶,夜不能寐。

吕蒙的病曾一度好转,孙权为此专门下令大赦以示庆贺,众人也来向孙权庆贺。但是,这些都没有用,吕蒙仍然病逝了。临终前,孙权亲往探视,又命道士在星辰下为之请命。但这些没有用。吕蒙死时仅四十二岁,孙权悲痛异常。吕蒙留下遗言,所得金宝等赏赐都封于库中,交代有关人员待自己死

第十章 公安(十二月)

后上交,自己的丧事务必从简。孙权听到这些,更加伤悲。

关于吕蒙之死,有一种流传很广的说法,说他是被关羽的"阴魂"所杀。这个说法来自《三国演义》,说关羽是被吕蒙斩杀的,之后关羽便附身在吕蒙身上,又将吕蒙杀了。这种说法当然不可信。除此之外,还有一种说法被一些人相信,这种说法从阴谋论的角度出发,认为吕蒙是孙权害死的,原因有二:一是功高盖主,吕蒙夺取荆州这件功劳实在太大了;二是吕蒙对之前孙权做出的人事安排有意见,孙权虽然被迫接受了,但心里很不舒服,所以待大功告成之日便下了"毒手"。

其实,历史上吕蒙的死因并不复杂,他的确是得病死的,史书对此有多处记载。吕蒙死于建安二十四年(219),也就是刚刚袭杀关羽后。这个时间点确实有些巧合,但也没有什么可奇怪的。孙权手下的将领蒋钦也死于这一年,而且临死前还在领兵打仗。《三国志·蒋钦传》记载:

> 权讨关羽,钦督水军入沔,还,道病卒。权素服举哀,以芜湖民二百户、田二百顷,给钦妻子。

有人推测,也许这时在荆州一带暴发了一场瘟疫,蒋钦便死于这场瘟疫。而吕蒙本就多病,身体抵抗力弱,所以也在这时死了。当然,这只是推测。孙权没有害死吕蒙的理由和动机，要论"功高盖主"，首先被"害死"的应该是周瑜，而陆逊恐怕更难以活得长久。

吕蒙是孙权最喜欢，也是最器重的将领之一，孙权喜欢他，是因为他的身上有太多优点。吕蒙首先是一员猛将，敢打敢冲，在两军激战中能亲自取敌方主将的首级，又多次充当先锋，冒死拼杀，毫无惧色。吕蒙还是一员智将，他喜欢学习，能够不断地提高自己，在作战中肯动脑筋，经常有不凡的见解，对战略问题也有自己的思考，能指挥大兵团作战。另外，吕蒙轻视财富、崇尚道义。有位郡太守对吕蒙有意见，曾挖苦吕蒙，但吕蒙毫不记恨。后来有个职位空缺，孙权问吕蒙谁能接任，吕蒙推荐了那位郡太守。对吕蒙这种宽广的胸怀，孙权给予表扬。人品有时比能力更重要，吕蒙得了重病，孙权之所以那么焦急地渴盼他的病快些好，就是因为在孙权心目中，像吕蒙这样文武兼备、品质优良的将领实在太难得了。

二、给曹操送去"火炉"

关羽被杀后，孙权派人将他的首级送给曹操，同时用侯爵的礼仪就地安葬。《三国志·关羽传》注引《吴历》记载："权送羽首于曹公，以诸侯礼葬其尸骸。"曹操曾以汉献帝名义封关羽为汉寿亭侯，关羽接受了这个封爵——一直到死时，关羽仍是汉寿亭侯。这个封爵虽然只是一个亭侯，低于乡侯和县侯，但也相当珍贵，并不容易得到。曹操大规模封侯是较晚的事，关羽得到侯爵的时间相对较早。关羽被封为汉寿亭侯是在官渡之战进行期间，也就是建安五年（200）。此时，曹操只是在个别情况下以汉献帝的名义给人封过侯爵。曹操手下的主要将领都没有爵位，谋臣中重要如荀彧者也还没有爵位。当时，各地割据势力虽然有遥拜、表奏这样约定俗成的程序，但那主要是对官职，涉爵位通常不按这个来。相对于官职，爵位的封赏涉及食邑，更象征着皇权，且任命官职有一定必须性和急迫性，不得不为，而爵位就没有那么迫切了。所以，三国群雄较少有给部下封赏爵位的，那样做等于向天下宣告自己想当皇帝。直到关羽死时，关羽的汉寿亭侯在刘备集团中还相当稀罕，诸葛亮、张飞等人都没有。孙权以汉寿亭侯的礼仪安葬关羽，显示出一种尊重。

孙权把关羽的首级送到曹操那里，用意十分明显——要把杀害关羽的责任嫁祸给曹操，即便这一目的达不到，也至少要往曹操身上引，刘备要报仇的话，曹操也得一块儿扛。曹操当然明白，于是下令用沉香木雕刻了关羽的身躯，跟首级一起，以王侯之礼厚葬在洛阳城南，此处即现在著名的洛阳关林。今湖北省当阳市城区的关羽墓埋葬着关羽的尸身，后来有了关羽"头定洛阳，身困当阳"的说法。

| 建 | 安 | 二 | 十 | 四 | 年 |

关羽死时，增援樊城、襄阳的各路曹军仍在不断向荆州开进。有的已经到达了前线，有的还在途中，而曹操本人则抵达了摩陂。摩陂位于郏县西北，也就是紫云山北麓一带，处在许县与南阳郡之间。"陂"指的是古时的人工水库，据《水经·汝水注》记载，摩陂这个水库"纵广可一十五里"，即长和宽各十五里，可谓不小。曹魏当年广开屯田，曾在这里屯田并建立军事基地。此时，曹操身边的主力是夏侯惇所部。夏侯渊死后，曹操对夏侯惇格外亲近，夏侯惇追随曹操三十年，出生入死，曹操视其为手足兄弟。这段时间，曹操"召惇常与同载"（《三国志·夏侯惇传》），特见亲重，诸将都无法与之相比。曹操还上表汉献帝，拜夏侯惇为前将军。

汉献帝建安二十四年（219）十二月，徐晃由襄阳回师宛县，途中路过摩陂，曹操亲自迎出七里，检阅了徐晃所部。他对这支刚刚建有功勋的部队所表现出来的饱满精神状态表示满意，下令置酒大会。曹操亲自"举卮酒劝晃"。"卮"是古代一种盛酒器，通常为圆形，容量约四升。《三国志·徐晃传》记载：

晃振旅还摩陂，太祖迎晃七里，置酒大会。太祖举卮酒劝晃，且劳之曰："全樊、襄阳，将军之功也。"时诸军皆集，太祖案行诸营，士卒咸离陈观，而晃军营整齐，将士驻陈不动。太祖叹曰："徐将军可谓有周亚夫之风矣。"

第十章 | 公安（十二月）|

　　随后，由居巢方面赶来增援的张辽所部也到达荆州，曹操命张辽率部也赶到摩陂。张辽快到时，曹操乘辇出营迎接。参加荆州会战的其他各部人马陆续赶到，都集中在摩陂附近。众位将领发现，他们的魏王已经出现行动迟缓的迹象了，目光也不像先前那么犀利有神，经过连续不断的打击和日夜操劳，他已经彻底成了个"小老头"。曹操到各营慰问时，有很多新加入曹营的将士还从来没有见过魏王，故而都想一睹他的风采。对那个时代的军人来说，曹操不仅是丞相、魏王，更是一个神话、一个传说、一个巨星。曹操理解大家的心情，尽管他很劳累，身体已经有点儿吃不消，但仍然微笑着从一列列队伍前骑马走过，腰板儿尽量挺得笔直。有时候实在骑不动马了，曹操就坐在车子上视察队伍。每当他走过，队伍里总是发出排山倒海般的欢呼声。

　　在摩陂，曹操召集大家研究关羽死后的荆州局势。经过一连串的动荡，曹魏在南阳郡、南郡北部原有的势力范围已经变得满目疮痍、民生凋敝，很难在短时期内恢复生机。有人提出建议，把这一带的老百姓及在汉水两岸屯田的军士迁到内地去，曹操对此有点儿动心。《晋书·宣帝纪》记载，司马懿认为不妥："荆楚轻脱，易动难安。关羽新破，诸为恶者藏窜观望。今徙其善者，既伤其意，将令去者不敢复还。"司马懿认为，荆楚地区向来局势不稳，关羽刚刚战败，那些想作恶的人正在观望，如果把那里的普通百姓全迁走，既伤了百姓的心，也使这一地区的局势更难收拾，原来逃走、现在想回来的人也不敢回来了。

司马懿的看法是对的。荆楚之地不可丢，在此局势错综复杂之际，即使那些想作恶的人也只是在观望之中，如果现在采取退守的办法，既会让那些忠于曹魏的百姓寒心，也会让那些想趁机作恶的人有机会，那样将让局势更加难以收拾，今后再想回来确实就难了。曹操认为有道理，于是停止了迁移计划，逃到外地的人陆续回来了不少。

刘备被挤出了荆州，曹操今后在这里打交道的就是孙权了。对这个老对手，曹操颇感头疼。现在孙权方面士气正盛，外面又有刘备牵制，还不能与其摊牌。曹操于是上表汉献帝，拜孙权为骠骑将军、假节，兼任荆州牧，封南昌侯。《资治通鉴·汉纪六十》记载，孙权接受了这一任命，立即派校尉梁寓带着贡品前往许县进贡。除例行的答拜公文，孙权还给曹操写了一封信，信中孙权劝曹操直接当皇帝，并"称臣于操，称说天命"。对于孙权此举，后世多有批评者。南宋著名学者朱熹就认为，这反映出孙权与曹操其实是一类人，都是汉室的敌人，而只有刘备才真正拥护汉室，孙权与刘备结盟只是一种掩饰。《朱子语类·历代三》中对此事有评论：

学者皆知曹氏为汉贼，而不知孙权之为汉贼也。若孙权有意兴复汉室，自当与先主协力并谋，同正曹氏之罪。如何先主才整顿得起时，便与坏倒！如袭取关羽之类是也。权自知与操同是窃据汉土之人。若先主事成，必灭曹氏，且复灭吴矣。权之奸谋，盖不可掩。平时所与先主交通，姑为自全计尔。

其实，孙权还没有想得那么长远，至少眼前如此。现在的孙权只想把杀关羽、夺荆州这件事尽快平息下去，保住已有的胜利成果，劝曹操称帝只不过是孙权的谋略。孙权知道，自己在荆州占了大便宜，但也惹了大麻烦，刘备不会坐视不理。眼见一场大规模复仇行动将由刘备发起，所以孙权必须把曹操拉过来站在自己一边。曹操把孙权的信给大家看，并对众人说："是儿欲踞吾著炉火上邪！"曹操的意思是："孙权这是把我放在火炉上烤啊！"但侍中陈群及尚书桓阶认为此建议可行。《三国志·武帝纪》记载：

侍中陈群、尚书桓阶奏曰："汉自安帝已来，政去公室，国统数绝，至于今者，唯有名号，尺土一民，皆非汉有，期运久已尽，历数久已终，非适今日也。是以桓、灵之间，诸明图纬者，皆言'汉行气尽，黄家当兴'。殿下应期，十分天下而有其九，以服事汉，群生注望，遐迩怨叹，是故孙权在

| 建 | 安 | 二 | 十 | 四 | 年 |

远称臣,此天人之应,异气齐声。臣愚以为虞、夏不以谦辞,殷、周不吝诛放,畏天知命,无所与让也。"

陈群、桓阶认为,汉祚已终,但也不是今天才开始的,而魏王功德巍巍,天下瞩望,所以孙权都自愿称臣,这是天人之应、异气齐声,魏王应该正大位,不要有犹豫。他们二人的观点代表了当时相当一部分人的看法,在他们看来,汉朝气数确实已尽,曹操完全有资格代替它。夏侯惇等将领也认为,自古以来能为民除害、为百姓所归的即是天下主人,魏王从戎三十多年,功德著于黎庶,称帝也是人心所向。《三国志·武帝纪》注引《曹瞒传》及《世语》记载:"夏侯惇以为宜先灭蜀,蜀亡则吴服,二方既定,然后遵舜、禹之轨。"夏侯惇等建议曹操应天顺民,登基称帝,因为天下人都知道汉室寿命已尽,而能除民害为百姓所归的,即是天下的主人。

三、本志不移

众人苦苦相劝,曹操是什么反应呢?《曹瞒传》《世语》均记载:"王从之。及至王薨,惇追恨前言,发病卒。"言下之意,曹操当时是答应的,但没有来得及称帝就死了,夏侯惇对此无比遗憾,竟然也因此发病而死。但是,这又与《三国志·武帝纪》等记载不相符。据《三国志·武帝纪》，面对部下的"劝进"曹操只说了一句话：

若天命在吾，吾为周文王矣！

曹操并不回避"天命"的问题，但表示如果上天真有此意，他只愿做周文王。周文王名叫姬昌，是商代贵族，他遵从先人之法，继承祖先的业绩，礼贤下士，日益强盛。当时殷纣王执政，残虐无道，他害怕姬昌，便把他囚禁起来。但是姬昌设法重获自由，之后励精图治，发展自己的力量，为讨伐商纣王做准备。后来，姬昌死了，他的儿子姬发继位，也就是周武王，最后完成了父亲周文王讨伐商纣的遗愿。曹操一生多次提到周文王，这里再次重申，他今生此世不想称帝；但同时也暗示，如果曹氏有代替刘氏承继天下的那一天，这件事可以在他的儿孙辈手里完成。对曹操的这番表态，主持编纂《资治通鉴》的司马光认真地写下了一段颇长的议论：

教化，国家之急务也，而俗吏慢之；风俗，天下之大事也，而庸君忽之。夫惟明智君子，深识长虑，然后知其为益之大而收功之远也。光武遭汉中衰，群雄糜沸，奋起布衣，绍恢前绪，征伐四方，日不暇给，乃能敦尚经术，宾延儒雅，开

建安二十四年

广学校，修明礼乐。武功既成，文德亦洽。继以孝明、孝章，遹追先志，临雍拜老，横经问道。自公卿、大夫至于郡县之吏，咸选用经明行修之人，虎贲卫士皆习《孝经》，匈奴子弟亦游太学，是以教立于上，俗成于下。其忠厚清修之士，岂惟取重于搢绅，亦见慕于众庶。愚鄙污秽之人，岂惟不容于朝廷，亦见弃于乡里。自三代既亡，风化之美，未有若东汉之盛者也。及孝和以降，贵戚擅权，嬖倖用事，赏罚无章，贿赂公行，贤愚浑殽，是非颠倒，可谓乱矣。然犹绵绵不至于亡者，上则有公卿、大夫袁安、杨震、李固、杜乔、陈蕃、李膺之徒面引廷争，用公义以扶其危，下则有布衣之士符融、郭泰、范滂、许邵之流，立私论以救其败。是以政治虽浊而风俗不衰，至有触冒斧钺，僵仆于前，而忠义奋发，继起于后，随踵就戮，视死如归。夫岂特数子之贤哉？亦光武、明、章之遗化也！当是之时，苟有明君作而振之，则汉氏之祚犹未可量也。不幸承陵夷颓敝之余，重以桓、灵之昏虐，保养奸回，过于骨肉；殄灭忠良，甚于寇雠；积多士之愤，蓄四海之怒。于是何进召戎，董卓乘衅，袁绍之徒从而构难，遂使乘舆播越，宗庙丘墟，王室荡覆，烝民涂炭，大命陨绝，不可复救。然州郡拥兵专地者，虽互相吞噬，犹未尝不以尊汉为辞。以魏武之暴戾强伉，加有大功于天下，其蓄无君之心久矣，乃至没身不敢废汉而自立，岂其志之不欲哉？犹畏名义而自抑也。

第十章 | 公安（十二月）

由是观之，教化安可慢，风俗安可忽哉！

　　司马光认为，教化是国家的紧要任务，而俗吏却不加重视；风俗是天下的大事，而庸君却对此疏忽。只有明智的君子，经过深思熟虑，然后才知道它们的益处之大，功效之深远。汉光武帝生逢汉朝中衰，群雄蜂起，天下大乱，他以一介平民之身，奋发起兵，继承恢复祖先的事业，征伐四方，终日忙碌，没有空闲，仍能够推崇儒家经典，以宾客之礼延聘儒家学者，大力兴办学校，昌明礼乐，武功既完成，教育和感化的德政也普遍推行开了。接着是汉明帝、汉章帝，遵循先辈的遗志，亲临辟雍拜见国家奉养的三老五更，手拿经典向老师请教。上自公卿、大夫，下至郡县官吏，全都选用熟悉儒家经典、品行端正的人担任，即便虎贲卫士也都学习《孝经》，匈奴贵族的子弟们也要到国家设立的学校学习。教化建立于上，风俗形成于下。忠诚、厚道、重视道德修养的人，不仅受到高官的尊重，也为百姓所仰慕；卑鄙、邪恶、下流之徒，不仅不被朝廷容纳，也被乡里鄙弃。

　　司马光接着说，自从夏、商、周三代灭亡之后，教化风俗之好，还没有像东汉那样兴盛过。可是，到汉和帝以后，皇亲国戚独擅大权，奸佞小人得势妄行，赏罚没有标准，贿赂现象公行，贤良愚劣不分，是非颠倒，可以说已经大乱了。

建安二十四年

然而，东汉朝廷仍然能够延续，不至于灭亡，原因在于上有公卿、大夫袁安、杨震、李固、杜乔、陈蕃、李膺等人，他们不惜冒犯龙颜，在朝廷上据理力争，运用公义挽救危乱；下有身为平民的符融、郭泰、范滂、许邵之辈，以民间舆论矫正已经败坏的社会风气。所以，政治虽然污浊，而风俗却不衰败，甚至有人甘愿冒被诛杀的危险，前面的人倒下了，后面的人忠义之心更加激奋，紧紧跟随，虽接连被杀，仍视死如归。这难道只是他们几个人的忠正、贤德吗？其实是汉光武帝、汉明帝、汉章帝所遗留的教化使他们如此。在那时，如果有贤明的君主发奋振作，则汉朝的统治仍然不可估量。

司马光认为，不幸的是，经过伤害、衰败之后，又加上了昏庸暴虐的汉桓帝和汉灵帝，保护奸佞，胜过骨肉至亲；屠杀忠良，胜过对待仇敌；百官的愤怒积压在一起，天下的不满汇合到一处。于是，何进从外地召来了军队，董卓乘机夺权，袁绍等人以此为借口向朝廷发难，使得皇帝流亡，宗庙荒废，王室倾覆，百姓遭殃，汉朝的生命已经结束，无法挽救。然而，各州郡掌握军队、占据地盘的人，虽然你争我夺，互相吞并，却没有不以尊崇汉朝为号召的。魏武帝曹操粗暴强横，加上对天下建立有大功，他取代君王的野心已经很久了。但是，直至去世他都不敢废掉汉朝皇帝，自己取而代之，难道他没有做皇帝的欲望？其实是畏惧名义不顺而克制自己罢了。由此看来，教化怎么可以轻视，风俗又怎么可以忽略？

司马光强调了"教化"的作用，认为由此产生的威力"吓阻"了曹操称帝的野心。他的看法有一定道理，但也并不那么绝对。曹操如果真有野心，又岂是"教化"所能"吓阻"的。建安十五年（210）冬天，汉献帝下诏给曹操，在原有武平县一万户食邑的基础上再增加阳夏县、柘县和苦县三个县各一万户作为新食邑，使曹操总食邑数达到四万户。对此，曹操并不打算接受。曹操大概让手下的文人拟过一份上表进行推辞，但又觉得只有天子及少数人知道自己的心迹还不够，于是又亲自执笔写下一篇《让县自明本志令》，以令文的形式颁布，让更多人知悉。这篇文章相当于曹操写的"自传"，曹操从回顾自己的奋斗历史写起，边叙边议，回顾过往不虚饰，也不回避内心每一个真实的想法，所以读来真诚可信，是了解曹操内心的一篇重要文献，也是破解其不肯称帝之真正原因的一把钥匙。

在这篇《让县自明本志令》中，曹操首先叙述了自己早年的志向。他虽少年得志，但非知名之士，只想做一名郡太守，先在政治教化中树立声誉。随着时事的发展，天下陷入混乱，自己希望在讨贼立功中封侯，但并没有什么大志或野心，本志有限。后来，先后消灭了袁术、袁绍、刘表，又担任了丞相，远远超越了最初的志向，因此也不会再有更大的野心了。接着，

|建|安|二|十|四|年|

曹操用贤人志士的典故，说明自己既无野心又不让权的苦心。其中，"设使国家无有孤，不知当几人称帝，几人称王"一句满怀自尊自负之意，强调如果没有自己的拥戴，汉朝恐怕早已四分五裂了。曹操借齐桓公、晋文公说明自己一定会效法前人忠心侍奉汉室。又举乐毅、蒙恬与自己相比，用意也是一样，用蒙恬"积信于秦三世"来表明自己一家也会对汉室知恩图报。曹操也阐明了自己拒绝让出兵权的原因，即出于自身和子孙及国家安全的考虑，不愿"慕虚名而处实祸"。曹操说，自己虽然有"荡平天下"的功绩，但封地多达四个县还是受之有愧的，因而让出三个县的封地以表明心迹。

《让县自明本志令》虽是由让封引起的，但曹操最想表达的是自己对权力的看法，他说自己并不贪慕权贵，更不会称帝，不放弃权力是情不由己。这些话是真实可信的。曹操发布这篇命令，借让封三县之名回击那些谤议，写得率直、真诚，体现出一个成熟政治家的风采，就连一向对他持反感态度的人也不得不给予赞赏。

曹操生前多次拒绝称帝，类似的情况后来也发生在诸葛亮、司马懿的身上，他们也拒绝称帝。从现实情况看，称帝的确有利也有弊。如果过早称帝，容易成为政治对手斗争的靶子，就像曹操说的那样，是"放在火炉上烤"。除此之外，更重要的一点是，曹操、诸葛亮、司马懿这些人早年所受的教育决定了他们对汉室仍有一定感情，内心里对"取代汉而自立"其实是排斥的。这种感情发自内心，并非外力所"吓阻"。

汉武帝罢黜百家、独尊儒术，汉代实行的是在儒教基础上的"以礼治国"，政治上强调正统和忠义，伦理上强调孝与仁，忠、孝、礼、义这些观念经过反复不断的教育，早已入心入脑。汉末皇权跌宕，天子几次遭遇不测，但朝廷始终存在，这就是所谓的"大而不倒"，这与数百年来形成的深厚思想基础不无关系。曹操、诸葛亮和司马懿不称帝，对内外部形势的分析判断固然是原因之一，但主要原因恐怕还是出于他们的内心。曹操上过太学，举过孝廉，对经学也有较深的研究，因为通《尚书》被征为议郎，有很深的儒学教育背景；诸葛亮出身于汉代名门，在"躬耕陇亩"期间，"每自比于管仲、乐毅"；司马懿更"博学洽闻，伏膺儒教"。司马懿后来虽然经历了汉魏禅代，坐在天子宝座上的不再是汉室皇帝，但曹魏皇帝对他来说也是一样的，他灵魂深处的忠君观念不允许自己成为一名逆臣，这是思想决定的。

那么，刘备、孙权及曹丕这些人为什么没有这样的思想观念呢？刘备也上过汉末名士卢植的私学，接受过经学教育，但他早年大体生活在社会中下层，黄巾起义前也未担任过朝廷的官职，在感情上对朝廷要淡得多。但即便如此，刘备对称帝也持保守态度，一再犹豫过。孙权十几岁就加入哥哥领导的征战中，在尊正统还是尊实力方面更相信后者。即便这样，面对部下的一次次"劝进"，孙权也曾一再推让。至于曹丕，他出生的时候天下已经乱了，后来是在曹操亲自教导下完成的学业，曹操对他的教育更重于务实，他对汉室的感情自然更淡了。

四、魏王曹操病逝

这时已经到了建安二十四年的十二月底（220年年初），再过几天，就是新年了。回顾这一年，可以用波澜起伏、惊心动魄来形容。有胜利，也有失败；有欢庆，也失意；有激动，也有愤怒。这一年战事连连，小仗不算，大仗就有不少。战场上的铁血，马革里的尸身，背后的谋略与算计，这些冰冷的记忆从刀锋上划过，最终成为这一年大事记上的一条条记录。

好在到年底时，大的战事已基本结束了。尽管新的大战正在酝酿，但在战鼓没有擂起前，人们总算能得到一段宝贵的休整时间。无论受到一场惊吓的曹操，还是仍在兴奋中且有些不安的孙权，以及正被复仇的怒火燃烧到快要窒息的刘备，这时大概想到的都是先歇歇，最少先正常地过个年吧。"过年"的概念早已有之，通常在一岁之首。不过，历代在其日期设定上并不一致。远古时期以立春为岁首，夏朝为正月初一，周朝为十一月初一，秦朝沿用周朝制度。到西汉初年司马迁创太初历，以正月初一日为岁首，即正旦节，从此历代相沿。

汉末三国时期，每到正旦的前一夜，人们都会祭祀门神，以求辟除灾厄。通常的做法是在门上贴老虎画像，在门两侧摆上画有神荼和郁垒形象的桃木牌，再在门梁上悬挂一条苇索，供门神抓鬼使用，时人称这种仪式为"悬苇"，认为可以御凶邪。到了正旦这一天，朝廷要举行大型朝会活动，称为"正旦大会"，文武百官都要在朝会上向天子贺礼。东汉时，正旦大会一般在洛阳德阳殿举行，公卿百官和外国使节依次上殿，为皇帝拜贺，然后地方郡国的上计吏上殿拜贺，并呈上过去一年地方上的收支文书。可见，正旦大会并不完全是典礼，还要处理一些政事。朝拜结束后，皇帝一般会赐下酒宴。宴会十分盛大，通常有奏乐和百戏等表演，非常热闹。汉末三国时期，不仅皇宫有隆重的庆贺活动，各级地方官府也有类似的活动。法正的祖父名叫法真，有高才，法真的父亲在南郡，法真少年时代曾步行至南郡看望父亲，刚好遇到正旦节。《三辅决录注》记载："父留之待正旦，使观朝吏会，会者数百人。"一个郡里的正旦聚会参加者就有几百人，可见人们对这个节日的重视程度。

可是，在很多地区，今年的正旦节恐怕达不到昔日的热

| 建 | 安 | 二 | 十 | 四 | 年 |

闹景象了,这都是因为战争。曹操在摩陂度过了他生命中的最后一个新年,随后下令回师。路上,他没有在许县停留,可能还是不愿意见到汉献帝吧。不过,他绕道又一次去了洛阳。

建安二十五年(220)正月,魏王曹操一行抵达洛阳。几个月前,曹操从汉中率大军回来时也在洛阳做过停留。这次由摩陂来到洛阳,曹操打算在此住一段时间。他下令在洛阳修建宫殿,宫殿的名字都起好了,叫建始殿。在施工过程中,却接连发生了不祥之事。为修建始殿,曹操命令工程负责人苏越把一棵梨树迁走。在挖树根的时候,树流出了"鲜血"。苏越把情况报告给曹操,曹操亲自前去查看,果然见到树根出血,心里很厌恶,认为这是不吉之兆。《三国志·武帝纪》注引《曹瞒传》记载:

> 王使工苏越徙美梨,掘之,根伤尽出血。越白状,王躬自视而恶之,以为不祥。

建始殿是几个月前曹操路过洛阳时下令修建的,当时就出现过异常之事——工匠砍伐濯龙祠里的树木,奇怪的是,树被刀砍之后却流出了鲜血。《三国志·武帝纪》注引《世语》记载:"太祖自汉中至洛阳,起建始殿,伐濯龙祠而树血出。"曹操虽然被称为"超世之杰""非常之人",但也对天地神鬼

第十章 | 公安（十二月）|

有着本能的敬畏。这些"不祥"的事情接连发生，再联想到汉中、荆州两场大败，曹操觉得这些都是上天对自己的警示，自己的"大限"到了，曹操于是病倒了。建安二十五年（220）正月二十三日，魏王曹操病逝于洛阳。曹操于永寿元年（155）出生，按中国古人习惯的虚岁计算，史书称曹操死时六十六岁。

曹操临终发布了一道《终令》，要求自己死后，文武百官来吊孝的话，只哭十五声就行，葬礼完毕即脱去丧服回到工作岗位上；驻守在各地的将士都不得离开驻地，各级官员要认真履行职责。曹操还交代，将自己葬在邺县西边的高岗上，身边的婢妾、歌伎等以后都住在铜雀台上，好好待她们；在台上安放一张六尺长的床，挂上帷幔，一早一晚供上祭物，每个月的初一、十五要从早到晚向着帷幔歌舞。曹操还专门交代侍妾、宫女要经常登上铜雀台，远望自己西面的陵园，自己留下的香料可以分给各位夫人，不要用香料来祭祀；宫人们如果无事可做，可以学着纺织丝带，做些鞋子卖。曹操交代，自己一生为官，所得的各种绶带都存放在库房里，留下来的衣物可存放在另外一个库房，存不下的话就分掉。这些事看起来有些婆婆妈妈，与大英雄的形象有些反差，但无疑是一个男人真性情的流露。苏东坡一贯主张曹操是"奸雄"，但看到这里也不得不说曹操"一生奸伪，死见真情"。

曹操像普通人一样，也有很多爱好；而与普通人不一样的是，曹操把许多爱好都发展到了"专业水平"，这让曹操成为一个多面手。曹操是一位大诗人，《三国志·武帝纪》注引《魏书》称曹操"登高必赋，及造新诗，被之管弦，皆成乐章"，意思是说，他所到之处经常吟咏诗作，有的被谱成乐曲到处传唱。曹操的文章也写得好，写诗作文如他的性格一样，通脱潇洒，没什么顾忌，想写便写出来。曹操还是建安年间文学运动的领导者和组织者，唐朝诗人张说在《邺都引》中说他"昼携壮士破坚阵，夜接词人赋华屋"，白天还在外面指挥将士们攻阵夺营，晚上回到铜雀台，马上派人把那些诗人、文人接来搞文学聚会。在曹操的亲自带动和影响下，建安年间出现了"三曹""七子"，成为中国文学史上的一个高峰。

曹操还是一位公认的书法家，他还很懂音律，史书上说他可以和当时最优秀的音乐家桓谭、蔡邕相提并论。曹操还是一位围棋高手，史书上说他可以与当时最著名的棋手山子道、王九真、郭凯等一决高下。曹操擅长骑射，《三国志·武帝纪》注引《魏书》说他能"手射飞鸟，躬禽猛兽"。曹操还在城市建筑规划和器具设计方面有突出才能，"及造作宫室，缮治器械，无不为之法则，皆尽其意"。

站在历史角度去评价，曹操更是一个了不起的人。宋代以前，曹操的形象基本是正面的，陈寿在《三国志》中对曹操一生做出的概括性评价基本被大家认可。陈寿说，汉末天

第十章 | 公安（十二月）|

下大乱，群雄并起，袁绍虎视于四州，强大到无人可敌，曹操依靠智慧和计谋，以武力统一中国北方。他采用申子、商鞅的法制、权术，吸取韩信、白起的奇思妙计，设置官职，任用人才，让他们发挥自己的才干，同时能克制自己的感情，冷静思考问题，不计较别人的过错。陈寿认为，曹操"终能总御皇机，克成洪业者，惟其明略最优也。抑可谓非常之人，超世之杰矣"，也就是说，曹操能总揽朝政大权，完成建国大业，完全在于他的见识和谋略是那个时代第一流的，他是一个非同寻常的人，是一位超越了那个时代的英才。宋代之前，提到曹操，人们首先想到的是一位英雄，公开崇拜曹操也不会被大家非议。但到了宋代，尤其南宋以后，曹操的形象突然发生逆转，这与南宋偏安于江南的政治格局不无关系，涉及"谁是历史正统"的问题。北方政权不再被认为是正统，曹操于是在大家心目中的形象变了，由英雄成了奸雄。苏东坡曾经说过："至说三国事，闻刘玄德败，辄蹙眉，有出涕者；闻曹操败，即喜唱快。"说的就是这种现象。

《资治通鉴》评价曹操最能知人善任，能洞察人的内心，发掘提拔那些有才能的人，无论他们出身如何卑微。他善于用兵，与敌人对阵，有时看似安闲，然而一旦时机成熟，他便立即发起霹雳攻击。对建立功勋的人，他赏赐起来不吝千金，没有功劳的分毫不予。他执法严厉，只要犯罪绝不轻饶，即使痛哭流涕求情，也绝不宽赦。他性情节俭，不好奢华。司马光认为，正是由于曹操有以上这些优点，因此他才能芟灭群雄，几乎统一了中国。总之，曹操不仅是一个英雄、一个有本事的人、一个对历史有突出贡献的人，还是一个精力充沛、个人能力突出、性格丰富的人，是一个真性情的人，也是一个可爱的人。

不过，曹操的一生也留下了很大遗憾。曹操二十岁出仕，三十岁时赶上黄巾起义，在镇压黄巾军的过程中一步步走上历史舞台。五十九岁时，曹操晋爵为魏公，六十二岁时晋位为魏王，他一生的大部分时间都在南征北战中度过，较之西汉初年的刘邦和东汉初年的刘秀，曹操可能都会有生不逢时之叹。刘邦只用六年就取得了天下，刘秀用的时间更是不到四年，而曹操打了三十多年的仗，直到临终前还在四处征战。其中的原因，有很多值得分析总结。

从战略层看，这个结果在很大程度上是三足鼎立这种特殊局势形成的。三个支点形成一个面，三足可以形成一个稳定结构，具体的政治和军事形式当然更复杂些，但曹魏"一强"对蜀吴"两弱"，这种格局形成了一种较难打破的平衡——蜀吴只要联起手来，曹魏就很难同时战胜他们，这是一种"恐怖平衡"。

除大势外，有没有主观上的原因可以总结呢？应该也有。

第十章 公安（十二月）

从曹操自身来说就有可以总结的地方，比如他用兵的特点。曹操擅长突袭战，擅长孤军深入作战，尽管手下战将如云，其中不乏一流的猛将，但曹操仍然有亲自带兵执行重要任务的习惯。他曾不止一次带兵孤军深入，如乌巢奇袭战、远袭白狼山之战及当阳追击战等，曹操都是亲自率孤军深入作战。作为一名军人，身先士卒、不怕牺牲是优点；作为一名统帅，过于冒险又是不足。《孙子兵法》说："将者，智、信、仁、勇、严也。"在为将的五种基本素质里，勇敢只排在第四位，比它更重要的是智谋、威信和对士卒的仁爱。当然，不是说曹操在智谋等方面不足，而是说曹操凡有大事都习惯亲力亲为，这未必是明智之举。刘邦手下有韩信，刘秀手下有邓禹，就连孙权手下都有周瑜、陆逊，这几位都是"元帅级"的人物，可以帮助主公独当一面，而曹操手下没有这样的人。

这又是为什么呢？这是因为重要的事情自己都亲自干了，别人便没了机会。曹操手下的重要将领以"诸夏侯曹"为核心，无论曹洪、曹仁，还是夏侯惇、夏侯渊，都不具备"元帅"的资历和气势，具体完成一项任务没问题，但无法替曹操指挥一场大战役。曹操晚年，夏侯渊曾独自镇守汉中，却因一次战场上的冒进而战死。在曹操的管理体系中，无论文武都以他为核心，武将中有一批资历差不多的人，个个听命于曹操，但也往往只听命于曹操，所以经常出现诸将之间互不服气的情况。从管理学角度看，扁平化可提高执行效率，但过于"扁平"会因管理手段的单一而引发内部的矛盾。

曹操的身边如果有一两个像韩信、邓禹、周瑜那样的得力助手，就可以在自己指挥一个战场时去领导另一个战场，从而使曹魏能同时打赢两场战争。曹操身边没有这样的人，所以在实战中，只能攻一方、守一方。这就让蜀、吴抓住了他的弱点，他们经常从东、西和中三线同时向曹魏发起攻击，让曹魏首尾不能相顾，造成了曹操生前难以捕捉到能够统一天下的机会。

五、东汉王朝结束

曹操死得有些突然，令人措手不及。此时，卞王后和太子曹丕都远在邺县，曹丕的另外两个同母弟弟曹彰和曹植，一个在长安，另一个在邺县。曹操身边的近臣们经过商议，大家共推举谏议大夫贾逵出面主持丧事，由黄门侍郎夏侯尚、太子中庶子司马懿协助贾逵。夏侯尚是夏侯渊的儿子，与太子曹丕关系很好。当时有人担心魏王驾崩的消息传出去后会震动时局，因此应该秘不发丧。但贾逵认为不可，而应立即公开发丧，重要官员可以来凭吊曹操的遗容，但之后必须立即返回各自岗位，不得擅动。

第十章 | 公安（十二月）

也有人不听指挥，想趁机作乱，这就是"青州兵"。曹操死后，"青州兵"失去约束，擅自击鼓而去。有人认为，应该命令他们不得妄动，如果不从就派兵征讨。但司马懿认为，现在是非常时期，对"青州兵"只能安抚。贾逵于是写了一篇檄文，告诫"青州兵"自我约束，同时命人继续给"青州兵"配发给养，局势才稳定下来。在贾逵、司马懿、夏侯尚等人的主持下，魏王的灵柩被运回邺县。

曹操突然驾崩的消息传到邺县时，太子曹丕及文武官员无比悲痛，曹丕号哭不止，无心过问任何事。《晋书·司马孚传》记载，太子中庶子司马孚劝曹丕："大行晏驾，天下恃殿下为命。当上为宗庙，下为万国，奈何效匹夫之孝乎？"司马孚认为，现在正有许多国家大事需要料理，要紧的不是普通百姓的孝行，而是国家大事。曹丕听了，才止了哭泣。但是，臣属们都聚到一起放声痛哭，正常的办公秩序完全被打乱。司马孚呵斥大家："今大行晏驾，天下震动，当早拜嗣君，以镇海内，而但哭邪！"大家才停下来，赶紧忙正事。司马孚与尚书和洽"罢群臣，备禁卫，具丧事"，之后奉太子曹丕即位，成为新魏王。为了向新魏王表达祝福，远在许县的汉献帝刘协下令改元为延康，使用了二十五年的建安年号结束，标志着一个多事之秋的建安时代也结束了。

延康元年（220）十月，魏王曹丕在众人拥戴下经过十九

建安二十四年

次辞让,终于同意改朝换代,建国号为魏,改年号为黄初,降汉献帝刘协为山阳公。经刘邦亲手创建、刘秀中兴的两汉终结,历时四百二十二年,至此画上了句号。

消息传到成都,对正在悲伤与愤怒中的刘备来说大概也算是个好消息了,毕竟最大的对手死了。不过,刘备跟曹操斗了几乎半辈子,虽然是敌人,但也是"老朋友",刘备想了想,觉得还是应该有所表示。同时,刘备现在跟孙权已彻底翻脸,下一步还要斗争下去,曹魏的态度就至关重要了。刘备跟曹操很熟,但跟曹丕没有打过交道,趁此机会也可以建立起某种联系,于是派人带上自己的书信和丧礼前去吊唁。《三国志·先主传》注引《魏书》记载,刘备派的这个人叫韩冉,但未能完成使命。韩冉走到荆州,进入曹魏控制的地盘就被曹魏的荆州刺史扣了下来。刺史请示曹丕如何处置,曹丕回复得很干脆:不要来了,也别让他回去,杀了。《魏书》记载:

备闻曹公薨,遣掾韩冉奉书吊,并致赙赠之礼。文帝恶其因丧求好,敕荆州刺史斩冉,绝使命。

两国交兵不斩来使,何况是来吊丧的?曹丕的做法不符合常理,也不合乎人情。再者,曹丕此举明显缺乏政治远见。荆州出现变局后,三方正处在微妙时刻,孙权得了便宜却惴

第十章 | 公安（十二月）

惴不安，刘备咬牙切齿势在复仇，在战略上对曹魏来说正是最有利的时机。聪明的做法是，曹丕应继续激化孙、刘两家的矛盾，他们来示好一律欢迎，让双方都觉得自己是他们的"朋友"，这样他们之间打起来的可能性就更大。刘备派特使前来吊唁，分明是在试探新魏王的态度，现在把特使杀了，于情于理于战略利益都不符。如果真是这样的，曹丕的政治智商就差得太远了。不过，史书上还有另一种记载，说韩冉的职务是军谋掾，刘备送去的丧礼里有益州的特产蜀锦，韩冉领命后没有走荆州，走的是上庸这条路线。但韩冉到上庸，就借口有病不走了，住在了上庸。此时的上庸已是曹魏的地盘，不过负责人还是孟达，想必韩冉过去也与他认识。后来，韩冉在孟达派人保护下到了洛阳，呈上了刘备的信和礼物。曹丕接见了韩冉，并对刘备派人来吊唁表示感谢，韩冉回去复命，带回了曹丕的回信。《三国志·先主传》注引《典略》记载：

> 备遣军谋掾韩冉赍书吊，并贡锦布。冉称疾，住上庸。上庸致其书，适会受终，有诏报答以引致之。

这是两种完全不同的记载，对比一下，或许后一种更符合实际情况。对刘备来说，接二连三的打击及复仇的事还可以暂时先放一放，眼前有一个更迫切的问题需要解决：汉献

|建|安|二|十|四|年|

帝退位后，自己的名义问题。作为汉中王，刘备原来尊奉的是汉朝天子，现在的天子是魏朝的曹丕，他的这个汉中王就尴尬了。孙权也面临着这个问题。不过，他好办，曹丕称帝后，孙权马上称臣，被曹丕封为吴王。孙权知道，荆州的事没有完，刘备马上就会向他复仇，所以要把曹魏死死抓住。

但刘备不能那么做。长期以来，刘备一直告诉拥戴他的官民，曹操是汉室的敌人，他是汉室的维护者，这种观念已深入人心，成为一种意识形态，如果突然转向，一定会让大家无所适从，思想上产生混乱。加上汉中之战抢了人家的地盘，杀了夏侯渊，其中的复杂性远非孙权能比。诸葛亮等人分析了当前面临的严峻形势，提出了一个破解危局的办法，那就是也称帝，但不是建立新的王朝，而是把刘汉的旗帜在成都重新树起来，意思是刘协下去了，刘备上来接着干。这是一招妙棋，能解决当前面临的政治问题和"意识形态"问题。

刘备一开始顾虑重重，不同意这么干。诸葛亮等人对刘备进行了劝说，众人也纷纷上书"劝进"，单独或联合上书的有八百多人，刘备这才同意。魏文帝黄初二年（221）四月，刘备在成都西北郊的武担山举行继位仪式，杀黑色公牛祭祀，宣读祭天文诰，宣布承续汉祚，受皇帝玺绶，建年号章武，大赦天下。三个月后，刘备亲率数万大军由益州顺长江东下讨伐孙权。孙权任命陆逊为大都督，统一指挥集结在荆州各地的军队迎击刘备。这一仗即夷陵之战，结果刘备大败，损失惨重，退回白帝城。蜀汉章武三年（223）三月，在刘备的急召下，诸葛亮赶到白帝城，刘备将儿子刘禅托付给诸葛亮。次月，刘备在白帝城驾崩，时年六十三岁。

孙权被曹魏封为吴王后，可以使用自己的年号，孙权将年号定为黄武。黄武六年（227）四月，有人报告在夏口、武昌等地见到了黄龙、凤凰等，这些祥瑞的出现通常预示着新纪元的开始。这时，曹魏和蜀汉已立国多年，孙权也应该称帝了。于是，就在这个月，孙权在武昌南郊称帝，改年号为黄龙，将武昌定为国都。三国之中的最后一个政权也成立了，三国鼎立的格局正式形成。

汉献帝建安二十四年大事记
（己亥年，公元219年）

【正月】

一、定军山之战，刘备大胜，黄忠斩杀夏侯渊

正月，曹仁屠宛，斩侯音，复屯樊。初，夏侯渊战虽数胜，魏王操常戒之曰："为将当有怯弱时，不可但恃勇也。将当以勇为本，行之以智计；但知任勇，一匹夫敌耳。"及渊与刘备相拒逾年，备自阳平南渡沔水，缘山稍前，营于定军山。渊引兵争之。法正曰："可击矣。"备使讨虏将军黄忠乘高鼓噪攻之，渊军大败，斩渊及益州刺史赵颙。张郃引兵还阳平。是时新失元帅，军中扰扰，不知所为。督军杜袭与渊司马太原郭淮收敛散卒，号令诸军曰："张将军国家名将，刘备所惮。今日事急，非张将军不能安也。"遂权宜推郃为军主。郃出，勒兵按陈，诸将皆受郃节度，众心乃定。明日，备欲渡汉水来攻；诸将以众寡不敌，欲依水为陈以拒之。郭淮曰："此示弱而不足挫敌，非算也。不如远水为陈，引而致之，半济而后击之，备可破也。"既陈，备疑，不渡。淮遂坚守，示无还心。以状闻于魏王操，操善之，遣使假郃节，复以淮为司

马。(《资治通鉴》卷六十八)

夏侯渊与刘备战于阳平,为备所杀。(《三国志》魏书卷一武帝纪)

二十四年春,自阳平南渡沔水,缘山稍前,于定军山势作营。渊将兵来争其地。先主命黄忠乘高鼓噪攻之,大破渊军,斩渊及曹公所署益州刺史赵颙等。(《三国志》蜀书卷二先主传)

二十四年正月,备夜烧围鹿角。渊使张郃护东围,自将轻兵护南围。备挑郃战,郃军不利。渊分所将兵半助郃,为备所袭,渊遂战死。谥曰愍侯。初,渊虽数战胜,太祖常戒曰:"为将当有怯弱时,不可但恃勇也。将当以勇为本,行之以智计;但知任勇,一匹夫敌耳。"渊妻,太祖内妹。长子衡,尚太祖弟海阳哀侯女,恩宠特隆。衡袭爵,转封安宁亭侯。黄初中,赐中子霸,太和中,赐霸四弟,爵皆关内侯。(《三国志》魏书卷九夏侯渊传)

建安二十四年,于汉中定军山击夏侯渊。渊众甚精,忠推锋必进,劝率士卒,金鼓振天,欢声动谷,一战斩渊,渊军大败。迁征西将军。是岁,先主为汉中王,欲用忠为后将军,诸葛亮说先主曰:"忠之名望,素非关、马之伦也。而今便令同列。马、张在近,亲见其功,尚可喻指;关遥闻之,恐必不悦,得无不可乎!"先主曰:"吾自当解之。"遂与羽等齐位,赐爵关内侯。(《三国志》蜀书卷六黄忠传)

|建|安|二|十|四|年|

二十四年,先主自阳平南渡沔水,缘山稍前,于定军、兴势作营。渊将兵来争其地。正曰:"可击矣。"先主命黄忠乘高鼓噪攻之,大破渊军,渊等授首。曹公西征,闻正之策,曰:"吾故知玄德不办有此,必为人所教也。"(臣松之以为蜀与汉中,其由唇齿也。刘主之智,岂不及此?将计略未展,正先发之耳。夫听用嘉谋以成功业,霸王之主,谁不皆然?魏武以为人所教,亦岂劣哉!此盖耻恨之余辞,非测实之当言也。)
(《三国志》蜀书卷七法正传)

刘备屯阳平,郃屯广石。备以精卒万余,分为十部,夜急攻郃。郃率亲兵搏战,备不能克。其后备于走马谷烧都围,渊救火,从他道与备相遇,交战,短兵接刃。渊遂没,郃还阳平。(《魏略》曰:渊虽为都督,刘备惮郃而易渊。及杀渊,备曰:"当得其魁,用此何为邪!")当是时,新失元帅,恐为备所乘,三军皆失色。渊司马郭淮乃令众曰:"张将军,国家名将,刘备所惮;今日事急,非张将军不能安也。"遂推郃为军主。郃出,勒兵安陈,诸将皆受郃节度,众心乃定。太祖在长安,遣使假郃节。太祖遂自至汉中,刘备保高山不敢战。太祖乃引出汉中诸军,郃还屯陈仓。(《三国志》魏书卷十七张郃传)

夏侯渊为刘备所没,军丧元帅,将士失色。袭与张郃、郭淮纠摄诸军事,权宜以郃为督,以一众心,三军遂定。太祖东还,当选留府长史,镇守长安,主者所选多不当,太祖

令曰:"释骐骥而不乘,焉皇皇而更索?"遂以袭为留府长史,驻关中。(《三国志》魏书卷二十三杜袭传)

从征汉中。太祖还,留征西将军夏侯渊拒刘备,以淮为渊司马。渊与备战,淮时有疾不出。渊遇害,军中扰扰,淮收散卒,推荡寇将军张郃为军主,诸营乃定。其明日,备欲渡汉水来攻。诸将议众寡不敌,备便乘胜,欲依水为陈以拒之。淮曰:"此示弱而不足挫敌,非算也。不如远水为陈,引而致之,半济而后击,备可破也。"既陈,备疑不渡,淮遂坚守,示无还心。以状闻,太祖善之,假郃节,复以淮为司马。(《三国志》魏书卷二十六郭淮传)

弟荣,字幼权。幼聪惠,七岁能属文,诵书日千言,经目辄识之。文帝闻而请焉。宾客百余人,人一奏刺,悉书其乡邑名氏,世所谓爵里刺也,客示之,一寓目,使之遍谈,不谬一人。帝深奇之。汉中之败,荣年十三,左右提之走,不肯,曰:"君亲在难,焉所逃死!"乃奋剑而战,遂没陈。(《三国志》魏书卷九夏侯渊传)

从至长安,领中领军。是时,夏侯渊没于阳平,太祖忧之。以真为征蜀护军,督徐晃等破刘备别将高详于阳平。太祖自至汉中,拔出诸军,使真至武都迎曹洪等还屯陈仓。(《三国志》魏书卷九曹真传)

建安二十四年

二、南阳守将侯音叛乱，曹仁斩侯音

侯音以宛叛，略傍县众数千人，仁率诸军攻破音，斩其首，还屯樊，即拜征南将军。（《三国志》魏书卷九曹仁传）

二十四年春正月，仁屠宛，斩音。（《曹瞒传》曰：是时南阳间苦繇役，音于是执太守东里衮，与吏民共反，与关羽连和。南阳功曹宗子卿往说音曰："足下顺民心，举大事，远近莫不望风；然执郡将，逆而无益，何不遣之。吾与子共戮力，比曹公军来，关羽兵亦至矣。"音从之，即释遣太守。子卿因夜逾城亡出，遂与太守收余民围音，会曹仁军至，共灭之。）（《三国志》魏书卷一武帝纪）

【二至四月】

一、曹操增援汉中，与刘备激战

二十四年春二月壬子晦，日有食之。（《后汉书》卷九孝献帝纪）

三月，魏王操自长安出斜谷，军遮要以临汉中。刘备曰："曹公虽来，无能为也，我必有汉川矣。"乃敛众拒险，终不交锋。操运米北山下，黄忠引兵欲取之，过期不还。翊军将军赵云将数十骑出营视之，值操扬兵大出，云猝与相遇，遂前突其陈，且斗且却。魏兵散而复合，追至营下，云入营，更大开门，偃旗息鼓。魏兵疑云有伏，引去；云雷鼓震天，惟以劲弩于后射魏兵。魏兵惊骇，自相蹂践，堕汉水中死者甚多。备明

旦自来，至云营，视昨战处，曰："子龙一身都为胆也！"操与备相守积月，魏军士多亡。(《资治通鉴》卷六十八)

三月，王自长安出斜谷，军遮要以临汉中，遂至阳平。备因险拒守。(《三国志》魏书卷一武帝纪)

先主与曹公争，势有不便，宜退，而先主大怒不肯退，无敢谏者。矢下如雨，正乃往当先主前，先主云："孝直避箭。"正曰："明公亲当矢石，况小人乎？"先主乃曰："孝直，吾与汝俱去。"遂退。(《三国志》蜀书卷七法正传)

郭宪字幼简，西平人，为其郡右姓。建安中为郡功曹，州辟不就，以仁笃为一郡所归。至十七年，韩约失众，从羌中还，依宪。众人多欲取约以徼功，而宪皆责怒之，言："人穷来归我，云何欲危之？"遂拥护厚遇之。其后约病死，而田乐、阳逵等就斩约头，当送之。逵等欲条疏宪名，宪不肯在名中，言我尚不忍生图之，岂忍取死人以要功乎？逵等乃止。时太祖方攻汉中，在武都，而逵等送约首到。太祖宿闻宪名，及视条疏，怪不在中，以问逵等，逵具以情对。太祖叹其志义，乃并表列与逵等并赐爵关内侯，由是名震陇右。黄初元年病亡。正始初，国家追嘉其事，复赐其子爵关内侯。(《三国志》魏书卷十一王修传注引《晋书》)

太祖在汉中，而刘备栖于山头，使刘封下挑战。太祖骂曰："卖履舍儿，长使假子拒汝公乎！待呼我黄须来，令击之。"

|建|安|二|十|四|年|

乃召彰。彰晨夜进道，西到长安而太祖已还，从汉中而归。彰须黄，故以呼之。(《三国志》魏书卷十九任城威王彰传注引《魏略》)

太祖在长安，欲亲征蜀，虞上疏曰："圣人不以智轻俗，王者不以人废言。故能成功于千载者，必以近察远，智周于独断者，不耻于下问，亦欲博采必尽于众也。且韦弦非能言之物，而圣贤引以自匡。臣才智暗浅，愿自比于韦弦。昔乐毅能以弱燕破大齐，而不能以轻兵定即墨者，夫自为计者虽弱必固，欲自溃者虽强必败也。自殿下起军以来，三十余年，敌无不破，强无不服。今以海内之兵，百胜之威，而孙权负险于吴，刘备不宾于蜀。夫夷狄之臣，不当冀州之卒，权、备之籍，不比袁绍之业，然本初以亡，而二寇未捷，非暗弱于今而智武于昔也。斯自为计者，与欲自溃者异势耳。故文王伐崇，三驾不下，归而修德，然后服之。秦为诸侯，所征必服，及兼天下，东向称帝，匹夫大呼而社稷用隳。是力毙于外，而不恤民于内也。臣恐边寇非六国之敌，而世不乏才，土崩之势，此不可不察也。天下有重得，有重失：势可得而我勤之，此重得也；势不可得而我勤之，此重失也。于今之计，莫若料四方之险，择要害之处而守之，选天下之甲卒，随方面而岁更焉。殿下可高枕于广厦，潜思于治国；广农桑，事从节约，修之旬年，则国富民安矣。"太祖遂进前而报虞曰："非但君当知臣，臣亦当知君。今欲使吾坐行西伯之德，恐非

其人也。"(《三国志》魏书卷二十一刘廙传)

二、赵云在战斗中施"空营计"

夏侯渊败，曹公争汉中地，运米北山下，数千万囊。黄忠以为可取，云兵随忠取米。忠过期不还，云将数十骑轻行出围，迎视忠等。值曹公扬兵大出，云为公前锋所击，方战，其大众至，势逼，遂前突其陈，且斗且却。公军败，已复合，云陷敌，还趣围。将张著被创，云复驰马还营迎著。公军追至围，此时沔阳长张翼在云围内，翼欲闭门拒守，而云入营，更大开门，偃旗息鼓。公军疑云有伏兵，引去。云雷鼓震天，惟以戎弩于后射公军，公军惊骇，自相蹂践，堕汉水中死者甚多。先主明旦自来至云营围视昨战处，曰："子龙一身都是胆也。"作乐饮宴至暝，军中号云为虎威将军。(《三国志》蜀书卷六赵云传注引《云别传》)

【五月】

一、曹操撤军，刘备得汉中

夏，五月，操悉引出汉中诸军还长安，刘备遂有汉中。(《资治通鉴》卷六十八)

夏五月，刘备取汉中。(《后汉书》卷九孝献帝纪)

夏五月，引军还长安。(《三国志》魏书卷一武帝纪)

|建|安|二|十|四|年|

曹公自长安举众南征。先主遥策之曰:"曹公虽来,无能为也,我必有汉川矣。"及曹公至,先主敛众拒险,终不交锋,积月不拔,亡者日多。夏,曹公果引军还,先主遂有汉中。(《三国志》蜀书卷二先主传)

王平字子均,巴西宕渠人也。本养外家何氏,后复姓王。随杜濩、朴胡诣洛阳,假校尉,从曹公征汉中,因降先主,拜牙门将、裨将军。(《三国志》蜀书卷十三王平传)

时王欲还,出令曰"鸡肋",官属不知所谓。主簿杨修便自严装,人惊问修:"何以知之?"修曰:"夫鸡肋,弃之如可惜,食之无所得,以比汉中,知王欲还也。"(《三国志》魏书卷一武帝纪注引《九州春秋》)

二、曹操巩固关中,以防范刘备趁胜来攻

操恐刘备北取武都氐以逼关中,问雍州刺史张既,既曰:"可劝使北出就谷以避贼,前至者厚其宠赏,则先者知利,后必慕之。"操从之,使既之武都,徙氐五万余落出居扶风、天水界。武威颜俊、张掖和鸾、酒泉黄华、西平麹演等,各据其郡,自号将军,更相攻击。俊遣使送母及子诣魏王操为质以求助。操问张既,既曰:"俊等外假国威,内生傲悖,计定势足,后即反耳。今方事定蜀,且宜两存而斗之,犹卞庄子之刺虎,坐收其敝也。"王曰:"善!"岁余,鸾遂杀俊,武威王祕又杀鸾。

(《资治通鉴》卷六十八)

是时，武威颜俊、张掖和鸾、酒泉黄华、西平麹演等并举郡反，自号将军，更相攻击。俊遣使送母及子诣太祖为质，求助。太祖问既，既曰："俊等外假国威，内生傲悖，计定势足，后即反耳。今方事定蜀，且宜两存而斗之，犹卞庄子之刺虎，坐收其毙也。"太祖曰："善。"岁余，鸾遂杀俊，武威王祕又杀鸾。是时不置凉州，自三辅拒西域，皆属雍州。（《三国志》魏书卷十五张既传）

及刘备取汉中以逼下辩，太祖以武都孤远，欲移之，恐吏民恋土。阜威信素著，前后徙民、氐，使居京兆、扶风、天水界者万余户，徙郡小槐里，百姓襁负而随之。为政举大纲而已，下不忍欺也。（《三国志》魏书卷二十五杨阜传）

魏王操以杜袭为留府长史，驻关中。关中营帅许攸拥部曲不归附，而有慢言，操大怒，先欲伐之。群臣多谏宜招怀攸，共讨强敌；操横刀于膝，作色不听。袭入欲谏，操逆谓之曰："吾计已定，卿勿复言！"袭曰："若殿下计是邪，臣方助殿下成之；若殿下计非邪，虽成，宜改之。殿下逆臣令勿言，何待下之不阐乎！"操曰："许攸慢吾，如何可置！"袭曰："殿下谓许攸何如人邪？"操曰："凡人也。"袭曰："夫惟贤知贤，惟圣知圣，凡人安能知非凡人邪！方今豺狼当路而狐狸是先，人将谓殿下避强攻弱；进不为勇，退不为仁。臣闻千钧之弩，

建安二十四年

不为鼷鼠发机；万石之钟，不以莛撞起音。今区区之许攸，何足以劳神武哉！"操曰："善！"遂厚抚攸，攸即归复。(《资治通鉴》卷六十八)

时将军许攸拥部曲，不附太祖而有慢言。太祖大怒，先欲伐之。群臣多谏："可招怀攸，共讨强敌。"太祖横刀于膝，作色不听。袭入欲谏，太祖逆谓之曰："吾计以定，卿勿复言。"袭曰："若殿下计是邪，臣方助殿下成之；若殿下计非邪，虽成宜改之。殿下逆臣，令勿言之，何待下之不阐乎？"太祖曰："许攸慢吾，如何可置乎？"袭曰："殿下谓许攸何如人邪？"太祖曰："凡人也。"袭曰："夫惟贤知贤，惟圣知圣，凡人安能知非凡人邪？方今豺狼当路而狐狸是先，人将谓殿下避强攻弱，进不为勇，退不为仁。臣闻千钧之弩不为鼷鼠发机，万石之钟不以莛撞起音，今区区之许攸，何足以劳神武哉？"太祖曰："善。"遂厚抚攸，攸即归服。(《三国志》魏书卷二十三杜袭传)

【六至七月】

一、刘封、孟达攻取"上庸三郡"

刘备遣宜都太守扶风孟达从秭归北攻房陵，杀房陵太守蒯祺。又遣养子副军中郎将刘封自汉中乘沔水下，统达军，与达会攻上庸，上庸太守申耽举郡降。备加耽征北将军，领

上庸太守，以耽弟仪为建信将军、西城太守。（《资治通鉴》卷六十八）

初，刘璋遣扶风孟达副法正，各将兵二千人，使迎先主，先主因令达并领其众，留屯江陵。蜀平后，以达为宜都太守。建安二十四年，命达从秭归北攻房陵，房陵太守蒯祺为达兵所害。达将进攻上庸，先主阴恐达难独任，乃遣封自汉中乘沔水下统达军，与达会上庸。上庸太守申耽举众降，遣妻子及宗族诣成都。先主加耽征北将军，领上庸太守员乡侯如故，以耽弟仪为建信将军、西城太守，迁封为副军将军。（《三国志》蜀书卷十刘封传）

二、刘备在汉中称王

秋，七月，刘备自称汉中王，设坛场于沔阳，陈兵列众，群臣陪位，读奏讫，乃拜受玺绶，御王冠。因驿拜章，上还所假左将军、宜城亭侯印绶。立子禅为王太子。拔牙门将军义阳魏延为镇远将军，领汉中太守，以镇汉川。备还治成都，以许靖为太傅，法正为尚书令，关羽为前将军，张飞为右将军，马超为左将军，黄忠为后将军，余皆进位有差。遣益州前部司马犍为费诗即授关羽印授，羽闻黄忠位与己并，怒曰："大丈夫终不与老兵同列！"不肯受拜。诗谓羽曰："夫立王业者，所用非一。昔萧、曹与高祖少小亲旧，而陈、韩亡命后至；

建安二十四年

论其班列，韩最居上，未闻萧、曹以此为怨。今汉中王以一时之功隆崇汉室；然意之轻重，宁当与君侯齐乎！且王与君侯譬犹一体，同休等戚，祸福共之。愚谓君侯不宜计官号之高下、爵禄之多少为意也。仆一介之使，衔命之人，君侯不受拜，如是便还，但相为惜此举动，恐有后悔耳。"羽大感悟，遽即受拜。(《资治通鉴》卷六十八)

秋七月庚子，刘备自称汉中王。(《后汉书》卷九孝献帝纪)

秋，群下上先主为汉中王，表于汉帝曰："平西将军都亭侯臣马超、左将军领长史镇军将军臣许靖、营司马臣庞羲、议曹从事中郎军议中郎将臣射援、军师将军臣诸葛亮、荡寇将军汉寿亭侯臣关羽、征虏将军新亭侯臣张飞、征西将军臣黄忠、镇远将军臣赖恭、扬武将军臣法正、兴业将军臣李严等一百二十人上言曰：昔唐尧至圣而四凶在朝，周成仁贤而四国作难，高后称制而诸吕窃命，孝昭幼冲而上官逆谋，皆冯世宠，藉履国权，穷凶极乱，社稷几危。非大舜、周公、朱虚、博陆，则不能流放禽讨，安危定倾。伏惟陛下诞姿圣德，统理万邦，而遭厄运不造之艰。董卓首难，荡覆京畿，曹操阶祸，窃执天衡；皇后太子，鸩杀见害，剥乱天下，残毁民物。久令陛下蒙尘忧厄，幽处虚邑。人神无主，遏绝王命，厌昧皇极，欲盗神器。左将军领司隶校尉豫、荆、益三州牧宜城亭侯备，受朝爵秩，念在输力，以殉国难。睹其机兆，赫然愤发，与车骑将军董承同谋诛操，将安国家，克宁旧都。会承机事不密，令操游魂得遂长恶，残泯海内。臣等每惧王室大有阎乐之祸，小有定安之变，夙夜惴惴，战栗累息。昔在《虞书》，敦序九族，周监二代，封建同姓，诗著其义，历载长久。汉兴之初，割裂疆土，尊王子弟，是以卒折诸吕之难，而成太宗之基。臣等以备肺腑枝叶，宗子藩翰，心存国家，念在弭乱。自操破于汉中，海内英雄望风蚁附，而爵号不显，九锡未加，非所以镇卫社稷，光昭万世也。奉辞在外，礼命断绝。昔河西太守梁统等值汉中兴，限于山河，位同权均，不能相率，咸推窦融以为元帅，卒立效绩，摧破隗嚣。今社稷之难，急于陇、蜀。操外吞天下，内残群寮，朝廷有萧墙之危，而御侮未建，可为寒心。臣等辄依旧典，封备汉中王，拜大司马，董齐六军，纠合同盟，扫灭凶逆。以汉中、巴、蜀、广汉、犍为为国，所署置依汉初诸侯王故典。夫权宜之制，苟利社稷，专之可也。然后功成事立，臣等退伏矫罪，虽死无恨。"遂于沔阳设坛场，陈兵列众，群臣陪位，读奏讫，御王冠于先主。先主上言汉帝曰："臣以具臣之才，荷上将之任，董督三军，奉辞于外，不得扫除寇难，靖匡王室，久使陛下圣教陵迟，六合之内，否而未泰，惟忧反侧，疢如疾首。曩者董卓造为乱阶，自是之后，群凶纵横，残剥海内。赖陛下圣德威灵，人神同应，或忠义奋讨，或上天降罚，暴逆并殪，以

|建|安|二|十|四|年|

渐冰消。惟独曹操，久未枭除，侵擅国权，恣心极乱。臣昔与车骑将军董承图谋讨操，机事不密，承见陷害，臣播越失据，忠义不果。遂得使操穷凶极逆，主后戮杀，皇子鸩害。虽纠合同盟，念在奋力，懦弱不武，历年未效。常恐殒没，孤负国恩，寤寐永叹，夕惕若厉。今臣群寮以为在昔《虞书》敦叙九族，庶明励翼，五帝损益，此道不废。周监二代，并建诸姬，实赖晋、郑夹辅之福。高祖龙兴，尊王子弟，大启九国，卒斩诸吕，以安大宗。今操恶直丑正，寔繁有徒，包藏祸心，篡盗已显。既宗室微弱，帝族无位，斟酌古式，依假权宜，上臣大司马汉中王。臣伏自三省，受国厚恩，荷任一方，陈力未效，所获已过，不宜复忝高位以重罪谤。群寮见逼，迫臣以义。臣退惟寇贼不枭，国难未已，宗庙倾危，社稷将坠，成臣忧责碎首之负。若应权通变，以宁靖圣朝，虽赴水火，所不得辞，敢虑常宜，以防后悔。辄顺众议，拜受印玺，以崇国威。仰惟爵号，位高宠厚，俯思报效，忧深责重，惊怖累息，如临于谷。尽力输诚，奖厉六师，率齐群义，应天顺时，扑讨凶逆，以宁社稷，以报万分，谨拜章因驿上还所假左将军、宜城亭侯印绶。"于是还治成都。拔魏延为都督，镇汉中。（《典略》曰：备于是起馆舍，筑亭障，从成都至白水关，四百余区。）时关羽攻曹公将曹仁，禽于禁于樊。俄而孙权袭杀羽，取荆州。

（《三国志》蜀书卷二先主传）

朝又有一弟，早亡，各有才望，时人号之李氏三龙。华阳国志曰：群下上先主为汉中王；其文，朝所造也。臣松之案耆旧所记，以朝、邵及早亡者为三龙。邈之狂直，不得在此数。（《三国志》蜀书卷十五杨戏传注引《益部耆旧杂记》）

后主讳禅，字公嗣，先主子也。建安二十四年，先主为汉中王，立为王太子。及即尊号，册曰："惟章武元年五月辛巳，皇帝若曰：太子禅，朕遭汉运艰难，贼臣篡盗，社稷无主，格人群正，以天明命，朕继大统。今以禅为皇太子，以承宗庙，祗肃社稷。使使持节丞相亮授印绶，敬听师傅，行一物而三善皆得焉，可不勉与！"（《三国志》蜀书卷三后主传）

二十四年，先主为汉中王，拜羽为前将军，假节钺。（《三国志》蜀书卷六关羽传）

先主为汉中王，遣诗拜关羽为前将军，羽闻黄忠为后将军，羽怒曰："大丈夫终不与老兵同列！"不肯受拜。诗谓羽曰："夫立王业者，所用非一。昔萧、曹与高祖少小亲旧，而陈、韩亡命后至，论其班列，韩最居上，未闻萧、曹以此为怨。今汉王以一时之功，隆崇于汉升，然意之轻重，宁当与君侯齐乎！且王与君侯，譬犹一体，同休等戚，祸福共之，愚为君侯，不宜计官号之高下，爵禄之多少为意也。仆一介之使，衔命之人，君侯不受拜，如是便还，但相为惜此举动，恐有后悔耳！"羽大感悟，遽即受拜。（《三国志》蜀书卷十一费诗传）

|建|安|二|十|四|年|

先主为汉中王，拜飞为右将军、假节。(《三国志》蜀书卷六张飞传)

先主为汉中王，拜超为左将军，假节。(《三国志》蜀书卷六马超传)

先主立为汉中王，以正为尚书令、护军将军。(《三国志》蜀书卷七法正传)

二十四年，先主为汉中王，徵立为侍中。(《三国志》蜀书卷十廖立传)

及先主为汉中王，拔仪为尚书。(《三国志》蜀书卷十杨仪传)

先主为汉中王，犹领益州牧，以权为治中从事。(《三国志》蜀书卷十三黄权传)

先主为汉中王，琬入为尚书郎。(《三国志》蜀书卷十四蒋琬传)

先主为汉中王，用荆楚宿士零陵赖恭为太常，南阳黄柱为光禄勋，谋为少府。(《三国志》蜀书卷十五杨戏传)

建安二十四年，先主为汉中王，巴为尚书，后代法正为尚书令。躬履清俭，不治产业，又自以归附非素，惧见猜嫌，恭默守静，退无私交，非公事不言。(《零陵先贤传》曰：是时中夏人情未一，闻备在蜀，四方延颈。而备锐意欲即真，巴以为如此示天下不广，且欲缓之。与主簿雍茂谏备，备以他事杀茂，由是远人不复至矣。) (《三国志》蜀书卷九刘巴传)

先主立太子，祎与允俱为舍人，迁庶子。(《三国志》蜀书卷

十四费祎传）

三、刘备离开汉中前提拔魏延为镇远将军，令其守汉中

先主为汉中王，迁治成都，当得重将以镇汉川，众论以为必在张飞，飞亦以心自许。先主乃拔延为督汉中镇远将军，领汉中太守，一军尽惊。先主大会群臣，问延曰："今委卿以重任，卿居之欲云何？"延对曰："若曹操举天下而来，请为大王拒之；偏将十万之众至，请为大王吞之。"先主称善，众咸壮其言。(《三国志》蜀书卷十魏延传)

四、卞夫人被拜为魏王后

诏以魏王操夫人卞氏为王后。(《资治通鉴》卷六十八)

秋七月，以夫人卞氏为王后。(《三国志》魏书卷一武帝纪)

二十四年，拜为王后，策曰："夫人卞氏，抚养诸子，有母仪之德。今进位王后，太子诸侯陪位，群卿上寿，减国内死罪一等。"(《三国志》魏书卷五武宣卞皇后传)

五、孙权攻合肥

孙权攻合肥。时诸州兵戍淮南，扬州刺史温恢谓兖州刺史裴潜曰："此间虽有贼，然不足忧。今水潦方生，而子孝县军，无有远备，关羽骁猾，正恐征南有变耳。"已而关羽果使

【建安二十四年】

南郡太守糜芳守江陵，将军傅士仁守公安，羽自率众攻曹仁于樊。仁使左将军于禁、立义将军庞德等屯樊北。(《资治通鉴》卷六十八)

建安二十四年，孙权攻合肥，是时诸州皆屯戍。恢谓兖州刺史裴潜曰："此间虽有贼，不足忧，而畏征南方有变。今水生而子孝县军，无有远备。关羽骁锐，乘利而进，必将为患。"于是有樊城之事。诏书召潜及豫州刺史吕贡等，潜等缓之。恢密语潜曰："此必襄阳之急欲赴之也。所以不为急会者，不欲惊动远众。一二日必有密书促卿进道，张辽等又将被召。辽等素知王意，后召前至，卿受其责矣！"潜受其言，置辎重，更为轻装速发，果被促令。辽等寻各见召，如恢所策。(《三国志》魏书卷十五温恢传)

【八月】

关羽发动北伐，势如破竹，俘于禁等，威震华夏

八月，大霖雨，汉水溢，平地数丈，于禁等七军皆没。禁与诸将登高避水，羽乘大船就攻之，禁等穷迫，遂降。庞德在堤上，被甲持弓，箭不虚发，自平旦力战，至日过中，羽攻益急；矢尽，短兵接，德战益怒，气愈壮，而水浸盛，吏士尽降。德乘小船欲还仁营，水盛船覆，失弓矢，独抱船覆水中，为羽所得，立而不跪。羽谓曰："卿兄在汉中，我欲

以卿为将，不早降何为！"德骂羽曰："竖子，何谓降也！魏王带甲百万，威振天下。汝刘备庸才耳，岂能敌邪！我宁为国家鬼，不为贼将也！"羽杀之。魏王操闻之流涕曰："吾知于禁三十年，何意临危处难，反不及庞德邪！"封德二子为列侯。羽急攻樊城，城得水，往往崩坏，众皆恟惧。或谓曹仁曰："今日之危，非力所支，可及羽围未合，乘轻船夜走。"汝南太守满宠曰："山水速疾，冀其不久。闻羽遣别将已在郏下，自许以南，百姓扰扰，羽所以不敢遂进者，恐吾军掎其后耳。今若遁去，洪河以南，非复国家有也，君宜待之。"仁曰："善！"乃沉白马与军人盟誓，同心固守。城中人马才数千人，城不没者数板。羽乘船临城，立围数重，外内断绝。羽又遣别将围将军吕常于襄阳。荆州刺史胡修、南乡太守傅方皆降于羽。(《资治通鉴》卷六十八)

建安二十四年，太祖在长安，使曹仁讨关羽于樊，又遣禁助仁。秋，大霖雨，汉水溢，平地水数丈，禁等七军皆没。禁与诸将登高望水，无所回避，羽乘大船就攻禁等，禁遂降，惟庞德不屈节而死。太祖闻之，哀叹者久之，曰："吾知禁三十年，何意临危处难，反不如庞德邪！"会孙权禽羽，获其众，禁复在吴。(《三国志》魏书卷十七于禁传)

侯音、卫开等以宛叛，德将所领与曹仁共攻拔宛，斩音、开，遂南屯樊，讨关羽。樊下诸将以德兄在汉中，颇疑之。(《魏

|建|安|二|十|四|年|

略》曰：德从兄名柔，时在蜀。）德常曰："我受国恩，义在效死。我欲身自击羽。今年我不杀羽，羽当杀我。"后亲与羽交战，射羽中额。时德常乘白马，羽军谓之白马将军，皆惮之。仁使德屯樊北十里，会天霖雨十余日，汉水暴溢，樊下平地五六丈，德与诸将避水上堤。羽乘船攻之，以大船四面射堤上。德被甲持弓，箭不虚发。将军董衡、部曲将董超等欲降，德皆收斩之。自平旦力战至日过中，羽攻益急，矢尽，短兵接战。德谓督将成何曰："吾闻良将不怯死以苟免，烈士不毁节以求生，今日，我死日也。"战益怒，气愈壮，而水浸盛，吏士皆降。德与麾下将一人，五伯二人，弯弓傅矢，乘小船欲还仁营。水盛船覆，失弓矢，独抱船覆水中，为羽所得，立而不跪。羽谓曰："卿兄在汉中，我欲以卿为将，不早降何为？"德骂羽曰："竖子，何谓降也！魏王带甲百万，威振天下。汝刘备庸才耳，岂能敌邪！我宁为国家鬼，不为贼将也。"遂为羽所杀。太祖闻而悲之，为之流涕，封其二子为列侯。文帝即王位，乃遣使就德墓赐谥，策曰："昔先轸丧元，王蠋绝脰，陨身徇节，前代美之。惟侯式昭果毅，蹈难成名，声溢当时，义高在昔，寡人愍焉，谥曰壮侯。"又赐子会等四人爵关内侯，邑各百户。会勇烈有父风，官至中尉将军，封列侯。（王隐《蜀记》曰：钟会平蜀，前后鼓吹，迎德尸丧还葬邺，冢中身首如生。臣松之案德死于樊城，文帝即位，又遣使至德墓所，则其尸

丧不应在蜀。此王隐之虚说也。）（《三国志》魏书卷十七庞德传）

关羽围襄阳，宠助征南将军曹仁屯樊城拒之，而左将军于禁等军以霖雨水长为羽所没。羽急攻樊城，樊城得水，往往崩坏，众皆失色。或谓仁曰："今日之危，非力所支。可及羽围未合，乘轻船夜走，虽失城，尚可全身。"宠曰："山水速疾，冀其不久。闻羽遣别将已在郏下，自许以南，百姓扰扰，羽所以不敢遂进者，恐吾军掎其后耳。今若遁去，洪河以南，非复国家有也；君宜待之。"仁曰："善。"宠乃沈白马，与军人盟誓。会徐晃等救至，宠力战有功，羽遂退。进封安昌亭侯。（《三国志》魏书卷二十六满宠传）

【九月】

一、魏讽谋反未遂，牵连者甚众

初，沛国魏讽有惑众才，倾动邺都，魏相国钟繇辟以为西曹掾。荥阳任览，与讽友善。同郡郑袤，泰之子也，每谓览曰："讽奸雄，终必为乱。"（《资治通鉴》卷六十八）

九月，讽潜结徒党，与长乐卫尉陈祎谋袭邺；未及期，祎惧而告之。太子丕诛讽，连坐死者数千人，钟繇坐免官。（《资治通鉴》卷六十八）

太祖征汉中，魏讽等谋反，中尉杨俊左迁。太祖叹曰："讽所以敢生乱心，以吾爪牙之臣无遏奸防谋者故也。安得如诸

|建|安|二|十|四|年|

葛丰者，使代俊乎！"桓阶曰："徐奕其人也。"太祖乃以奕为中尉，手令曰："昔楚有子玉，文公为之侧席而坐；汲黯在朝，淮南为之折谋。诗称'邦之司直'，君之谓与！"在职数月，疾笃乞退，拜谏议大夫，卒。（《魏书》曰：文帝每与朝臣会同，未尝不嗟叹，思奕之为人。奕无子，诏以其族子统为郎，以奉奕后。）（《三国志》魏书卷十二徐奕传）

粲二子，为魏讽所引，诛。后绝。（《文章志》曰：太祖时征汉中，闻粲子死，叹曰："孤若在，不使仲宣无后。"）始文帝为五官将，及平原侯植皆好文学。粲与北海徐干字伟长、广陵陈琳字孔璋、陈留阮瑀字元瑜、汝南应玚字德琏、东平刘桢字公干并见友善。（《三国志》魏书卷二十一王粲传）

巽子公悌，瑰伟博达，有知人鉴。辟公府，拜尚书郎，后客荆州，以说刘琮之功，赐爵关内侯。文帝时为侍中，太和中卒。巽在荆州，目庞统为半英雄，证裴潜终以清行显；统遂附刘备，见待次于诸葛亮，潜位至尚书令，并有名德。及在魏朝，魏讽以才智闻，巽谓之必反，卒如其言。（《三国志》魏书卷六刘表传注引《傅子》）

魏讽反，廙弟伟为讽所引，当相坐诛。太祖令曰："叔向不坐弟虎，古之制也。"特原不问。（《廙别传》曰：初，廙弟伟与讽善，廙戒之曰："夫交友之美，在于得贤，不可不详。而世之交者，不审择人，务合党众，违先圣人交友之义，此非厚己辅仁之谓也。吾观魏讽,不修德行,而专以鸠合为务,华而不实,此直搅世沽名者也。卿其慎之,勿复与通。"伟不从,故及于难。)(《三国志》魏书卷二十一刘廙传)

初,太祖时,刘廙坐弟与魏讽谋反,当诛。群言之太祖,太祖曰:"廙,名臣也,吾亦欲赦之。"乃复位。廙深德群,群曰:"夫议刑为国,非为私也;且自明主之意,吾何知焉?"其弘博不伐,皆此类也。(《三国志》魏书卷二十二陈群传)

尹默字思潜,梓潼涪人也。益部多贵今文而不崇章句,默知其不博,乃远游荆州,从司马德操、宋仲子等受古学。皆通诸经史,又专精于《左氏春秋》,自刘歆条例,郑众、贾逵父子、陈元、方服虔注说,咸略诵述,不复按本。先主定益州,领牧,以为劝学从事,及立太子,以默为仆,射以《左氏传》授后主。后主践阼,拜谏议大夫。丞相亮住汉中,请为军祭酒。亮卒,还成都,拜太中大夫,卒。子宗传其业,为博士。宋仲子后在魏。(《魏略》曰:其子与魏讽谋反,伏诛。魏太子答王朗书曰:"昔石厚与州吁游,父碏知其与乱;韩子昵田苏,穆子知其好仁:故君子游必有方,居必就士,诚有以也。嗟乎!宋忠无石子先识之明,老罹此祸。今虽欲行灭亲之诛,立纯臣之节,尚可得邪!")(《三国志》蜀书卷十二尹默传)

粲亡后,相国掾魏讽谋反,粲子与焉,既被诛,邕所与书悉入业。业字长绪,位至谒者仆射。子宏字正宗,司隶校尉。

宏，弼之兄也。《魏氏春秋》曰：文帝既诛粲二子，以业嗣粲。（《三国志》魏书卷二十八王弼传）

太祖征汉中，魏讽反于邺。俊自劾诣行在所。俊以身方罪免，笺辞太子。太子不悦，曰："杨中尉便去，何太高远邪！"遂被书左迁平原太守。（《三国志》魏书卷二十三杨俊传）

从征乌丸于柳城，未至，薨，谥曰定侯。（《魏略》曰：五官将数因请会，发怒曰："君杀吾兄，何忍持面视人邪！"绣心不自安，乃自杀。）子泉嗣，坐与魏讽谋反诛，国除。（《三国志》魏书卷八张绣传）

数年，坐西曹掾魏讽谋反，策罢就第。（《三国志》魏书卷十三钟繇传）

九月，相国钟繇坐西曹掾魏讽反免。（《世语》曰：讽字子京，沛人，有惑众才，倾动邺都，钟繇由是辟焉。大军未反，讽潜结徒党，又与长乐卫尉陈祎谋袭邺。未及期，祎惧，告之太子，诛讽，坐死者数十人。王昶家诫曰"济阴魏讽"，而此云沛人，未详。）（《三国志》魏书卷一武帝纪）

二、曹操杀杨修

初，丞相主簿杨修与丁仪兄弟谋立曹植为魏嗣，五官将丕患之，以车载废簏内朝歌长吴质，与之谋。修以白魏王操，操未及推验。丕惧，告质，质曰："无害也。"明日，复以簏载绢以入，修复白之，推验，无人；操由是疑焉。其后植以骄纵见疏，而植故连缀修不止，修亦不敢自绝。每当就植，虑事有阙，忖度操意，豫作答教十余条，敕门下，"教出，随所问答之"，于是教裁出，答已入；操怪其捷，推问，始泄。操亦以修袁术之甥，恶之，乃发修前后漏泄言教，交关诸侯，收杀之。(《资治通鉴》卷六十八)

至二十四年秋，公以修前后漏泄言教，交关诸侯，乃收杀之。修临死，谓故人曰："我固自以死之晚也。"其意以为坐曹植也。修死后百余日而太祖薨，太子立，遂有天下。(《三国志》魏书卷十九曹植传注引《典略》)

修字德祖，好学，有俊才，为丞相曹操主簿，用事曹氏。及操自平汉中，欲因讨刘备而不得进，欲守之又难为功，护军不知进止何依。操于是出教，唯曰："鸡肋"而已。外曹莫能晓，修独曰："夫鸡肋，食之则无所得，弃之则如可惜，公归计决矣。"乃令外白稍严，操于此回师。修之几决，多有此类。修又尝出行，筹操有问外事，乃逆为答记，敕守舍儿："若有令出，依次通之。"既而果然。如是者三，操怪其速，使廉之，知状，于此忌修。且以袁术之甥，虑为后患，遂因事杀之。(《后汉书》卷五十四杨震列传)

后子修为曹操所杀，操见彪问曰："公何瘦之甚？"对曰："愧无日磾先见之明，犹怀老牛舐犊之爱。"操为之改容。(《后

|建|安|二|十|四|年|

汉书》卷五十四杨震列传）

卞顿首：贵门不遗，贤郎辅位，每感笃念，情在凝至。贤郎盛德熙妙，有盖世文才，阖门钦敬，宝用无已。方今骚扰，戎马屡动，主簿股肱近臣征伐之计，事须敬咨，官立金鼓之节，而闻命违制，明公性急忿然，在外辄行军法。卞姓当时亦所不知，闻之心肝涂地，惊愕断绝，悼痛酷楚，情自不胜。夫人多容，即见垂恕，故送衣服一笼，文绢百匹，房子官锦百斤，私所乘香车一乘，牛一头，诚知微细，以达往意，望为承纳。（《古文苑》）

【十月】

一、曹操至洛阳，拟迁都，后放弃

冬，十月，魏王操至洛阳。陆浑民孙狼等作乱，杀县主簿，南附关羽。羽授狼印，给兵，还为寇贼，自许以南，往往遥应羽，羽威震华夏。魏王操议徙许都以避其锐，丞相军司马司马懿、西曹属蒋济言于操曰："于禁等为水所没，非战攻之失，于国家大计未足有损。刘备、孙权，外亲内疏，关羽得志，权必不愿也。可遣人劝权蹑其后，许割江南以封权，则樊围自解。"操从之。（《资治通鉴》卷六十八）

冬十月，军还洛阳。（《曹瞒传》曰：王更修治北部尉廨，令过于旧。）孙权遣使上书，以讨关羽自效。王自洛阳南征羽，

未至，晃攻羽，破之，羽走，仁围解。(《三国志》魏书卷一武帝纪)

曹公议徙许都以避其锐，司马宣王、蒋济以为关羽得志，孙权必不原也。可遣人劝权蹑其后，许割江南以封权，则樊围自解。曹公从之。(《三国志》蜀书卷六关羽传)

帝又言荆州刺史胡修粗暴，南乡太守傅方骄奢，并不可居边。魏武不之察。及蜀将羽围曹仁于樊，于禁等七军皆没，修、方果降羽，而仁围甚急焉。是时汉帝都许昌，魏武以为近贼，欲徙河北。帝谏曰："禁等为水所没，非战守之所失，于国家大计未有所损，而便迁都，既示敌以弱，又淮沔之人大不安矣。孙权、刘备，外亲内疏，羽之得意，权所不愿也。可喻权所，令掎其后，则樊围自解。"魏武从之。权果遣将吕蒙西袭公安，拔之，羽遂为蒙所获。(《晋书》帝纪卷一宣皇帝纪)

关羽围樊、襄阳。太祖以汉帝在许，近贼，欲徙都。司马宣王及济说太祖曰："于禁等为水所没，非战攻之失，于国家大计未足有损。刘备、孙权，外亲内疏，关羽得志，权必不愿也。可遣人劝蹑其后，许割江南以封权，则樊围自解。"太祖如其言。权闻之，即引兵西袭公安、江陵。羽遂见禽。(《三国志》魏书卷十四蒋济传)

二、吕蒙建议偷袭关羽后方，孙权同意

初，鲁肃尝劝孙权以曹操尚存，宜且抚辑关羽，与之同仇，

|建|安|二|十|四|年|

不可失也。及吕蒙代肃屯陆口，以为羽素骁雄，有兼并之心，且居国上流，其势难久，密言于权曰："今令征虏守南郡，潘璋住白帝，蒋钦将游兵万人循江上下，应敌所在，蒙为国家前据襄阳，如此，何忧于操，何赖于羽！且羽君臣矜其诈力，所在反覆，不可以腹心待也。今羽所以未便东向者，以至尊圣明，蒙等尚存也。今不于强壮时图之，一旦僵仆，欲复陈力，其可得邪！"权曰："今欲先取徐州，然后取羽，何如？"对曰："今操远在河北，抚集幽、冀，未暇东顾，徐土守兵，闻不足言，往自可克。然地势陆通，骁骑所骋，至尊今日取徐州，操后旬必来争，虽以七八万人守之，犹当怀忧。不如取羽，全据长江，形势益张，易为守也。"权善之。权尝为其子求昏于羽，羽骂其使，不许昏；权由是怒。(《资治通鉴》卷六十八)

　　先是，权遣使为子索羽女，羽骂辱其使，不许婚，权大怒。(《典略》曰：羽围樊，权遣使求助之，敕使莫速进，又遣主簿先致命于羽。羽忿其淹迟，又自已得于禁等，乃骂曰："狢子敢尔，如使樊城拔，吾不能灭汝邪！"权闻之，知其轻己，伪手书以谢羽，许以自往。臣松之以为荆、吴虽外睦，而内相猜防，故权之袭羽，潜师密发。按《吕蒙传》云："伏精兵于䑦䑛之中，使白衣摇橹，作商贾服。"以此言之，羽不求助于权，权必不语羽当往也。若许相援助，何故匿其形迹乎？)
(《三国志》蜀书卷六关羽传)

及羽攻樊，吕蒙上疏曰："羽讨樊而多留备兵，必恐蒙图其后故也。蒙常有病，乞分士众还建业，以治疾为名，羽闻之，必撤备兵，尽赴襄阳。大军浮江昼夜驰上，袭其空虚，则南郡可下而羽可禽也。"遂称病笃。权乃露檄召蒙还，阴与图计。蒙下至芜湖，定威校尉陆逊谓蒙曰："关羽接境，如何远下，后不当可忧也？"蒙曰："诚如来言，然我病笃。"逊曰："羽矜其骁气，陵轹于人，始有大功，意骄志逸，但务北进，未嫌于我；有相闻病，必益无备。今出其不意，自可禽制。下见至尊，宜好为计。"蒙曰："羽素勇猛，既难为敌，且已据荆州，恩信大行，兼始有功，胆势益盛，未易图也。"蒙至都，权问："谁可代卿者？"蒙对曰："陆逊意思深长，才堪负重，观其规虑，终可大任；而未有远名，非羽所忌，无复是过也。若用之，当令外自韬隐，内察形便，然后可克。"权乃召逊，拜偏将军、右部督，以代蒙。（《资治通鉴》卷六十八）

吕蒙称疾诣建业，逊往见之，谓曰："关羽接境，如何远下，后不当可忧也？"蒙曰："诚如来言，然我病笃。"逊曰："羽矜其骁气，陵轹于人。始有大功，意骄志逸，但务北进，未嫌于我，有相闻病，必益无备。今出其不意，自可禽制。下见至尊，宜好为计。"蒙曰："羽素勇猛，既难为敌，且已据荆州，恩信大行，兼始有功，胆势益盛，未易图也。"蒙至都，权问："谁可代卿者？"蒙对曰："陆逊意思深长，才堪负重，观其规虑，终可大任。而未有远名，非羽所忌，无复是过。若用之，当令外自韬隐，内察形便，然后可克。"权乃召逊，拜偏将军右部督代蒙。(《三国志》吴书卷十三陆逊传）

三、徐晃增援襄阳，力战关羽

魏王操之出汉中也，使平寇将军徐晃屯宛以助曹仁；及于禁陷没，晃前至阳陵陂。关羽遣兵屯偃城，晃既到，诡道作都堑，示欲截其后，羽兵烧屯走。晃得偃城，连营稍前。操使赵俨以议郎参曹仁军事，与徐晃俱前，余救兵未到；晃所督不足解围，而诸将呼责晃，促救仁。俨谓诸将曰："今贼围素固，水潦犹盛，我徒卒单少，而仁隔绝，不得同力，此举适所以敝内外耳。当今不若前军逼围，遣谍通仁，使知外救，以励将士。计北军不过十日，尚足坚守，然后表里俱发，破贼必矣。如有缓救之戮，余为诸君当之。"诸将皆喜。晃营距羽围三丈所，作地道及箭飞书与仁，消息数通。孙权为笺与魏王操，请以讨羽自效，及乞不漏，令羽有备。操问群臣，群臣咸言宜密之。董昭曰："军事尚权，期于合宜。宜应权以密，而内露之。羽闻权上，若还自护，围则速解，便获其利。可使两贼相对衔持，坐待其敝。秘而不露，使权得志，非计之上。又，围中将吏不知有救，计粮怖惧，傥有他意，为难不小。露之为便。且羽为人强梁，自恃二城守固，必不速退。"操曰：

"善！"即敕徐晃以权书射著围里及羽屯中，围里闻之，志气百倍；羽果犹豫不能去。魏王操自雒阳南救曹仁，群下皆谓："王不亟行，今败矣。"侍中桓阶独曰："大王以仁等为足以料事势不也？"曰："能。""大王恐二人遗力邪？"曰："不然。""然则何为自往？"曰："吾恐虏众多，而徐晃等势不便耳。"阶曰："今仁等处重围之中而守死无贰者，诚以大王远为之势也。夫居万死之地，必有死争之心。内怀死争，外有强救，大王案六军以示余力，何忧于败而欲自往？"操善其言，乃驻军摩陂，前后遣殷署、朱盖等凡十二营诣晃。关羽围头有屯，又别屯四冢，晃乃扬声当攻围头屯而密攻四冢。羽见四冢欲坏，自将步骑五千出战；晃击之，退走。羽围堑鹿角十重，晃追羽，与俱入围中，破之，傅方、胡修皆死，羽遂撤围退，然舟船犹据沔水，襄阳隔绝不通。（《资治通鉴》卷六十八）

复遣晃助曹仁讨关羽，屯宛。会汉水暴隘，于禁等没。羽围仁于樊，又围将军吕常于襄阳。晃所将多新卒，以羽难与争锋，遂前至阳陵陂屯。太祖复还，遣将军徐商、吕建等诣晃，令曰："须兵马集至，乃俱前。"贼屯偃城。晃到，诡道作都堑，示欲截其后，贼烧屯走。晃得偃城，两面连营，稍前，去贼围三丈所。未攻，太祖前后遣殷署、朱盖等凡十二营诣晃。贼围头有屯，又别屯四冢。晃扬声当攻围头屯，而密攻四冢。羽见四冢欲坏，自将步骑五千出战，晃击之，退走，遂追陷

|建|安|二|十|四|年|

与俱入围,破之,或自投沔水死。太祖令曰:"贼围堑鹿角十重,将军致战全胜,遂陷贼围,多斩首虏。吾用兵三十余年,及所闻古之善用兵者,未有长驱径入敌围者也。且樊、襄阳之在围,过于莒、即墨,将军之功,逾孙武、穰苴。"(《三国志》魏书卷十七徐晃传)

而曹公遣徐晃救曹仁,(《蜀记》曰:羽与晃宿相爱,遥共语,但说平生,不及军事。须臾,晃下马宣令:"得关云长头,赏金千斤。"羽惊怖,谓晃曰:"大兄,是何言邪!"晃曰:"此国之事耳。")羽不能克,引军退还。(《三国志》蜀书卷六关羽传)

曹仁为关羽所围,太祖遣徐晃救之,不解。太祖欲自南征,以问群下。群下皆谓:"王不亟行,今败矣。"阶独曰:"大王以仁等为足以料事势不也?"曰:"能。""大王恐二人遗力邪?"曰:"不。""然则何为自往?"曰:"吾恐虏众多,而晃等势不便耳。"阶曰:"今仁等处重围之中而守死无贰者,诚以大王远为之势也。夫居万死之地,必有死争之心;内怀死争,外有强救,大王案六军以示余力,何忧于败而欲自往?"太祖善其言,驻军于摩陂。贼遂退。(《三国志》魏书卷二十二桓阶传)

关羽攻樊,时汉水暴溢,于禁等七军皆没,禁降羽。仁人马数千人守城,城不没者数板。羽乘船临城,围数重,外内断绝,粮食欲尽,救兵不至。仁激厉将士,示以必死,将士感之皆无二。徐晃救至,水亦稍减,晃从外击羽,仁得溃

围出，羽退走。(《三国志》魏书卷九曹仁传)

【十一月】

一、吕蒙指挥人马"白衣渡江"，抄袭关羽的后方

逊至陆口，为书与羽，称其功美，深自谦抑，为尽忠自托之意。羽意大安，无复所嫌，稍撤兵以赴樊。逊具启形状，陈其可禽之要。羽得于禁等人马数万，粮食乏绝，擅取权湘关米；权闻之，遂发兵袭羽。权欲令征虏将军孙皎与吕蒙为左右部大督，蒙曰："若至尊以征虏能，宜用之；以蒙能，宜用蒙。昔周瑜、程普为左右部督，督兵攻江陵，虽事决于瑜，普自恃久将，且俱是督，遂共不睦，几败国事，此目前之戒也。"权寤，谢蒙曰："以卿为大督，命皎为后继可也。"(《资治通鉴》卷六十八)

吕蒙至寻阳，尽伏其精兵䑦䑦中，使白衣摇橹，作商贾人服，昼夜兼行。羽所置江边屯候，尽收缚之，是故羽不闻知。糜芳、傅士仁素皆嫌羽轻己，羽之出军，芳、仁供给军资不悉相及，羽言："还，当治之！"芳、仁咸惧。于是蒙令故骑都尉虞翻为书说仁，为陈成败，仁得书即降。翻谓蒙曰："此谲兵也，当将仁行，留兵备城。"遂将仁至南郡。糜芳城守，蒙以仁示之，芳遂开门出降。(《资治通鉴》卷六十八)

逊至陆口，书与羽曰："前承观衅而动，以律行师，小举

|建|安|二|十|四|年|

大克,一何巍巍!敌国败绩,利在同盟,闻庆拊节,想遂席卷,共奖王纲。近以不敏,受任来西,延慕光尘,思禀良规。"又曰:"于禁等见获,遐迩欣叹,以为将军之勋足以长世,虽昔晋文城濮之师,淮阴拔赵之略,蔑以尚兹。闻徐晃等少骑驻旌,窥望麾葆。操猾虏也,忿不思难,恐潜增众,以逞其心。虽云师老,犹有骁悍。且战捷之后,常苦轻敌,古人杖术,军胜弥警,愿将军广为方计,以全独克。仆书生疏迟,忝所不堪,喜邻威德,乐自倾尽,虽未合策,犹可怀也。傥明注仰,有以察之。"羽览逊书,有谦下自讬之意,意大安,无复所嫌。逊具启形状,陈其可禽之要。权乃潜军而上,使逊与吕蒙为前部,至即克公安、南郡。逊径进,领宜都太守,拜抚边将军,封华亭侯。备宜都太守樊友委郡走,诸城长吏及蛮夷君长皆降。逊请金银铜印,以假授初附。是岁建安二十四年十一月也。逊遣将军李异、谢旌等将三千人,攻蜀将詹晏、陈凤。异将水军,旌将步兵,断绝险要,即破晏等,生降得凤。又攻房陵太守邓辅、南乡太守郭睦,大破之。秭归大姓文布、邓凯等合夷兵数千人,首尾西方。逊复部旌讨破布、凯。布、凯脱走,蜀以为将。逊令人诱之,布帅众还降。前后斩获招纳,凡数万计。权以逊为右护军、镇西将军,进封娄侯。(《吴书》曰:权嘉逊功德,欲殊显之,虽为上将军列侯,犹欲令历本州举命,乃使扬州牧吕范就辟别驾从事,举茂才。)(《三国志》

吴书卷十三陆逊传）

后羽讨樊，留兵将备公安、南郡。蒙上疏曰："羽讨樊而多留备兵，必恐蒙图其后故也。蒙常有病，乞分士众还建业，以治疾为名。羽闻之，必撤备兵，尽赴襄阳。大军浮江，昼夜驰上，袭其空虚，则南郡可下，而羽可禽也。"遂称病笃，权乃露檄召蒙还，阴与图计。羽果信之，稍撤兵以赴樊。（《三国志》吴书卷九吕蒙传）

又南郡太守麋芳在江陵，将军傅士仁屯公安，素皆嫌羽轻己。羽之出军，芳、仁供给军资，不悉相救。羽言"还当治之"，芳、仁咸怀惧不安。于是权阴诱芳、仁，芳、仁使人迎权。（《三国志》蜀书卷六关羽传）

吕蒙图取关羽，称疾还建业，以翻兼知医术，请以自随，亦欲因此令翻得释也。后蒙举军西上，南郡太守麋芳开城出降。蒙未据郡城而作乐沙上，翻谓蒙曰："今区区一心者麋将军也，城中之人岂可尽信，何不急入城持其管籥乎？"蒙即从之。时城中有伏计，赖翻谋不行。（《三国志》吴书卷十二虞翻传）

芳为南郡太守，与关羽共事，而私好携贰，叛迎孙权，羽因覆败。竺面缚请罪，先主慰谕以兄弟罪不相及，崇待如初。竺惭恚发病，岁余卒。子威，官至虎贲中郎将。威子照，虎骑监。自竺至照，皆便弓马，善射御云。（《三国志》蜀书卷八麋竺传）

|建|安|二|十|四|年|

二、吕蒙夺取南郡等地，向关羽发起"心理战"

蒙入江陵，释于禁之囚，得关羽及将士家属，皆抚慰之，约令军中："不得干历人家，有所求取。"蒙麾下士，与蒙同郡人，取民家一笠以覆官铠；官铠虽公，蒙犹以为犯军令，不可以乡里故而废法，遂垂涕斩之。于是军中震栗，道不拾遗。蒙旦暮使亲近存恤耆老，问所不足，疾病者给医药，饥寒者赐衣粮。羽府藏财宝，皆封闭以待权至。关羽闻南郡破，即走南还。曹仁会诸将议，咸曰："今因羽危惧，可追禽也。"赵俨曰："权邀羽连兵之难，欲掩制其后，顾羽还救，恐我承其两疲，故顺辞求效，乘衅因变以观利钝耳。今羽已孤迸，更宜存之以为权害。若深入追北，权则改虞于彼，将生患于我矣，王必以此为深虑。"仁乃解严。魏王操闻羽走，恐诸将追之，果疾敕仁如俨所策。关羽数使人与吕蒙相闻，蒙辄厚遇其使，周游城中，家家致问，或手书示信。羽人还，私相参讯，咸知家门无恙，见待过于平时，故羽吏士无斗心。会权至江陵，荆州将吏悉皆归附；独治中从事武陵潘濬称疾不见。权遣人以床就家舆致之，濬伏面著床席不起，涕泣交横，哀哽不能自胜。权呼其字与语，慰谕恳恻，使亲近以手巾拭其面。濬起，下地拜谢。即以为治中，荆州军事一以谘之。武陵部从事樊伷诱导诸夷，图以武陵附汉中王备。外白差督督万人往讨之，权不听；特召问濬，濬答："以五千兵往，足以擒伷。"权曰：

"卿何以轻之？"濬曰："伷南阳旧姓，颇能弄唇吻，而实无才略。臣所以知之者，伷昔尝为州人设馔，比至日中，食不可得，而十余自起，此亦侏儒观一节之验也。"权大笑，即遣濬将五千人往，果斩平之。权以吕蒙为南郡太守，封孱陵侯，赐钱一亿，黄金五百斤；以陆逊领宜都太守。（《资治通鉴》卷六十八）

冬十一月，孙权取荆州。（《后汉书》卷九孝献帝纪）

魏使于禁救樊，羽尽禽禁等，人马数万，讬以粮乏，擅取湘关米。权闻之，遂行，先遣蒙在前。蒙至寻阳，尽伏其精兵䑽䑼中，使白衣摇橹，作商贾人服，昼夜兼行，至羽所置江边屯候，尽收缚之，是故羽不闻知。遂到南郡，士仁、麋芳皆降。（《吴书》曰：将军士仁在公安拒守，蒙令虞翻说之。翻至城门，谓守者曰："吾欲与汝将军语。"仁不肯相见。乃为书曰："明者防祸于未萌，智者图患于将来，知得知失，可与为人，知存知亡，足别吉凶。大军之行，斥候不及施，烽火不及举，此非天命，必有内应。将军不先见时，时至又不应之，独守萦带之城而不降，死战则毁宗灭祀，为天下讥笑。吕虎威欲径到南郡，断绝陆道，生路一塞，案其地形，将军为在箕舌上耳，奔走不得免，降则失义，窃为将军不安，幸熟思焉。"仁得书，流涕而降。翻谓蒙曰："此谲兵也，当将仁行，留兵备城。"遂将仁至南郡。南郡太守麋芳城守，蒙以仁示之，

建安二十四年

遂降。吴录曰：初，南郡城中失火，颇焚烧军器。羽以责芳，芳内畏惧，权闻而诱之，芳潜相和。及蒙攻之，乃以牛酒出降。）蒙入据城，尽得羽及将士家属，皆抚慰，约令军中不得干历人家，有所求取。蒙麾下士，是汝南人，取民家一笠，以覆官铠，官铠虽公，蒙犹以为犯军令，不可以乡里故而废法，遂垂涕斩之。于是军中震栗，道不拾遗。蒙旦暮使亲近存恤耆老，问所不足，疾病者给医药，饥寒者赐衣粮。羽府藏财宝，皆封闭以待权至。羽还，在道路，数使人与蒙相闻，蒙辄厚遇其使，周游城中，家家致问，或手书示信。羽人还，私相参讯，咸知家门无恙，见待过于平时，故羽吏士无斗心。会权寻至，羽自知孤穷，乃走麦城，西至漳乡，众皆委羽而降。权使朱然、潘璋断其径路，即父子俱获，荆州遂定。（《三国志》吴书卷九吕蒙传）

二十四年，关羽围曹仁于襄阳，曹公遣左将军于禁救之。会汉水暴起，羽以舟兵尽虏禁等步骑三万送江陵，惟城未拔。权内惮羽，外欲以为己功，笺与曹公，乞以讨羽自效。曹公且欲使羽与权相持以斗之，驿传权书，使曹仁以弩射示羽。羽犹豫不能去。闰月，权征羽，先遣吕蒙袭公安，获将军士仁。蒙到南郡，南郡太守麋芳以城降。蒙据江陵，抚其老弱，释于禁之囚。陆逊别取宜都，获秭归、枝江、夷道，还屯夷陵，守峡口以备蜀。关羽还当阳，西保麦城。权使诱之。羽伪降，

立幡旗为象人于城上，因遁走，兵皆解散，尚十余骑。权先使朱然、潘璋断其径路。(《三国志》吴书卷二吴主传)

吕蒙图袭关羽，权以问仪，仪善其计，劝权听之。从讨羽，拜忠义校尉。仪陈谢，权令曰："孤虽非赵简子，卿安得不自屈为周舍邪？"既定荆州，都武昌，拜裨将军，后封都亭侯，守侍中。欲复授兵，仪自以非材，固辞不受。(《三国志》吴书卷十七是仪传)

时荆州士人新还，仕进或未得所，逊上疏曰："昔汉高受命，招延英异，光武中兴，群俊毕至，苟可以熙隆道教者，未必远近。今荆州始定，人物未达，臣愚慺慺，乞普加覆载抽拔之恩，令并获自进，然后四海延颈，思归大化。"权敬纳其言。(《三国志》吴书卷十三陆逊传)

权讨关羽，钦督水军入沔，还，道病卒。权素服举哀，以芜湖民二百户、田二百顷，给钦妻子。子壹封宣城侯，领兵拒刘备有功，还赴南郡，与魏交战，临陈卒。壹无子，弟休领兵，后有罪失业。(《三国志》吴书卷十蒋钦传)

十一月，汉中王备所置宜都太守樊友委郡走，诸城长吏及蛮夷君长皆降于逊。逊请金、银、铜印以假授初附，击蜀将詹晏等及秭归大姓拥兵者，皆破降之，前后斩获、招纳凡数万计。权以逊为右护军、镇西将军，进封娄侯，屯夷陵，守峡口。(《资治通鉴》卷六十八)

| 建 | 安 | 二 | 十 | 四 | 年 |

廖化字元俭,本名淳,襄阳人也。为前将军关羽主簿,羽败,属吴。(《三国志》蜀书卷十五廖化传)

浩周字孔异,上党人。建安中仕为萧令,至徐州刺史。后领护于禁军,军没,为关羽所得。权袭羽,并得周,甚礼之。(《三国志》吴书卷二吴主传注引《魏略》)

三、关羽呼刘封、孟达来救,二人未至

自关羽围樊城、襄阳,连呼封、达,令发兵自助。封、达辞以山郡初附,未可动摇,不承羽命。会羽覆败,先主恨之。又封与达忿争不和,封寻夺达鼓吹。达既惧罪,又忿恚封,遂表辞先主,率所领降魏。《魏略》载达辞先主表曰:"伏惟殿下将建伊、吕之业,追桓、文之功,大事草创,假势吴、楚,是以有为之士深睹归趣。臣委质已来,愆戾山积,臣犹自知,况于君乎!今王朝以兴,英俊鳞集,臣内无辅佐之器,外无将领之才,列次功臣,诚自愧也。臣闻范蠡识微,浮于五湖;咎犯谢罪,逡巡于河上。夫际会之间,请命乞身。何则?欲絜去就之分也。况臣卑鄙,无元功巨勋,自系于时,窃慕前贤,早思远耻。昔申生至孝见疑于亲,子胥至忠见诛于君,蒙恬拓境而被大刑,乐毅破齐而遭谗佞,臣每读其书,未尝不慷慨流涕,而亲当其事,益以伤绝。何者?荆州覆败,大臣失节,百无一还。惟臣寻事,自致房陵、上庸,而复乞身,自放于外。

伏想殿下圣恩感悟，愍臣之心，悼臣之举。臣诚小人，不能始终，知而为之，敢谓非罪！臣每间交绝无恶声，去臣无怨辞，臣过奉教于君子，愿君王勉之也。"）(《三国志》蜀书卷十刘封传）

四、曹操驻军摩陂，多路曹军在此会集

二十四年，太祖军击破吕布军于摩陂，召惇常与同载，特见亲重，出入卧内，诸将莫得比也。拜前将军，(《魏书》曰：时诸将皆受魏官号，惇独汉官，乃上疏自陈不当不臣之礼。太祖曰："吾闻太上师臣，其次友臣。夫臣者，贵德之人也，区区之魏，而臣足以屈君乎？"惇固请，乃拜为前将军。）督诸军还寿春，徙屯召陵。(《三国志》魏书卷九夏侯惇传）

及关羽围曹仁于樊，孙权遣使辞以"遣兵西上，欲掩取羽。江陵、公安累重，羽失二城，必自奔走，樊军之围，不救自解。乞密不漏，令羽有备"。太祖诘群臣，群臣咸言宜当密之。昭曰："军事尚权，期于合宜。宜应权以密，而内露之。羽闻权上，若还自护，围则速解，便获其利。可使两贼相对衔持，坐待其弊。秘而不露，使权得志，非计之上。又，围中将吏不知有救，计粮怖惧，傥有他意，为难不小。露之为便。且羽为人强梁，自恃二城守固，必不速退。"太祖曰："善。"即敕救将徐晃以权书射著围里及羽屯中，围里闻之，志气百倍。羽果犹豫。权军至，得其二城，羽乃破败。(《三国志》魏书卷十四董昭传）

| 建 | 安 | 二 | 十 | 四 | 年 |

晃振旅还摩陂，太祖迎晃七里，置酒大会。太祖举卮酒劝晃，且劳之曰："全樊、襄阳，将军之功也。"时诸军皆集，太祖案行诸营，士卒咸离陈观，而晃军营整齐，将士驻陈不动。太祖叹曰："徐将军可谓有周亚夫之风矣。"（《三国志》魏书卷十七徐晃传）

二十四年，曹仁为关羽所围。太祖以植为南中郎将，行征虏将军。欲遣救仁，呼有所敕戒。植醉不能受命，于是悔而罢之。（《魏氏春秋》曰：植将行，太子饮焉，逼而醉之。王召植，植不能受王命，故王怒也。）（《三国志》魏书卷十九曹植传）

羽军既退，舟船犹据沔水，襄阳隔绝不通，而孙权袭取羽辎重，羽闻之，即走南还。仁会诸将议，咸曰："今因羽危惧，必可追禽也。"俨曰："权邀羽连兵之难，欲掩制其后，顾羽还救，恐我承其两疲，故顺辞求效，乘衅因变，以观利钝耳。今羽已孤迸，更宜存之以为权害。若深入追北，权则改虞于彼，将生患于我矣。王必以此为深虑。"仁乃解严。太祖闻羽走，恐诸将追之，果疾敕仁，如俨所策。（《三国志》魏书卷二十三赵俨传）

关羽围曹仁于樊，会权称藩，召辽及诸军悉还救仁。辽未至，徐晃已破关羽，仁围解。辽与太祖会摩陂。辽军至，太祖乘辇出劳之，还屯陈郡。（《三国志》魏书卷十七张辽传）

【十二月】

一、关羽战败被俘,之后被孙权杀害于临沮

关羽自知孤穷,乃西保麦城。孙权使诱之,羽伪降,立幡旗为象人于城上,因遁走,兵皆解散,才十余骑。权先使朱然、潘璋断其径路。(《资治通鉴》卷六十八)

权已据江陵,尽虏羽士众妻子,羽军遂散。权遣将逆击羽,斩羽及子平于临沮。(《蜀记》曰:权遣将军击羽,获羽及子平。权欲活羽以敌刘、曹,左右曰:"狼子不可养,后必为害。曹公不即除之,自取大患,乃议徙都。今岂可生!"乃斩之。臣松之按《吴书》:孙权遣将潘璋逆断羽走路,羽至即斩,且临沮去江陵二三百里,岂容不时杀羽,方议其生死乎?又云"权欲活羽以敌刘、曹",此之不然,可以绝智者之口。吴历曰:权送羽首于曹公,以诸侯礼葬其尸骸。)追谥羽曰壮缪侯。(《蜀记》曰:羽初出军围樊,梦猪啮其足,语子平曰:"吾今年衰矣,然不得还!"《江表传》曰:羽好左氏传,讽诵略皆上口。)子兴嗣。兴字安国,少有令问,丞相诸葛亮深器异之。弱冠为侍中、中监军,数岁卒。子统嗣,尚公主,官至虎贲中郎将。卒,无子,以兴庶子彝续封。(《蜀记》曰:庞德子会,随钟、邓伐蜀,蜀破,尽灭关氏家。)(《三国志》蜀书卷六关羽传)

权与吕蒙谋袭关羽,议之近臣,多曰不可。权以问范,范曰:"得之。"后羽在麦城,使使请降。权问范曰:"竟当降否?"

建安二十四年

范曰："彼有走气，言降诈耳。"权使潘璋邀其径路，觇候者还，白羽已去。范曰："虽去不免。"问其期，曰："明日日中。"权立表下漏以待之。及中不至，权问其故，范曰："时尚未正中也。"顷之，有风动帷，范拊手曰："羽至矣。"须臾，外称万岁，传言得羽。(《三国志》吴书卷十八吴范传）

关羽既败，权使翻筮之，得兑下坎上，节，五爻变之临，翻曰："不出二日，必当断头。"果如翻言。权曰："卿不及伏羲，可与东方朔为比矣。"(《三国志》吴书卷十二虞翻传）

建安二十四年，刘备将关羽围樊、襄阳，琮上疏陈羽可讨之计，权时已与吕蒙阴议袭之，恐事泄，故寝琮表不答。及禽羽，权置酒公安，顾谓琮曰："君前陈此，孤虽不相答，今日之捷，抑亦君之功也。"于是封阳华亭侯。(《三国志》吴书卷十五全琮传）

十二月，璋司马马忠获羽及其子平于章乡，斩之，遂定荆州。初，偏将军吴郡全琮，上疏陈关羽可取之计，权恐事泄，寝而不答；及已禽羽，权置酒公安，顾谓琮曰："君前陈此，孤虽不相答，今日之捷，抑亦君之功也。"于是封琮阳华亭侯。权复以刘璋为益州牧，驻秭归，未几，璋卒。(《资治通鉴》卷六十八）

权征关羽，璋与朱然断羽走道，到临沮，住夹石。璋部下司马马忠禽羽，并羽子平、都督赵累等。权即分宜都、巫、秭归二县为固陵郡,拜璋为太守、振威将军,封溧阳侯。甘宁卒,又并其军。刘备出夷陵,璋与陆逊并力拒之,璋部下斩备护军冯习等,所杀伤甚众,拜平北将军、襄阳太守。(《三国志》吴书卷十潘璋传)

建安二十四年,从讨关羽,别与潘璋到临沮禽羽,迁昭武将军,封西安乡侯。(《三国志》吴书卷十一朱然传)

后权破关羽,欲进图蜀,拜泰汉中太守、奋威将军,封陵阳侯。(《三国志》吴书卷十周泰传)

魏将于禁为羽所获,系在城中,权至释之,请与相见。他日,权乘马出,引禁并行,翻呵禁曰:"尔降虏,何敢与吾君齐马首乎!"欲抗鞭击禁,权呵止之。后权于楼船会群臣饮,禁闻乐流涕,翻又曰:"汝欲以伪求免邪?"权怅然不平。(《吴书》曰:后权与魏和,欲遣禁还归北,翻复谏曰:"禁败数万众,身为降虏,又不能死。北习军政,得禁必不如所规。还之虽无所损,犹为放盗,不如斩以令三军,示为人臣有二心者。"权不听。群臣送禁,翻谓禁曰:"卿勿谓吴无人,吾谋适不用耳。"禁虽为翻所恶,然犹盛叹翻,魏文帝常为翻设虚坐。)权既为吴王,欢宴之末,自起行酒,翻伏地阳醉,不持。权去,翻起坐。权于是大怒,手剑欲击之,侍坐者莫不惶遽,惟大司农刘基起抱权谏曰:"大王以三爵之后手杀善士,虽翻有罪,天下孰知之?且大王以能容贤畜众,故海内望风,今一朝弃

| 建 | 安 | 二 | 十 | 四 | 年 |

之,可乎?"权曰:"曹孟德尚杀孔文举,孤于虞翻何有哉?"基曰:"孟德轻害士人,天下非之。大王躬行德义,欲与尧、舜比隆,何得自喻于彼乎?"翻由是得免。权因敕左右,自今酒后言杀,皆不得杀。翻尝乘船行,与糜芳相逢,芳船上人多欲令翻自避,先驱曰:"避将军船!"翻厉声曰:"失忠与信,何以事君?倾人二城,而称将军,可乎?"芳阖户不应而遽避之。后翻乘车行,又经芳营门,吏闭门,车不得过。翻复怒曰:"当闭反开,当开反闭,岂得事宜邪?"芳闻之,有惭色。
(《三国志》吴书卷十二虞翻传)

孙权杀关羽,并荆土,拜潘濬辅军中郎将,授以兵。(《江表传》曰:权克荆州,将吏悉皆归附,而濬独称疾不见。权遣人以床就家舆致之,濬伏面著床席不起,涕泣交横,哀咽不能自胜。权慰劳与语,呼其字曰:"承明,昔观丁父,鄀俘也,武王以为军帅;彭仲爽,申俘也,文王以为令尹。此二人,卿荆国之先贤也,初虽见囚,后皆擢用,为楚名臣。卿独不然,未肯降意,将以孤异古人之量邪?"使亲近以手巾拭其面,濬起下地拜谢。即以为治中,荆州诸军事一以谘之。武陵部从事樊伷诱导诸夷,图以武陵属刘备,外白差督督万人往讨之。权不听,特召问濬,濬答:"以五千兵往,足可以擒伷。"权曰:"卿何以轻之?"濬曰:"伷是南阳旧姓,颇能弄唇吻,而实无辩论之才。臣所以知之者,伷昔尝为州人设馔,比至日中,食不可得，而十余自起，此亦侏儒观一节之验也。"权大笑而纳其言，即遣濬将五千往，果斩平之。）迁奋威将军，封常迁亭侯。（《三国志》吴书卷十六潘濬传）

孙权杀关羽，取荆州，以璋为益州牧，驻秭归。璋卒，南中豪率雍闿据益郡反，附于吴。权复以璋子阐为益州刺史，处交、益界首。丞相诸葛亮平南土，阐还吴，为御史中丞。（《吴书》曰：阐一名纬，为人恭恪，轻财爱义，有仁让之风，后疾终于家。）（《三国志》蜀书卷一刘璋传）

建安二十四年（孙皎）卒。权追录其功，封子胤为丹杨侯。（《三国志》吴书卷六孙皎传）

二、吕蒙因病去世

吕蒙未及受封而疾发，权迎置于所馆之侧，所以治护者万方。时有加针，权为之惨戚。欲数见其颜色，又恐劳动，常穿壁瞻之，见小能下食，则喜顾左右言笑，不然则咄唶，夜不能寐。病中瘳，为下赦令，群臣毕贺，已而竟卒，年四十二。权哀痛殊甚，为置守冢三百家。权后与陆逊论周瑜、鲁肃及蒙曰："公瑾雄烈，胆略兼人，遂破孟德，开拓荆州，邈焉寡俦。子敬因公瑾致达于孤，孤与宴语，便及大略帝王之业，此一快也。后孟德因获刘琮之势，张言方率数十万众水步俱下，孤普请诸将，咨问所宜，无适先对；至张子布、

|建|安|二|十|四|年|

秦文表俱言宜遣使修檄迎之，子敬即驳言不可，劝孤急呼公瑾，付任以众，逆而击之，此二快也。后虽劝吾借玄德地，是其一短，不足以损其二长也。周公不求备于一人，故孤忘其短而贵其长，常以比方邓禹也。子明少时，孤谓不辞剧易，果敢有胆而已；及身长大，学问开益，筹略奇至，可以次于公瑾，但言议英发不及之耳。图取关羽，胜于子敬。子敬答孤书云：'帝王之起，皆有驱除，羽不足忌。'此子敬内不能办，外为大言耳，孤亦恕之，不苟责也。然其作军屯营，不失令行禁止，部界无废负，路无拾遗，其法亦美矣。"（《资治通鉴》卷六十八）

以蒙为南郡太守，封孱陵侯，（《江表传》曰：权于公安大会，吕蒙以疾辞，权笑曰："禽羽之功，子明谋也，今大功已捷，庆赏未行，岂邑邑邪？"乃增给步骑鼓吹，敕选虎威将军官属，并南郡、庐江二郡威仪。拜毕还营，兵马导从，前后鼓吹，光耀于路。）赐钱一亿，黄金五百斤。蒙固辞金钱，权不许。封爵未下，会蒙疾发，权时在公安，迎置内殿，所以治护者万方，募封内有能愈蒙疾者，赐千金。时有针加，权为之惨慽，欲数见其颜色，又恐劳动，常穿壁瞻之，见小能下食则喜，顾左右言笑，不然则咄嗟，夜不能寐。病中瘳，为下赦令，群臣毕贺。后更增笃，权自临视，命道士于星辰下为之请命。年四十二，遂卒于内殿。时权哀痛甚，为之降损。蒙未死时，所得金宝诸赐尽付府藏，敕主者命绝之日皆上还，丧事务约。

权闻之，益以悲感。蒙少不修书传，每陈大事，常口占为笺疏。常以部曲事为江夏太守蔡遗所白，蒙无恨意。及豫章太守顾邵卒，权问所用，辽因荐遗奉职佳吏，权笑曰："君欲为祁奚耶？"于是用之。甘宁粗暴好杀，既常失蒙意，又时违权令，权怒之，蒙辄陈请："天下未定，斗将如宁难得，宜容忍之。"权遂厚宁，卒得其用。蒙子霸袭爵，与守冢三百家，复田五十顷。霸卒，兄琮袭侯。琮卒，弟睦嗣。（《三国志》吴书卷九吕蒙传）

孙权与陆逊论周瑜、鲁肃及蒙曰："公瑾雄烈，胆略兼人，遂破孟德，开拓荆州，邈焉难继，君今继之。公瑾昔要子敬来东，致达于孤，孤与宴语，便及大略帝王之业，此一快也。后孟德因获刘琮之势，张言方率数十万众水步俱下。孤普请诸将，咨问所宜，无适先对，至子布、文表，俱言宜遣使修檄迎之，子敬即驳言不可，劝孤急呼公瑾，付任以众，逆而击之，此二快也。且其决计策，意出张苏远矣；后虽劝吾借玄德地，是其一短，不足以损其二长也。周公不求备于一人，故孤忘其短而贵其长，常以比方邓禹也。又子明少时，孤谓不辞剧易，果敢有胆而已；及身长大，学问开益，筹略奇至，可以次于公瑾，但言议英发不及之耳。图取关羽，胜于子敬。子敬答孤书云：'帝王之起，皆有驱除，羽不足忌。'此子敬内不能办，外为大言耳，孤亦恕之，不苟责也。然其作军，屯营不失，

令行禁止，部界无废负，路无拾遗，其法亦美也。"(《三国志》吴书卷九吕蒙传)

虎威将军吕蒙病笃，权问曰："卿如不起，谁可代者？"蒙对曰："朱然胆守有余，愚以为可任。"蒙卒，权假然节，镇江陵。(《三国志》吴书卷十一朱然传)

后从讨关羽，封宜城侯，以绥南将军代吕蒙领南郡太守，住公安。(《三国志》吴书卷七诸葛瑾传)

三、孙权劝曹操称帝

孙权之称藩也，魏王操召张辽等诸军悉还救樊，未至而围解。徐晃振旅还摩陂，操迎晃七里，置酒大会。王举酒谓晃曰："全樊、襄阳，将军之功也。"亦厚赐桓阶，以为尚书。操嫌荆州残民及其屯田在汉川者，皆欲徙之。司马懿曰："荆楚轻脆易动，关羽新破，诸为恶者藏窜观望，徙其善者，既伤其意，将令去者不敢复还。"操曰："是也。"是后诸亡者悉还出。(《资治通鉴》卷六十八)

孙权上书称臣，称说天命。王以权书示外曰："是儿欲踞吾著炉火上邪！"侍中陈群、尚书桓阶奏曰："汉自安帝已来，政去公室，国统数绝，至于今者，唯有名号，尺土一民，皆非汉有，期运久已尽，历数久已终，非适今日也。是以桓、灵之间，诸明图纬者，皆言'汉行气尽，黄家当兴'。殿下应期，十分天下而有其九，以服侍汉，群生注望，遐迩怨叹，是故孙权在远称臣，此天人之应，异气齐声。臣愚以为虞、夏不以谦辞，殷、周不吝诛放，畏天知命，无所与让也。"《魏氏春秋》曰：夏侯惇谓王曰："天下咸知汉祚已尽，异代方起。自古已来，能除民害为百姓所归者，即民主也。今殿下即戎三十余年，功德著于黎庶，为天下所依归，应天顺民，复何疑哉！"王曰："'施于有政，是亦为政。'若天命在吾，吾为周文王矣。"《曹瞒传》及《世语》并云桓阶劝王正位，夏侯惇以为宜先灭蜀，蜀亡则吴服，二方既定，然后遵舜、禹之轨，王从之。及至王薨，惇追恨前言，发病卒。孙盛评曰：夏侯惇耻为汉官，求受魏印，桓阶方惇，有义直之节；考其传记，《世语》为妄矣。（《三国志》魏书卷一武帝纪注引）

权讨关羽，过范馆，谓曰："昔早从卿言，无此劳也。今当上取之，卿为我守建业。"权破羽还，都武昌，拜范建威将军，封宛陵侯，领丹杨太守，治建业，督扶州以下至海，转以溧阳、怀安、宁国为奉邑。（《三国志》吴书卷十一吕范传）

建安二十年，权遣吕蒙奄袭南三郡，立脱身走，自归先主。先主素识待之，不深责也，以为巴郡太守。（《三国志》蜀书卷十廖立传）

孙权之称藩也，魏王操召张辽等诸军悉还救樊，未至而围解。徐晃振旅还摩陂，操迎晃七里，置酒大会。王举酒谓晃曰：

|建|安|二|十|四|年|

"全樊、襄阳,将军之功也。"亦厚赐桓阶,以为尚书。操嫌荆州残民及其屯田在汉川者,皆欲徙之。司马懿曰:"荆楚轻脆易动,关羽新破,诸为恶者藏窜观望,徙其善者,既伤其意,将令去者不敢复还。"操曰:"是也。"是后诸亡者悉还出。(《资治通鉴》卷六十八)

魏王操表孙权为票骑将军,假节,领荆州牧,封南昌侯。权遣校尉梁寓入贡,又遣朱光等归,上书称臣于操,称说天命。操以权书示外曰:"是儿欲踞吾著炉火上邪!"侍中陈群等皆曰:"汉祚已终,非适今日。殿下功德巍巍,群生注望,故孙权在远称臣。此天人之应,异气齐声,殿下宜正大位,复何疑哉!"操曰:"若天命在吾,吾为周文王矣。"(《资治通鉴》卷六十八)

十二月,璋司马马忠获羽及其子平、都督赵累等于章乡,遂定荆州。是岁大疫,尽除荆州民租税。曹公表权为骠骑将军,假节领荆州牧,封南昌侯。权遣校尉梁寓奉贡于汉,及令王惇市马,又遣朱光等归。(《魏略》曰:梁寓字孔儒,吴人也。权遣寓观望曹公,曹公因以为掾,寻遣还南。)(《三国志》吴书卷二吴主传)

孙权称臣,斩送关羽。太子书报繇,繇答书曰:"臣同郡故司空荀爽言:'人当道情,爱我者一何可爱!憎我者一何可憎!'顾念孙权,了更妩媚。"太子又书曰:"得报,知喜南方。

至于荀公之清谈，孙权之妩媚，执书嗢噱，不能离手。若权复黠，当折以汝南许劭月旦之评。权优游二国，俯仰荀、许，亦已足矣。"（《三国志》魏书卷十三钟繇传注引《魏略》）

军还，权遣使乞降，上表称臣，陈说天命。魏武帝曰："此儿欲踞吾著炉炭上邪！"答曰："汉运垂终，殿下十分天下而有其九，以服事之。权之称臣，天人之意也。虞、夏、殷、周不以谦让者，畏天知命也。"（《晋书》帝纪卷一宣皇帝纪）

主要参考书目

范晔:《后汉书》,李贤等注,北京:中华书局,1965。

陈寿:《三国志》,裴松之注,北京:中华书局,2006。

司马光:《资治通鉴》,胡三省注,北京:中华书局,1956。

《八家后汉书辑注》,周天游辑注,上海:上海古籍出版社,1986。

刘珍等:《东观汉记校注》,吴树平校注,北京:中华书局,2008。

荀悦,袁宏:《两汉纪》,张烈点校,北京:中华书局,2002。

王粲:《英雄记钞》,北京:中华书局,1991。

常璩:《华阳国志校注》,刘琳校注,成都:巴蜀书社,1984。

郦道元:《水经注校证》,陈桥驿校证,北京:中华书局,2007。

徐天麟:《东汉会要》,上海:上海古籍出版社,2006。

杨晨:《三国会要》,北京:中华书局,1956。

陈寿:《三国志集解》,卢弼集解、钱剑夫整理,上海:上海古籍出版社,2009。

习凿齿:《校补襄阳耆旧记》,黄惠贤校补,北京:中华书局,2018。

徐震堮:《世说新语校笺》,北京:中华书局,1984。

《汉魏六朝杂传集》,熊明辑校,北京:中华书局,2017。

《全上古三代秦汉三国六朝文》,严可均校辑,北京:中华书局,1958。